PRÉCIS DU CONTENTIEUX ADMINISTRATIF CONGOLAIS

Tome 2

1re éd.

D/2017/4910/60 ISBN : 978-2-8061-0377-2

Grand'Place, 29
B-1348 Louvain-la-Neuve

www.editions-academia.be

Botakile Batanga

PRÉCIS DU CONTENTIEUX ADMINISTRATIF CONGOLAIS

Tome 2

1re éd.

Préface de Félix VUNDUAWE te PEMAKO

academia
L'Harmattan

PRÉFACE

À la demande d'un de mes disciples appelés affectueusement les « VTP boys », je n'ai pas hésité d'écrire cette préface pour le féliciter et l'encourager.

En effet, cet ouvrage intitulé : « Précis du contentieux administratif congolais (Tome II), 1re édition » que le jeune professeur BOTAKILE BATANGA vient à nouveau de publier est tout simplement remarquable.

D'abord, parce que cet ouvrage s'inscrit dans la logique d'une équipe de travail composée de personnes compétentes, dévouées et attachées à la personne de leur maître de droit public, spécialement du droit administratif congolais.

Remarquable ensuite et enfin, parce que cet ouvrage, à la suite de mon « Traité de droit administratif de 2007 »[1], vient surtout d'enrichir la doctrine juridique congolaise d'une œuvre scientifique de qualité appartenant à une École d'excellence de droit public congolais.

Avant de dire tout le bien de ce livre de Noël BOTAKILE BATANGA, j'estime nécessaire de situer le « contentieux administratif congolais » dans le monde scientifique de trois grands systèmes de contrôle de l'Administration par le juge, à savoir : le système moniste, le système dualiste et le système mixte[2].

Pour l'essentiel, il faut retenir que dans le système moniste, il existe un seul ordre de juridictions où l'Administration est jugée par le même Juge qui tranche des litiges des particuliers. Ce système est

---

1 VUNDUAWE te PEMAKO, F., *Traité de Droit Administratif*, Bruxelles, Larcier & Afrique Éditions, 2007, 958 pages.

2 Idem, pp. 97-98.

particulièrement rencontré dans les pays dits de « *common law* », comme en Grande-Bretagne ou aux États-Unis d'Amérique. Dans ces pays, il n'existe pas des tribunaux administratifs. Il y est appliqué plutôt le droit commun, non écrit, appelé « *common law* », basé sur la jurisprudence ou les précédents judiciaires.

En revanche, dans le système dualiste, qui est d'origine française, il y a d'une part des juridictions de l'ordre judiciaire et d'autre part des juridictions de l'ordre administratif.

Les juridictions de l'ordre judiciaire sont compétentes pour juger les particuliers, personnes physiques et morales de droit privé. Elles sont civiles et militaires, coiffées par la Cour de cassation.

Par ailleurs, il y a des juridictions de l'ordre administratif qui jugent spécialement les litiges suscités par l'Administration. On y trouve au sommet, le Conseil d'État.

Cependant, en cas des conflits entre la Cour de cassation et le Conseil d'État, on recourt à une autre juridiction appelée le « Tribunal des conflits » composé d'un nombre égal des magistrats de ces deux ordres de juridictions.

Enfin, le système mixte, est celui qui combine les deux systèmes, moniste et dualiste. Ici, il y a une juridiction administrative indépendante, mais tout le pouvoir judiciaire n'est pas organisé partout.

Ce système existe surtout en Belgique, en Allemagne et en Italie.

En Belgique, il y a un Conseil d'État, mais il n'existe pas des tribunaux administratifs.

Notons enfin qu'en Belgique, par exemple, en cas des conflits de compétences entre la Cour de cassation et le Conseil d'État, c'est l'arrêt de la Cour de cassation qui l'emporte.

Aujourd'hui, à quel système de contrôle de l'Administration par le juge appartient le contentieux administratif congolais : système moniste, dualiste ou mixte ?

Sans doute, la Constitution du 18 février 2006, telle que révisée à ce jour, a institué un *système dualiste*, en principe comme en France, mais avec des particularités constitutionnelles congolaises.

En effet, les juridictions de l'ordre judiciaire sont coiffées par la Cour de cassation et celles de l'ordre administratif, par le Conseil d'État, c'est-à-dire une « Haute cour administrative » de l'État.

Mais, en cas des conflits entre la Cour de cassation et le Conseil d'État, dans des conditions bien déterminées par le constituant et la loi organique[3], c'est la Cour constitutionnelle qui tranche souverainement ces conflits.

Telles sont, notamment, des particularités constitutionnelles sur ce point précis par rapport aux systèmes français et belge de contrôle de l'Administration par le juge administratif.

En résumé, le nouveau contentieux administratif congolais, institué par la Constitution du 18 février 2006, est un système dualiste emprunté essentiellement du droit administratif français. Car il est caractérisé par la spécialisation de la fonction du juge administratif congolais qui fonctionne à tous les niveaux des juridictions de l'ordre administratif composées du Conseil d'État, des Cours et tribunaux administratifs.

En attendant l'installation de la Cour de cassation et du Conseil d'État, la Cour suprême de justice exerce les attributions leur dévolues, en vertu des dispositions transitoires de la nouvelle Constitution.

De même, en attendant l'installation des juridictions de l'ordre administratif, les cours d'appel exercent les compétences dévolues aux Cours administratives d'appel.[4]

Autrement dit, le contentieux administratif congolais d'aujourd'hui fonctionne encore sous un régime de transition entre l'ancien système moniste de la Constitution du 24 juin 1967, et le nouveau système dualiste institué par la Constitution du 18 février 2006 dont j'ai décrit succinctement les particularités constitutionnelles.

---

3 Cf. art. 161, al. 4, Constitution du 18 février 2006 ; art. 65 et 71, Loi organique n° 13/026 du 15 octobre 2013 portant organisation et fonctionnement de la Cour constitutionnelle, *in JORDC*, Kinshasa, 18 octobre 2013.

4 Cf. art. 224, Constitution du 18 février 2006.

Ce système moniste a été caractérisé par la période de l'ordre judiciaire unique où le même juge et selon les compositions, pouvait trancher des litiges comme « juge administratif », « juge pénal », « juge fiscal », « juge civil, commercial ou du travail », selon la nature et l'objet du litige dont il est saisi.

Dans cet ouvrage de BOTAKILE BATANGA, « *Précis du contentieux administratif congolais, Tome II 1ère édition* », à la suite de son premier tome, l'auteur vient de concrétiser sa promesse faite aux juristes, surtout spécialistes de droit public congolais, d'une meilleure présentation des importantes innovations qui sont maintenant introduites dans notre nouveau contentieux administratif congolais[5].

Selon la doctrine juridique, en droit comparé, nous savons désormais que le contentieux administratif congolais appartient, en principe, au système dualiste en vertu de la Constitution du 18 février 2006 qui organise son pouvoir judiciaire en deux ordres spécialisés et hiérarchisés : des juridictions de l'ordre judiciaire et des juridictions de l'ordre administratif[6].

Avant de terminer la préface de cet ouvrage remarquable du jeune Professeur Noël BOTAKILE BATANGA, je tiens à préciser la différence entre le contentieux administratif et le droit administratif congolais.

En tant que discipline scientifique, le droit administratif est une branche du droit public qui étudie des règles juridiques spéciales relatives à l'organisation, à l'action et au contrôle de l'administration publique[7].

Ici, il s'agit simplement de ce qu'on peut appeler « droit administratif général ».

En revanche, le contentieux administratif n'est qu'une partie du droit administratif qui étudie l'ensemble des règles juridiques régis-

---

5 Cf. OCFJA, *in JORDC*, Kinshasa, 15 octobre 2016.

6 Cf. art. 153 à 156, Constitution du 18 février 2006.

7 Cf. VUNDUAWE te PEMAKO F., *op. cit.*, p. 6.

sant la manière de régler des litiges administratifs par des cours et tribunaux.

Vu du point de vue pratique, le contentieux administratif est l'ensemble des méthodes et des procédés techniques grâce auxquels le juge exerce sa mission de dire le droit en matière administrative, c'est-à-dire celle de régler des litiges administratifs[8].

Ici, il s'agit précisément d'un « droit administratif spécialisé ».

C'est autant dire que la plupart des juristes congolais, même ceux du droit public, ne s'y retrouvent pas souvent.

C'est pourquoi, je félicite et encourage Noël BOTAKILE BATANGA à persister dans ses efforts tant dans la pratique que dans ses travaux de recherche scientifique.

Félix VUNDUAWE te PEMAKO

Professeur ordinaire
aux Universités de Kinshasa et protestante au Congo

Juge à la Cour constitutionnelle.

---

8 Cf. VUNDUAWE te PEMAKO, F., *Cours de contentieux administratif*, Deuxième année de licence, Kinshasa, Université protestante au Congo, 2014, inédit.

AVANT-PROPOS

Le tome I de mon « Précis du contentieux administratif congolais » était conçu dans le but de clarifier et de stabiliser la laborieuse expérience congolaise de justice administrative, à travers les chambres spécialisées des juridictions de l'ordre judiciaire, les sections administratives des cours d'appel et de la Cour suprême de justice.

Ces sections étaient compétentes pour régler des litiges opposant l'Administration aux particuliers, depuis les réformes judiciaires mises en place sous la Constitution de la République Démocratique du Congo du 24 juin 1967.

Le tome II, aujourd'hui et comme promis, vient finalement parfaire l'étude et la présentation de ce droit congolais de règlement des litiges administratifs par le juge, le contentieux administratif congolais, au lendemain de la promulgation de la Loi organique n° 16/027 du 15 octobre 2016 portant organisation, compétence et fonctionnement des juridictions de l'ordre administratif[9].

En effet, cette nouvelle législation organique repose la justice administrative en République démocratique du Congo totalement sur l'option de la constitutionnalisation de spécialisation de la fonction du juge.

Aujourd'hui, seules, les juridictions de l'ordre administratif, constituées des juridictions administratives de droit commun (Conseil d'État, cours administratives d'appel et tribunaux administratifs), mises en place en vertu des dispositions de l'article 155 de la Constitution du 18 février 2006, et des juridictions spécialisées (notamment la Cour des comptes et les administrations contentieuses de toute nature) fonctionnant en vertu de l'article 149, alinéa 6, de

9 *In JORDC.*, Kinshasa, n° spécial, 57e année, 18 octobre 2016, col. 1-104.

la même Constitution, sont compétentes pour connaître des litiges administratifs, qu'ils opposent l'Administration aux particuliers, ou les personnes administratives entre elles.

Ce second tome nous permet donc de disposer de l'essentiel de la conception congolaise du contentieux administratif. Il pourra, au fur et à mesure des riches contributions prétoriennes, et éventuellement des législations de modification, être régulièrement réédité pour tenir à jour ce droit congolais du contentieux administratif.

L'auteur

PRINCIPALES ABRÉVIATIONS

ACT	Acte Constitutionnel de Transition du 9 avril 1994.
AD ou ADSP	Annales de Droit, Anciennement Annales de Droit et de Sciences Politiques (Belgique).
AJDA	Actualités Juridiques, Droit Administratif (Belgique)
Al	Alinéa.
AN	Assemblée Nationale (depuis 2006 à ce jour).
AP	Assemblée Provinciale (depuis 2006 à ce jour).
APT	Administration Publique, Trimestriel (Belgique).
ASBL	Association Sans But Lucratif.
ANN. PARL	Annales Parlementaires (Belgique).
Art	Article (s).
Ass	Décision d'Assemblée du Conseil d'État français.
BA	Bulletin Administratif du Congo-belge.
BA. CSJ	Bulletin des Arrêts de la Cour Suprême de Justice.
BJ	Belgique Judiciaire.
BO	Bulletin Officiel de l'État Indépendant du Congo (1885-1908).
Bel. Col.	Belgique Coloniale et Commerce international.
C. const.	Cour constitutionnelle.
CA	Cour d'Appel.
CAP	Commission d'assistance publique
CE	Conseil d'État.
CEb	Conseil d'État belge.
CEfr	Conseil d'État français.
CJA	Code de Justice Administrative.
COCJ	Code de l'Organisation et de la Compétence Judiciaires
CPAS	Centre public d'aide sociale (Belgique).

CSJ	Cour Suprême de Justice.
Cass.	(France).
Cf.	Voir ou à consulter.
Chap.	Chapitre.
Chr.	Chronique.
Cie.	Compagnie.
Col.	Colonne.
Coll.	Collection.
Concl.	Conclusion du commissaire.
Const.	Constitution.
Doc. Parl.	Documents Parlementaires.
EDCE	Études et Documents du Conseil d'État de France.
EIC	État Indépendant du Congo (1885-1908).
ETD	Entité Territoriale Décentralisée (depuis 2006 à ce jour).
éd.	édition.
El. Com.	Élection communale.
Elis.	Jurisprudence de la Cour d'appel d'Élisabethville (Lubumbashi actuelle).
Etc.	Et cætera (neutre), et coeteri (masculin), et Coeterae (féminin).
Ex.	Exemple.
Fasc.	Fascicule.
GAJA	Les grands Arrêts de la Jurisprudence
JLMB	Revue de Jurisprudence de Liège, Mons et Bruxelles.
JORDC	Journal Officiel de la République Démocratique du Congo (Depuis 1997 à ce jour).
JOZ	Journal Officiel de la République du Zaïre (1971-1997).
JT	Journal des tribunaux.
JCP Adm.	Juris-Classeur périodique, édition Administration et collectivité territoriale (France).
Jur. Col.	Revue de doctrine et de jurisprudence coloniale.
Jur. Congo	Jurisprudence et droit du Congo.
L	Livre
LCCE	Lois coordonnées sur le Conseil d'État (Belgique).
LF	Loi fondamentale (19 mai 1960-31 juillet 1964).

LEBON	Recueil des décisions du Conseil d'État (France).
LÉO	Jurisprudence de la Cour d'appel de Léopoldville (Kinshasa/ Gombe, actuellement).
MB	Moniteur belge.
MC	Moniteur Congolais (1959-1971).
N°	Numéro.
OBS	Observation.
OCFJA	Organisation, Compétence et Fonctionnement des Juridictions de l'ordre administratif (Loi organique du 15 octobre 2016).
O-L	Ordonnance — loi.
Op. cit.	Opere citato.
Ord.	Ordonnance.
p.	Page.
Pas.	Pasicrisie.
Pasin.	Pasinomie.
PP.	Pages.
Proc.CSJ	Code de Procédure devant la Cour Suprême de Justice.
R. CONST	Registre constitutionnel de la Cour suprême de justice.
RA	Registre Administratif de la Cour suprême de justice.
RBDC	Revue Belge de Droit Constitutionnel.
RCD	Revue Congolaise de Droit.
RDC	République Démocratique du Congo.
RDJA	Recherches et Documentation Juridiques Africaines.
RDP	Revue de Droit Public et de la science politique en France et à l'étranger.
RDS	Revue de Droit Social.
RFDA	Revue Française de Droit Administratif.
RFDC	Revue Française de Droit Constitutionnel.
RI	Règlement Intérieur (du Congrès, Assemblée Nationale, Sénat et Assemblée Provinciale).
RJCB	Revue juridique du Congo belge.
RJDA	Recueil de Jurisprudence du droit Administratif et du Conseil d'État.
RZD	Revue zaïroise de droit.

Rec. (Leb).	Recueil Lebon (arrêts du Conseil d'État français).
S	Recueil Sirey.
Sect.	Décision de section du Conseil d'État français.
SS	Suivants ou, ainsi de suite.
t.	Tome.
TC	Tribunal des conflits français.
UNAZA	Université Nationale du Zaïre.
UNIKIN	Université de Kinshasa.
Vol.	Volume.

INTRODUCTION GÉNÉRALE

Trois questions essentielles méritent d'être soulignées pour mieux circonscrire la notion du contentieux administratif congolais. Il s'agit de l'objet, de l'origine et évolution des juridictions administratives de la République démocratique du Congo ainsi que de textes applicables pour le règlement des litiges devant le juge administratif congolais.

I. Objet du contentieux administratif

D'un point de vue purement théorique, le contentieux administratif est une partie du droit administratif. Il étudie l'ensemble des règles juridiques relatives au règlement des litiges par le juge administratif.

Du point de vue pratique, cependant, le contentieux administratif est l'ensemble des méthodes et des procédés techniques grâce auxquels le juge administratif exerce sa mission de dire le droit, c'est-à-dire celle de régler des litiges administratifs.

L'objet du contentieux administratif, tel que ci-dessus décrit, apparaît tout à fait récent. Il est aujourd'hui justifié par la spécialisation de la fonction du juge, introduite par la Constitution du 18 février 2006, qui institue une Cour constitutionnelle, avec d'ailleurs des compétences spécifiques en matière de litiges d'ordre administratif, un ordre des juridictions judiciaires et un autre pour des juridictions administratives.

Toutefois, et à l'instar d'autres juridictions, le juge administratif congolais est désormais doté des compétences spécifiques et d'une organisation particulière, qui permettent son étude comme sous branche entière de droit administratif.

II. Origine et évolution du contentieux administratif congolais

Le règlement des litiges administratifs par un juge est une notion étroitement liée à celle de l'histoire de la juridiction administrative en République démocratique du Congo.

Elle a donc connu une longue évolution qu'il convient de retracer, pour mieux comprendre l'essence du juge administratif congolais.

a. Conseil supérieur sous l'État indépendant du Congo[10]

La notion de juridiction administrative apparaît au Congo, pour la première fois, sous l'État indépendant du Congo qui disposait, au sommet de son organisation judiciaire, d'une Cour suprême, appelée officiellement, « Conseil supérieur », créé par le Décret du Roi souverain du 16 avril 1889, ayant son siège à Bruxelles, en Belgique[11].

Le Conseil supérieur de l'État indépendant du Congo était aussi un Conseil d'État. En effet, il délibérait sur les questions dont le Roi-Souverain croyait devoir le saisir. Il était, à ce titre, le « conseiller juridique » du Roi, c'est-à-dire qu'il ne disposait que d'une attribution purement consultative[12].

C'est à l'avènement du Congo-belge, le 18 octobre 1908, que la conception d'une véritable juridiction administrative au Congo-belge a fini par évoluer, vers une juridiction contentieuse.

---

10 L'État indépendant du Congo, EIC en sigle, est le nouvel État souverain, reconnu le 23 février 1885 par toutes les nations présentes à la Conférence de Berlin, à l'exception de la Turquie dont la reconnaissance fut accordée le 25 juin de la même année. L'EIC est en fait l'ancêtre de l'actuelle République démocratique du Congo.

11 Cf. Décret du Roi-Souverain du 16 avril 1889 instituant le Conseil supérieur, *in BO*, 1889, p. 161; et Décret du Roi-Souverain du 8 octobre 1890 sur l'organisation du Conseil supérieur, *in BO*, 1890, p. 154.

12 En ce sens, F. VUNDUAWE te PEMAKO et J-M. MBOKO DJ'ANDIMA, *Droit constitutionnel du Congo : Textes et documents fondamentaux*, Vol. 1, Paris, L'Harmattan, 2012, pp. 62, 63 et 84.

b. Conseil d'État belge sous la Loi du 15 avril 1958

À la suite de la France, la Belgique s'est dotée de son propre Conseil d'État, le 23 décembre 1946[13].

Le Conseil d'État belge disposait, notamment, d'une section d'administration, compétente pour connaître :

— de recours en annulation pour violation des formes soit substantielles, soit prescrites à peine de nullité ;

— de recours pour excès ou détournement de pouvoir, formés contre les actes et règlements de diverses autorités administratives ou contre les décisions des administrations contentieuses.

Le Conseil d'État belge statuait par voie d'arrêt[14].

Si bien qu'elles soient régies par des lois particulières, en vertu de l'article 1er de la Constitution belge du 7 février 1831, les possessions belges d'outre-mer, ses colonies, dont le Congo-belge[15], faisaient partie intégrante du Royaume de Belgique.

Aussi, en application des dispositions de l'article 1er de la Constitution belge du 7 février 1831, la Loi du 15 avril 1958 a étendu la com-

---

13 Cf. Loi du 23 décembre 1946 portant création d'un Conseil d'État, *MB.*, n° 9, janvier 1947 ; *Codes Piron*, t. II, 1960, p. 76.

14 Cf. art. 9, Loi du 23 décembre 1946 portant création d'un Conseil d'État.

15 C'est à tort que plusieurs auteurs ont classé la Loi du 18 octobre 1908 sur le gouvernement du Congo-belge, dite « Charte coloniale », parmi les Constitutions de la République démocratique du Congo, notre pays. En effet, à la suite du Traité de cession de l'État indépendant du Congo à la Belgique du 28 novembre 1907, entre la Belgique et l'EIC, approuvé par la Loi réalisant le transfert à la Belgique de l'EIC du 18 octobre 1908, le Congo-belge faisait partie intégrante du Royaume de Belgique. Il était régi par la Constitution belge du 7 février 1831, en vertu de laquelle furent élaborées, aussi bien la Loi du 18 octobre 1908 sur le Gouvernement du Congo-belge, dite la Charte coloniale, que les Lois fondamentales du 19 mai 1960, relative aux structures du Congo, et du 17 juin 1960, relative aux libertés publiques, sans oublier, une des toutes dernières dans la série, la Loi du 17 juin 1960 sur les enquêtes parlementaires. Également dans ce sens, F. VUNDUAWE te PEMAKO et J-M. MBOKO DJ'ANDIMA, *op. cit.*, pp. 107, 108, 114, 140 et suivantes.

pétence du Conseil d'État belge aux possessions belges d'outre-mer, notamment le Congo-belge qui, finalement à cette occasion, s'est vu doter de sa première juridiction administrative contentieuse.

À vrai dire, en dépit de l'existence d'un Conseil supérieur sous l'État indépendant du Congo, le règlement des litiges administratifs est resté longtemps l'œuvre des tribunaux judiciaires[16].

L'extension de la compétence du Conseil d'État belge, même sur l'État du Congo à son indépendance le 30 juin 1960, fut maintenue conformément à l'article 253 de la Loi fondamentale du 19 mai 1960 relative aux structures du Congo, qui disposait que : « jusqu'à ce que la Cour constitutionnelle soit légalement organisée conformément aux articles 229, 232 et 236, le Conseil d'État de Belgique exerce, selon la procédure qu'il détermine, les compétences de la Cour constitutionnelle telles qu'elles résultent des articles 229 à 235 ».

La juridiction du Conseil d'État belge sur l'État du Congo était donc établie en attendant l'organisation effective de sa Cour constitutionnelle, qui devait comprendre :

- — une chambre de constitutionnalité et une chambre des conflits (comme juge constitutionnel)[17] ;
- — une chambre d'administration (comme juge administratif, pour connaître des demandes de réparation pour dommage exceptionnel et les recours en annulation pour violation de la loi, vices de forme, excès ou détournement de pouvoir)[18].

Cependant, pour des raisons politiques, dues notamment à la dégradation des relations diplomatiques entre l'État du Congo et le

---

16 Il convient de rappeler qu'avant 15 avril 1958, le Congo-belge disposait des juridictions judiciaires (les tribunaux indigènes, les tribunaux de police, les tribunaux de District, les tribunaux de première instance et les Cours d'appels ainsi que les Conseils de guerre et les Cours militaires) ainsi que d'une Cour des comptes. La Cour de cassation belge coiffait toutes ces juridictions de la colonie.

17 Cf. art. 226, 230 à 235, Loi fondamentale du 19 mai 1960 relative aux structures du Congo.

18 Cf. art. 236, Loi fondamentale du 19 mai 1960 relative aux structures du Congo.

Royaume de Belgique, le Conseil d'État belge n'a pas pu fonctionner comme juge administratif de transition, pour le compte du Congo indépendant[19].

Il a fallu attendre la révision constitutionnelle, portée par la Loi constitutionnelle du 18 juillet 1963, pour voir retirées aux institutions belges susmentionnées, les attributions qu'elles détenaient de par la Loi fondamentale, par abrogation pure et simple des articles précités de la Loi fondamentale.

Toutefois, à la suite de l'arrêt Mahamba, l'on peut affirmer qu'il y avait en réalité, entre la période de 1960 à 1968, l'absence effective de juridiction administrative au Congo. Car, les juridictions administratives prévues par la Loi fondamentale de 1960, voire celles de la Constitution du 1er août 1964, n'ont pas été installées. Si bien que les compétences reconnues à la Cour d'appel de Léopoldville, à titre transitoire, n'ont concerné que la Cour constitutionnelle et les poursuites contre les justiciables de la Cour suprême de justice.

En effet, en attendant la création de la Cour constitutionnelle, la Cour d'appel de Léopoldville exerçait les attributions lui dévolues par la Constitution. De même, jusqu'à ce que la Cour suprême de justice soit légalement instituée, la Cour d'appel de Léopoldville était compétente pour juger le Président de la République, les membres du Gouvernement central, le Gouverneur de province et les autres membres du Gouvernement provincial[20].

c. Cour suprême de justice et cours d'appel, juridictions administratives sous la Constitution du 24 juin 1967

Comme rappelé ci-haut, la Cour constitutionnelle prévue par la Loi fondamentale du 19 mai 1960 n'a pas vu le jour. Il en est de même de la Cour Suprême de Justice, prévue par l'article 125 de la Consti-

---

19 Saisi d'un cas de succession de pouvoir coutumier réalisé dans le Territoire de Walikale (Nord-Kivu), le Conseil d'État belge décida, dans l'arrêt Mahamba du 24 mars 1961, qu'il était dans l'impossibilité de rendre un arrêt pour un État étranger. Lire également F. VUNDUAWE te PEMAKO, *Traité de droit administratif, Bruxelles,* Larcier & Afrique éditions, 2007, p. 851.

20 Cf. les articles 196 et 198, Constitution du 1er août 1964.

tution du 1er août 1964, qui devait en effet comporter deux sections : la section judiciaire et la section administrative. La République démocratique du Congo ne va finalement disposer de ses propres juridictions administratives, à savoir la section administrative de la Cour suprême de justice et les sections administratives des cours d'appel, que sous le régime de la Constitution du 24 juin 1967.

En application des dispositions des articles 59, 60 et 62 de cette Constitution du 24 juin 1967, l'Ordonnance-loi n° 68-248 du 10 juillet 1968 portant code de l'organisation et de la compétence judiciaires a pu définir concrètement les structures et les compétences de la Cour suprême de justice et des cours d'appel.

Cependant, c'est en 1969 que la Cour suprême de justice et les Cours d'appel de Kinshasa (alors Léopoldville), de Lubumbashi (alors Elisabethville) et de Kisangani (alors Stanleyville) furent installées avec leurs sections administratives[21].

Il eut ensuite fallu attendre que la procédure devant la Cour suprême de justice, portée par l'Ordonnance-loi n° 69/2 du 8 janvier 1969, soit élaborée pour voir toutes ces juridictions, et avec celles-ci, le contentieux administratif congolais, véritablement à l'œuvre.

Chaque Province a donc disposé d'une cour d'appel installée au Chef-lieu. La Ville de Kinshasa, en prenant en compte sa densité démographique et le nombre d'affaires à traiter[22], en a eu deux : la Cour d'appel de la Gombe et celle de Matete.

d. Juridictions de l'ordre administratif sous la Constitution du 18 février 2006

Le constituant du 18 février 2006 institue, à son tour, un ordre des juridictions administratives comprenant des juridictions administratives de droit commun, le Conseil d'État, les cours administratives

---

21 L'on notera que la cérémonie officielle d'installation des premiers magistrats composant cette haute juridiction eut lieu le 23 novembre 1968. Elle fut présidée par le Président de la République, Joseph-Désiré MOBUTU.

22 En ce sens, F. VUNDUAWE te PEMAKO, *op. cit.*, pp. 852-853.

d'appel et les tribunaux administratifs[23], d'une part et d'autre part, des juridictions administratives spécialisées, la Cour constitutionnelle, la Cour des comptes et toutes les autres juridictions administratives spécialisées (administrations contentieuses), mises en place soit en vertu des dispositions spécifiques de la Constitution[24], soit en vertu de celles de l'article 149, alinéa 6, de la Constitution.

L'organisation, la compétence et le fonctionnement de ces juridictions de l'ordre administratif sont fixés par une loi organique[25].

III. Juridictions de droit commun de l'ordre administratif

Les juridictions de droit commun de l'ordre administratif sont :

— Le Conseil d'État ;

— Les cours administratives d'appel ;

— Les tribunaux administratifs[26].

— *Conseil d'État*[27]

Le Conseil d'État est la plus haute juridiction de l'ordre administratif congolais. Il a son siège dans la capitale[28] et son ressort s'étend sur l'ensemble du territoire national.

---

23 Cf. art. 154, Constitution du 18 février 2006.

24 Art. 157, 161, al. 2, et 162, al. 2, pour la Cour constitutionnelle, et 178 à 180, pour la Cour des comptes.

25 Art. 155, al. 4, Constitution du 18 février 2006.

26 Cf. art. 2, al. 2, OCFJA.

27 En application de l'article 223 de la Constitution du 18 février 2006 et jusqu'à l'installation effective du Conseil d'État, la section administrative de la Cour suprême de justice exerce les attributions lui dévolues par la Constitution et les lois de la République.

28 Le Conseil d'État peut aussi siéger, en cas de nécessité, en tout autre lieu du territoire national.

- *Des magistrats du Conseil d'État*

Le Conseil d'État comprend un Premier président, des Présidents et des Conseillers, assistés de conseillers référendaires[29].

Le statut des conseillers référendaires est fixé par voie réglementaire[30].

Le Premier président, les Présidents et les Conseillers sont magistrats de l'ordre administratif. Ils sont régis par le statut des magistrats[31]. Cependant, dans les quinze années de l'installation du Conseil d'État, les magistrats du Conseil d'État sont recrutés sur titre, sur proposition du Conseil supérieur de la magistrature, parmi les titulaires au moins du grade de docteur en droit ou avocat de plus de quinze ans d'expérience professionnelle[32].

---

29 Tout magistrat du parquet et du siège ayant au moins le rang égal à celui de Conseiller à la Cour administrative d'appel et tout juriste non magistrat, choisi sur le mérite de ses publications ou sur base de son expérience en matière juridique, judiciaire, administrative, financière, fiscale ou douanière par le Conseil supérieur de la magistrature, peut être affecté au Conseil d'État en qualité de Conseiller référendaire pour une durée de trois ans renouvelable une fois.
Les Conseillers référendaires ont pour tâche d'assister les magistrats du Conseil d'État dans l'accomplissement de leur mission.

30 Sous la Constitution du 18 février 2006, c'est le Premier ministre qui dispose du pouvoir réglementaire général et assure l'exécution des lois. Pour éviter la mise en cause de sa responsabilité politique sur des questions sectorielles, la Constitution lui permet, soit de déléguer certains de ses pouvoirs aux ministres, soit, lorsqu'il intervient directement, de contresigner son décret par le ministre compétent du secteur concerné. Le contreseing opère le transfert de la responsabilité politique en la matière. Il n'est donc pas exclu qu'un tel statut résulte d'un arrêté, lorsque le ministre bénéficie de la délégation de compétence en vertu des dispositions de l'article 92, alinéa 5, de la Constitution.

31 Le statut de magistrat est fixé par la Loi organique n° 06/020 du 10 octobre 2006 portant statut des magistrats, telle que modifiée et complétée par la Loi organique n° 15/014 du 1er août 2015, textes coordonnés, *in JORDC*, Kinshasa, n° spécial, première partie, 5 août 2015, 37 p.

32 L'option de recrutement sur titre des magistrats du Conseil d'État, avec eux ceux de l'ordre administratif, qui fait exception au recrutement sur concours prévu par le statut des magistrats (art. 2, alinéa 1er), répond à deux

- *Des sections et chambres du Conseil d'État*

Le Conseil d'État fonctionne avec deux sections : la section consultative et la section du contentieux. Chacune des sections comprend une ou plusieurs chambres.

La section du contentieux comprend six chambres d'instruction et de jugement des affaires ci-après :

— la chambre d'administration, chargée du contentieux de la légalité et de la réparation du dommage exceptionnel ;

— la chambre des finances publiques et de la fiscalité, chargée du contentieux fiscal, parafiscal et douanier ainsi que du contentieux des finances publiques, des marchés et des travaux publics du Pouvoir central ;

— la chambre des affaires sociales, chargée des conflits de carrière des agents et fonctionnaires de l'État, en ce compris les litiges liés aux retraites, aux pensions, aux rémunérations et aux avantages sociaux ;

— la chambre des élections, des formations politiques et des organismes professionnels, chargée du contentieux des élections autres que les élections présidentielle et législatives nationales ainsi que du contentieux lié à l'organisation, au fonctionnement et au financement des partis et regroupements politiques ou des organismes professionnels ;

— la chambre des matières économiques, chargée du règlement des conflits à caractère économique ou technique et de ceux liés à la concurrence ;

— la chambre des affaires générales, chargée du règlement de toutes les matières non expressément attribuées à d'autres chambres par la Loi organique du 15 octobre 2016.

exigences : la spécialisation de la fonction du juge administratif à la base de la création d'un ordre des juridictions administratives et l'installation conséquente, rapide, des juridictions de l'ordre administratif (cf. Rapport relatif à l'examen de la proposition de loi organique portant organisation, compétence et fonctionnement des juridictions de l'ordre administratif, PAJ, AN, 2e législature., Déc. 2013, p. 8, inédit).

La section consultative, par contre, comprend trois chambres. Il s'agit de :

— la chambre des avis[33] ;

— la chambre d'interprétation des textes juridiques;

— la chambre d'études et d'inspection permanente.

- ***De l'Assemblée plénière du Conseil d'État***

Le Conseil d'État est doté d'une Assemblée plénière. Celle-ci regroupe tous les magistrats du Conseil d'État. Elle est compétente sur toutes les questions intéressant l'ensemble du Conseil d'État ou, en cas de nécessité, sur toutes les questions relevant d'une section ou d'une chambre. L'Assemblée plénière est dirigée par le Premier président du Conseil d'État[34].

- ***Du Bureau du Conseil d'État***

Il est institué un Bureau du Conseil d'État, composé du Premier président, du Procureur général, des Présidents et des Premiers avocats généraux. Le Bureau du Conseil d'État est un organe de réflexion et de décision mis à la disposition du Premier président et du Procureur général pour la gestion administrative du Conseil d'État et des autres juridictions de l'ordre administratif.

---

33 La section consultative du Conseil d'État est une juridiction d'avis, par opposition à la section du contentieux qui, elle, est la juridiction d'arrêt. Dès lors, par chambre d'avis, il faut entendre chambre d'avis consultatif en cas de problème de régularité juridique pour des « textes en chantier », distincte de la chambre d'interprétation qui émet des avis en cas de difficulté d'interprétation des « textes en vigueur ».

34 Le Premier président est chargé de l'administration, gestion des services administratifs relevant du Conseil d'État, et de la police administrative, maintien de l'ordre public, au sein du Conseil d'État.
À ce titre :
- il élabore le projet du règlement intérieur du Conseil d'État;
- il repartit les matières entre les deux sections ou entre les chambres;
- il gère le personnel de greffe mis à la disposition du Conseil d'État;
- il gère le budget de fonctionnement alloué aux juridictions de l'ordre administratif. Il en est l'ordonnateur délégué.

Le Bureau du Conseil d'État n'a pas de compétence juridictionnelle. Il ne peut se substituer ni à une chambre, ni à une section, encore moins à l'Assemblée plénière du Conseil d'État.

Le Bureau du Conseil d'État approuve le règlement intérieur du Conseil d'État et établit, à la fin de chaque année, un rapport complet du Conseil d'État, des cours administratives d'appel, des tribunaux administratifs et des parquets qui y sont rattachés, à l'attention du Président du Conseil supérieur de la magistrature. Il en transmet une copie au ministre ayant la justice dans ses attributions. Il y est fait part des difficultés d'interprétation des textes rencontrées et des propositions des améliorations idoines.

— *Cours administratives d'appel*[35]

Il est créé une ou plusieurs[36] Cours administratives d'appel dans le ressort de chaque province et dans la Ville de Kinshasa[37]. Le ressort et le siège ordinaire de la Cour administrative d'appel sont fixés par voie réglementaire[38].

- ***Des magistrats des cours administratives d'appel***

La Cour administrative d'appel est composée d'un Premier président, d'un ou de plusieurs Présidents et des Conseillers, soumis au statut de magistrats[39].

---

35 En attendant l'installation effective des cours administratives d'appel et des tribunaux administratifs, les sections administratives des cours d'appel exercent les attributions leurs dévolues par les lois de la République (cf. article 224, Constitution du 18 février 2006).

36 Chaque Province dispose d'une ou plusieurs cours administratives d'appel devant être installées au Chef-lieu. Pour ce faire, l'on prendrait en compte, vraisemblablement, la densité démographique et le nombre d'affaires à traiter.

37 Il y en aura, pour tout le Congo, au moins 26 cours administratives d'appel, à raison de 25 provinces et la Ville de Kinshasa, ayant statut de province, conformément à l'article 2 de la Constitution.

38 Cf. Antea, p. 24.

39 Toutefois, dans les quinze années à partir de l'installation des cours administratives d'appel, ses magistrats sont recrutés sur titre, sur proposition du Conseil supérieur de la magistrature, parmi les diplômés

Outre ses fonctions de magistrat, le Premier président est une autorité administrative, chef de juridiction. Il est chargé de la gestion administrative et de police de sa juridiction. À ce titre, il répartit les tâches et assure le maintien de l'ordre public. Il est placé sous l'autorité du Premier président du Conseil d'État.

- ***Des sections des cours administratives d'appel***

La cour administrative d'appel comprend une section consultative et une section contentieuse subdivisées en chambres. La cour administrative d'appel siège avec le concours du ministère public et l'assistance du greffier.

— *Tribunaux administratifs*

Il existe un ou plusieurs tribunaux administratifs dans la Ville de Kinshasa, dans chaque ville et dans chaque territoire. La mise en place de ces juridictions est faite par voie réglementaire, et relève du pouvoir central[40].

Cependant, pour répondre notamment aux impératifs de proximité avec les justiciables et d'efficacité dans le fonctionnement de ces juridictions, le pouvoir réglementaire peut aussi créer un seul tribunal administratif, pour deux ou plusieurs territoires. Quoi qu'il en soit, le tribunal administratif comprend une section consultative et une section du contentieux, divisées en chambres.

IV. Juridictions spécialisées de l'ordre administratif

— *Notions*

Une des caractéristiques majeures du contentieux administratif est la prolifération des juridictions administratives spécialisées, avec cependant une activité contentieuse tout à fait spécifique[41].

d'études supérieures en droit ou avocat d'au moins cinq ans d'expérience professionnelle (art. 406, al. 2, OCFJA).

40 Cf. art. 92 et 155, al. 4, de la Constitution du 18 février 2006.

41 En ce sens aussi, R. ROUQUETTE, *Petit traité du procès administratif*, 5e éd., « Praxis Dalloz », Dalloz, 2012, pp. 127, nos 211.16, et 1009-1010, nos 831.04-06.

Les juridictions spécialisées de l'ordre administratif sont constituées, en fait, de multitudes d'organismes, services, administrations voire « juridictions », cependant chargées de régler, par voie juridictionnelle, certains litiges administratifs, au sein de l'Administration ou entre l'Administration et ses administrés, pour tout le moins, en dehors des juridictions de droit commun de l'ordre administratif.

Elles sont ainsi dites « juridictions spécialisées », par opposition aux juridictions administratives de droit commun auxquelles, à l'exception de la Cour constitutionnelle, elles restent rattachées, soit par voie d'appel[42], soit par voie de cassation[43].

— *Quelques indications des juridictions administratives spécialisées de droit congolais*

Il s'agira de la Cour constitutionnelle, de la Cour des comptes et des organes disciplinaires des ordres professionnels et de certaines administrations actives.

---

42 Aux termes de l'article 96, al. 1er, de la Loi organique du 15 octobre 2016 portant organisation, compétence et fonctionnement des juridictions de l'ordre administratif, la section du contentieux de la Cour administrative d'appel est notamment compétente pour connaître, au second degré, de l'appel de :
1°. Décisions prises par les organes disciplinaires des provinces, c'est-à-dire les organes provinciaux des juridictions administratives spécialisées, lorsque le degré d'appel n'y est pas organisé (lire, exposé des motifs, §5, point 2, Loi organique du 15 octobre 2016 portant organisation, compétence et fonctionnement des juridictions de l'ordre administratif, *in JORDC*, Kinshasa, n° spécial, col. 2).
2°. Décisions des organismes publics ou des ordres professionnels provinciaux et locaux, c'est-à-dire des juridictions administratives spécialisées des provinces ou des entités territoriales décentralisées.

43 Conformément aux dispositions de l'article 87, alinéa 1er, OCFJA, la section du contentieux du Conseil d'État connaît notamment des pourvois en cassation, pour violation de la loi, dirigés contre les décisions des juridictions administratives spécialisées.

- ***Cour constitutionnelle, comme juridiction administrative spécifique***

L'article 157 de la Constitution du 18 février 2006 institue une Cour constitutionnelle en République démocratique du Congo. Elle comprend neuf membres, nommés par le Président de la République, dont trois de sa propre initiative, trois à l'initiative du Parlement réuni en congrès et trois autres à l'initiative du Conseil supérieur de la magistrature[44].

La Cour constitutionnelle n'est pas une administration contentieuse, au sens utilisé dans cet ouvrage. Elle est cependant une juridiction spécialisée mais autonome[45], chargée notamment du contrôle de la constitutionnalité de « tout acte réglementaire ».

En effet, lorsqu'elle siège en matière d'annulation de règlement, en vertu de l'article 162, alinéa 2, de la Constitution[46], la Cour constitutionnelle partage cette compétence avec les juridictions de droit commun de l'ordre administratif, déjà compétentes en la matière en vertu de l'article 155 de la même Constitution[47].

---

44 Art. 158, al.1er, Const.

45 Contrairement aux autres juridictions administratives spécialisées, la Cour constitutionnelle n'existe pas en vertu de l'article 149, alinéa 6, de la Constitution. Ainsi qu'elle n'est pas rattachée aux juridictions de droit commun de l'ordre administratif lorsqu'elle se prononce en annulation de tout « acte réglementaire » visé à l'article 162, alinéa 2, de la même Constitution ou en matière des élections présidentielle et législatives nationales. De par la Constitution, ses arrêts, y compris en ces matières, sont rendus en premier et dernier ressort. Ils ne sont susceptibles d'aucun recours et sont immédiatement exécutoires (art. 168, Constitution du 18 février 2006).

46 Ainsi libellé : « Toute personne peut saisir la Cour constitutionnelle pour inconstitutionnalité de tout acte législatif ou réglementaire ».

47 En application de l'article 155, alinéa 1er, de la Constitution, et « sans préjudice des autres compétences que lui reconnaît la Constitution ou la loi, le Conseil d'État connaît, en premier et dernier ressort, des recours pour violation de la loi, formés contre les actes, règlements et décisions des autorités administratives centrales ». En ce sens, D. KALUBA DIBWA, *La justice constitutionnelle en République démocratique du Congo*, Bruxelles-Kinshasa, Eucalyptus &L'Harmattan, 2013, pp. 416-417.

Aussi, étant donné que le Conseil d'État, les cours administratives d'appel et les tribunaux administratifs sont des juridictions de l'ordre administratif de droit commun en matière d'annulation, et puisqu'ils y détiennent une compétence de principe, la Cour constitutionnelle n'a, en cette matière d'annulation des règlements qu'une compétence résiduelle et limitée : d'où sa spécialité.

Elle ne connaît, en annulation pour violation de la Constitution[48], de la volonté du constituant, que du règlement échappant au contrôle de « légalité » devant le juge administratif de droit commun[49]. Il s'agit de règlement pris en vertu de la Constitution[50], pour autant qu'il échappe à la compétence du juge administratif de droit commun. C'est en cela que la Cour constitutionnelle est une juridiction administrative spécialisée, bien sûr, d'un type tout à fait particulier !

- *Cour des comptes*

La Cour des comptes, instituée en vertu de l'article 178 de la Constitution, est à la fois une administration spécialisée et une juridiction administrative spécialisée, rattachée aux juridictions de l'ordre administratif par voie de cassation.

---

48 Si en matière du contentieux de légalité, les expressions « violation de la loi » ou « violation de la Constitution » sont consacrées et entendues au sens large pour ne renvoyer qu'à la « régularité juridique », devant la Cour constitutionnelle, « l'inconstitutionnalité » désigne violation de la Constitution, « *stricto sensu* ». Cette expression constitue donc la toute première restriction à opérer, pour débarrasser la Cour des règlements qui ne violent pas la Constitution, avant d'en déterminer la nature.

49 En ce sens, D. KALUBA DIBWA, *Op. cit*, pp. 416-417.

50 Il s'agira de règlements autonomes visés aux dispositions des articles 128 et 129 de la Constitution ainsi que de ceux pris par l'Exécutif en cas de silence du législateur dans les matières relevant de sa compétence visées notamment aux articles 122 et 123 de la Constitution, pour le pouvoir central, et pour les provinces, les règlements visés à l'article 37, de la Loi n° 08/012 du 31 juillet 2008 portant principes fondamentaux relatifs à la libre administration des provinces ainsi que ceux pris dans les matières législatives des provinces, visées aux articles 34 et 35 de cette loi, en attendant l'intervention du législateur provincial.

En effet, en tant qu'administration spécialisée, la Cour des comptes est placée sous l'autorité de l'Assemblée nationale. Elle est chargée du contrôle budgétaire et financier de l'État, c'est-à-dire du pouvoir central, des provinces et des entités territoriales décentralisées[51].

Elle contrôle la gestion des finances de l'État, des biens publics, des comptes des provinces, des entités territoriales décentralisées ainsi que ceux des organismes publics.

C'est à ce titre qu'elle publie chaque année un rapport qu'elle remet, selon le cas[52], pour les finances du pouvoir central au Président de la République, au Parlement et au Gouvernement ; pour les finances des provinces, aux Assemblées provinciales et aux Gouvernements provinciaux ; et pour les finances des entités territoriales décentralisées, aux Conseils délibérants et aux collèges exécutifs locaux.

Elle soumet au Parlement ses observations et recommandations[53] pour l'examen de projet de loi portant arrêt du compte général de la République, exercice budgétaire écoulé[54].

---

51 Cf. art. 180, al. 1er, Constitution du 18 février 2006.

52 Conformément à l'article 171 de la Constitution du 18 février 2006, les finances du pouvoir central et celles des provinces, celles-ci intégrant les finances des entités territoriales décentralisées (articles 45 et 46, Loi 31 juillet 2008, sur la libre administration des provinces et articles 104, 106 et 107, Loi organique du 07 octobre 2008, sur les entités territoriales décentralisées), sont distinctes. Étant donné la décentralisation financière ainsi consacrée, le rapport annuel de la Cour des comptes permet à chaque niveau de gestion de l'État de disposer de ses conclusions pour dispositions à prendre.

53 Les observations et recommandations de la Cour des comptes, distinctes de son rapport annuel sur le contrôle de gestion des finances de la République, accompagnent le projet de loi portant arrêt du compte général de la République. Elles sont exclusivement destinées au Parlement du pouvoir central en vue de l'examen du projet de loi de reddition des comptes.

54 Cf. art. 173, Constitution du 18 février 2006 et art. 33, al. 2, O-L n° 87-005 du 6 février 1987 fixant la composition, l'organisation et le fonctionnement de la Cour des comptes.
À ce sujet, il est nécessaire de souligner que les dispositions de l'article 185, Loi n° 11/011 du 13 juillet 2011 relative aux finances publiques, peuvent porter à confusion. En effet, la République démocratique du Congo conserve son unité monétaire et budgétaire sur l'ensemble du territoire de la République. En conséquence, le franc congolais est son unique monnaie,

En tant que juridiction spécialisée de l'ordre administratif, la Cour des comptes est chargée de la discipline budgétaire et financière. À ce titre, elle arrête les sommes à recouvrer à charge des ordonnateurs délégués, lorsqu'ils ont engagé des crédits en violation de la loi ou lorsque le Trésor en a subi préjudice, et leur inflige des amendes qui n'excèdent pas la moitié de leur traitement, assorties éventuellement des propositions de suspension ou de destitution.

Elle apure les comptes des comptables publics et établit des arrêts définitifs lorsqu'ils sont quittes ou en débet. Dans le premier cas, elle leur accorde le quitus de leur gestion ; dans le deuxième cas, elle les condamne à la restitution dans le délai qu'elle prescrit.

En tant que juridiction, la Cour des comptes juge la régularité des engagements des ordonnateurs délégués et des comptes des comptables publics[55]. Elle statue en premier et dernier ressort, et ses arrêts sont soit susceptibles de révision devant la section qui a rendu l'arrêt[56], soit susceptibles de cassation devant le Conseil d'État[57].

---

l'arrêt du compte général de la République n'est autrement porté que par une loi, comme l'est, du reste, le budget des recettes et des dépenses de l'État, à savoir celui du pouvoir central et des provinces (ayant intégré les budgets des entités territoriales décentralisées). Invoquer l'existence des édits et décisions budgétaires ou des redditions des comptes en province et au niveau des entités territoires décentralisées, ne doit être envisagé qu'en termes d'avant projet, à faire parvenir au pouvoir central pour être consolidé, finalisé et présenté au Parlement pour adoption (Cf. articles 170, 173 et 175, Constitution 18 février 2016).

55 Cf. art. 29 et 30, O-L n° 87-005 du 6 février 1987 fixant la composition, l'organisation et le fonctionnement de la Cour des comptes.

56 Cf. art. 22 à 24, O-L n° 87-005 du 6 février 1987 fixant la composition, l'organisation et le fonctionnement de la Cour des comptes.

57 Cf. Art. 87, al. 1er, OCFJA, ainsi libellé : « la section du contentieux connaît des pourvois en cassation, pour violation de la Constitution, du traité international dûment ratifié, de la loi, de l'édit, de la coutume, des principes généraux de droit et du règlement dirigés contre des arrêts et jugements des juridictions administratives de droit commun ou contre les décisions des juridictions administratives spécialisées visées à l'art. 2, al. 3, de la présence Loi organique ».

- ***Organes disciplinaires des ordres professionnels et de certaines administrations actives***

Les organes disciplinaires des ordres professionnels et de certaines administrations actives, dites administrations contentieuses, lorsqu'ils sont dotés de pouvoir de décision[58] pour régler des différends inter ou extra-professionnels, ont le statut de juridiction spécialisée de l'ordre administratif.

En effet, aujourd'hui, tous ces organes disciplinaires des ordres professionnels sont rattachés aux cours administratives d'appel et au Conseil d'État, soit par voie d'appel, si cette procédure d'appel n'est pas organisée à l'interne, soit par voie de cassation, comme conséquence découlant de la constitutionnalisation de la garantie de droits de la défense[59], qui inclue le droit au double degré de juridiction. C'est à ce titre qu'ils sont des juridictions administratives spécialisées.

Elles sont extrêmement nombreuses. À titre indicatif, nous en examinerons certaines d'entre elles, à savoir : les Conseils de l'ordre des avocats, les Chambres de surveillance des défenseurs judiciaires, les Chambres disciplinaires du Conseil supérieur de la magistrature et le Conseil disciplinaire de la Cour constitutionnelle.

✓ Conseil de l'ordre des avocats[60]

Les fautes et manquements des avocats sont réprimés par le Conseil de l'ordre, siégeant comme conseil de discipline, soit sur plainte ou dénonciation d'un magistrat, d'un avocat, d'un stagiaire ou de toute personne intéressée, soit d'office.

---

58 En général, il existe des formations disciplinaires dans la fonction publique. Cependant, ils ne constituent que des instances consultatives de garantie de la procédure contradictoire à observer avant la décision disciplinaire à intervenir. En cas de contestation des décisions disciplinaires ainsi intervenues, les juridictions de droit commun de l'ordre administratif restent compétentes.

59 Cf. art. 19, 154 et 155, Constitution du 18 février 2006; Exposé des motifs, point n° 2, et art. 2, 87 et 96, OCFJA.

60 Cf. les dispositions des articles 88 à 97 et 120, O-L du 28 septembre 1979, portant organisation du barreau, du corps des défenseurs judiciaires et du corps des mandataires de l'État.

Le Conseil de l'ordre des avocats est saisi par le Bâtonnier[61] qui en informe aussitôt le Procureur général et procède sans désemparer à une enquête. C'est le Bâtonnier qui décide soit de classer l'affaire sans suite, soit de déférer l'avocat poursuivi devant le Conseil de l'ordre.

Cependant, toute demande demeurée sans suite devant le Conseil de l'ordre peut être portée devant le Conseil national de l'ordre qui statue, en l'espèce, en premier et dernier ressort. Il en est de même lorsque le Conseil national de l'ordre décide d'évoquer d'office devant lui toute cause, pour défaillance des organes disciplinaires.

Par ailleurs, les faits classés par une décision du Bâtonnier ou les sentences prononcées par le Conseil de l'ordre peuvent être appelés devant le Conseil national de l'ordre des avocats qui statue, en ce cas, en dernier ressort.

Les décisions ou sentences du Conseil national de l'ordre des avocats sont susceptibles de cassation devant le Conseil d'État[62].

✓ Chambres du conseil des tribunaux de grande instance pour les défenseurs judiciaires

Aux côtés des avocats, les défenseurs judiciaires[63] assistent ou représentent les parties et plaident devant les tribunaux de grande ins-

---

61 Lorsque c'est le Bâtonnier lui-même qui est mis en cause, la procédure est menée par le membre du Conseil de l'ordre le plus ancien au Tableau.

62 Art. 97, al. 2, O-L du 28 septembre 1979, portant organisation du barreau, du corps des défenseurs judiciaires et du corps des mandataires de l'État, a longtemps écarté tout recours contre les décisions du Conseil national de l'ordre des avocats. Aujourd'hui, une telle disposition légale n'a plus droit de cité. Elle est abrogée de l'effet des dispositions de l'art. 221 de la Constitution du 18 février 2006 qui dispose : « Pour autant qu'ils ne soient pas contraires à la présente Constitution, les textes législatifs et réglementaires en vigueur restent maintenus jusqu'à leur abrogation ou leur modification ».
En effet, en vertu de l'art. 19 de la Constitution du 18 février 2006, le droit de la défense est organisé et garanti en République démocratique du Congo. Ainsi qu'en application de l'art. 155 de la même Constitution, l'art. 87, al. 1er, OCFJA, rattache les juridictions administratives spécialisées, statuant en dernier ressort, au Conseil d'État par voie de cassation.

63 Il s'agit des Congolais, titulaires d'un diplôme de graduat (licence en 3 ans) ou son équivalent, admis au tableau des défenseurs judiciaires tenu à jour

tance[64] ainsi que devant les tribunaux de paix du ressort desdits tribunaux de grande instance.

En matière disciplinaire, les plaintes ou dénonciations à charge des défenseurs judiciaires relèvent de la compétence du tribunal de grande instance du ressort, siégeant en chambre du Conseil et à trois juges au moins[65].

La sentence ainsi prononcée est susceptible d'appel devant la Cour administrative d'appel[66].

- ✓ Chambres disciplinaires du conseil supérieur de la magistrature[67]

Le Conseil supérieur de la magistrature est la juridiction disciplinaire des magistrats. Il exerce son pouvoir disciplinaire à travers la chambre nationale et les chambres provinciales de discipline, siégeant avec trois magistrats.

La chambre provinciale de discipline connaît, en premier degré, des fautes disciplinaires mises à la charge des magistrats du ressort des Cours d'appel, des cours administratives d'appel, des cours militaires et ceux des parquets près ces juridictions.

---

par le Président du tribunal de grande instance, en guise de suppléance à la faible accessibilité aux avocats par tous sur le territoire national.

64 Sur décision du Président d'une Cour d'appel, les défenseurs judiciaires peuvent aussi valablement exercer leur ministère devant toutes les juridictions du ressort de cette Cour d'appel.

65 Art. 139 et 140, O-L du 28 septembre 1979, portant organisation du barreau, du corps des défenseurs judiciaires et du corps des mandataires de l'État.

66 Siégeant en chambre du conseil en matière disciplinaire, le tribunal de grande instance statue en tant que juridiction spécialisée de l'ordre administratif. L'appel contre ses sentences est désormais porté devant la Cour administrative d'appel, conformément aux dispositions des articles 154, 155 et 221 de la Constitution, telles qu'appliquées notamment par l'art. 96, al. 1er, OCFJA.

67 Cf. art. 20 à 32, Loi organique du 05 août 2008 portant organisation et fonctionnement du Conseil supérieur de la magistrature.

La chambre nationale de discipline connaît, d'abord, en appel[68], des décisions rendues par les chambres provinciales de discipline. Elle connaît, ensuite, en premier et dernier ressort, des fautes disciplinaires mises à la charge des Premiers présidents des cours d'appel, des cours administratives d'appel, des cours militaires ainsi que des chefs des parquets près ces juridictions. Elle connaît, enfin, en premier et dernier ressort, des fautes disciplinaires mises à la charge des magistrats de la Cour de cassation, du Conseil d'État, de la Haute cour militaire et ceux des parquets près ces juridictions.

En compatibilité avec les dispositions notamment de l'article 87, alinéa 1er, de la Loi organique du 15 octobre 2016 portant organisation, compétence et fonctionnement des juridictions de l'ordre administratif, les décisions de la chambre nationale de discipline du Conseil supérieur de la magistrature sont susceptibles de cassation devant le Conseil d'État[69].

✓ Conseil de discipline de la Cour constitutionnelle[70]

Le Conseil de discipline de la Cour constitutionnelle est mis en place, en application des dispositions de l'article 10, de la Loi organique du 15 octobre 2013 portant organisation et fonctionnement de la Cour constitutionnelle, par voie de l'Ordonnance[71] n° 16/070 du

---

68 Le délai d'appel est de trente jours, à dater de la notification de la décision de la chambre provinciale de discipline.

69 Cf. art. 87, al. 1er, Loi organique du 15 octobre 2016 portant organisation, compétence et fonctionnement des juridictions de l'ordre administratif. Également, postea p. 84.

70 Cf. art. 23 à 39, ordonnance n° 16/070 du 22 août 2016 portant dispositions relatives au statut particulier des membres de la Cour constitutionnelle, *in JORDC*, Kinshasa, n° spécial, 24 août 2016, Col. 9-14.

71 L'Ordonnance du 22 août 2016 portant dispositions relatives au statut particulier des membres de la Cour constitutionnelle soulève un vrai problème de légalité du Conseil de discipline de la Cour constitutionnelle. En effet, conformément à l'art. 92, al. 1er, de la Constitution, seul le Premier ministre assure l'exécution des lois et dispose du pouvoir réglementaire général, sous réserve des prérogatives dévolues au Président de la République par cette Constitution du 18 février 2006. Aussi, le Président de la République n'est donc pas qualifié pour fixer le statut des membres de

22 août 2016 portant dispositions relatives au statut particulier des membres de la Cour constitutionnelle.

Le Conseil de discipline de la Cour constitutionnelle juge, en premier et dernier ressort, les membres de la Cour constitutionnelle et du Parquet général près cette Cour ainsi que les Conseillers référendaires.

En compatibilité avec les dispositions notamment de l'article 87, alinéa 1er, de la Loi organique du 15 octobre 2016 portant organisation, compétence et fonctionnement des juridictions de l'ordre administratif, les décisions du Conseil de discipline de la Cour constitutionnelle, en tant que juridiction administrative spécialisée, sont susceptibles de cassation devant le Conseil d'État.

V. Droit applicable en contentieux administratif congolais

Le juge administratif congolais a pour mission de juger de la conformité des actes, décisions ou règlements des autorités administratives au droit. Il est, de ce point de vue, juge de la légalité au sens large de cette expression.

Aussi, pour bien mesurer la portée de son activité, il importe déjà, à ce stade, de s'assurer de la classification de l'ensemble de ses normes de référence, après en avoir justifié l'intérêt.

— *Intérêt d'indication du droit applicable en contentieux administratif*

La présentation du droit applicable devant le juge, en liminaire de l'étude du contentieux administratif congolais, comprend un intérêt sur le plan du contentieux de la légalité.

---

la Cour constitutionnelle, en exécution de l'article 10 de la Loi organique du 15 octobre 2013 portant organisation et fonctionnement de la Cour constitutionnelle. Cette compétence revient au seul Premier ministre, agissant sous le contreseing du ministre ayant la justice dans ses attributions, sans préjudice aux dispositions de l'art. 92, al. 5, de la même Constitution lorsqu'il décide de déléguer cette compétence au ministre.

En effet, cette indication permet d'identifier clairement la hiérarchisation des sources formelles en contentieux administratif congolais.

On le sait, le contentieux administratif concerne essentiellement des litiges opposant les actes, décisions ou règlements des autorités administratives aux autres règles ou sources de droit.

Hiérarchiser ces règles ou sources de droit, permet déjà de poser le principe de solution. Car, les normes de valeur supérieure aux actes, décisions ou règlements attaqués s'imposent aux autorités administratives.

À vrai dire, les litiges entre différentes normes se règlent notamment de manière suivante :

— Les règles supérieures l'emportent sur les règles inférieures. Lorsqu'il s'agit des règles de même valeur juridique, celles qui émanent des autorités supérieures priment celles des autorités subordonnées ;

— Pour les règles de même valeur et de même niveau, la règle nouvelle l'emporte sur la règle antérieure, d'une part et d'autre part, celle de portée générale prime sur la règle de portée individuelle ou limitée et ce, pour ce dernier cas, en vertu du principe *patere legem quam ipse fecisti*, c'est-à-dire, un acte de portée limitée d'un même auteur doit être conforme à son acte de portée générale.

— *Numération de droit applicable en contentieux administratif*

Les normes de référence du juge administratif congolais dans le règlement des litiges administratifs sont : la Constitution, les traités, conventions ou accords internationaux régulièrement conclus, les actes législatifs, la coutume, les principes généraux du droit, les décisions définitives des juridictions de droit public[72], les actes, décisions ou règlements des autorités administratives.

72 Il s'agit des arrêts en annulation de la Cour constitutionnelle, des ordonnances, jugements ou arrêts en annulation des juridictions de l'ordre administratif, spécialisées ou de droit commun.

- *Constitution de la République démocratique du Congo du 18 février 2006*

La Constitution est la norme de référence par excellence du juge administratif. Elle est, en fait, la source primaire du droit positif congolais. La suprématie de la Constitution tient notamment de dispositions de ses articles 153, alinéa 4[73], 215[74] et 221[75] de la Constitution.

En effet, le juge administratif congolais, à l'instar des autres juridictions, n'applique les traités internationaux, les lois, les actes réglementaires et la coutume qu'en vertu de la Constitution ce, dans les conditions qu'elle fixe : d'où, la soumission de toutes ces autres sources de droit à la Constitution.

Ainsi que, dans le règlement de tout litige administratif, le juge administratif se réfère préalablement aux dispositions de la Constitution (contrôle de la légalité externe) pour s'assurer, notamment :

1°. Du respect de la répartition des compétences entre autorités administratives du pouvoir central, dont il se sert comme normes de référence. Il en est ainsi, à titre illustratif, des articles 91 (pour le pouvoir réglementaire limité du Président de la République[76]), 92 (pour le pouvoir réglementaire général du Premier ministre ou pour

---

73 Les cours et tribunaux, civils et militaires, appliquent les traités internationaux dûment ratifiés, les lois, les actes réglementaires pour autant qu'ils soient conformes aux lois ainsi que la coutume pour autant que celle-ci ne soit pas contraire à l'ordre public ou aux bonnes mœurs.

74 Les traités et accords internationaux régulièrement conclus ont, dès leur publication, une autorité supérieure à celle des lois, sous réserve pour chaque traité ou accord, de son application par l'autre partie.

75 Pour autant qu'ils ne soient pas contraires à la Constitution, les textes législatifs et réglementaires en vigueur restent maintenus jusqu'à leur abrogation ou leur modification.

76 Sous la Constitution du 18 février 2006, et conformément à son article 91, alinéa 6, le Président de la République n'a de pouvoir de réglementation que pour fixer l'organisation, le fonctionnement du Gouvernement et les modalités de collaboration entre le Président de la République et le Gouvernement ainsi qu'entre les membres du Gouvernement.

le pouvoir réglementaire dérivé des ministres[77]), 128 et 129 (pour le domaine du règlement du pouvoir central)[78] de la Constitution ;

2°. Du respect de domaine d'intervention des actes, décisions ou règlements des autorités administratives centrales, fixé par les dispositions des articles 202 (matières de compétences exclusives du pouvoir central) et 203 (matières de compétences concurrentes entre le pouvoir central et les provinces) de la Constitution[79].

3°. Du respect de domaine d'intervention des autorités administratives des provinces et des entités territoriales décentralisées, fixé par les dispositions de l'article 204 de la Constitution, telles que matérialisées par la Loi du 31 juillet 2008 portant principes fondamentaux relatifs à la libre administration des provinces et la Loi organique du 7 octobre 2008 portant composition, organisation et fonctionnement

---

77 Seul le Premier ministre, sous réserve du pouvoir réglementaire du Président de la République prévu notamment par les articles 91 et 129 de la Constitution, exerce directement le pouvoir réglementaire général de la République, en vertu de la Constitution (articles 128 et 129) et des lois du pouvoir central. Dans ce cas, ses actes sont contresignés par le ministre chargé de son exécution.
Toutefois, le Premier ministre peut aussi déléguer certains de ses pouvoirs aux ministres par voie de Décret portant « délégation des pouvoirs » ou (pour prendre la formule actuelle) « Décret portant attributions » des membres du Gouvernement. Notons que l'attribution des compétences aux membres du Gouvernement n'est pas de la compétence aujourd'hui du Président de la République. Il en a été ainsi plutôt sous les régimes des articles 27 de la Constitution du 24 juin 1967 et 71 de la Constitution de la transition du 4 avril 2003.

78 Les dispositions des articles 128 et 129 de la Constitution consacrent le domaine du règlement, au sens technique pour le premier et avant la loi de ratification pour le second, des autorités du pouvoir central. Aussi, pour une meilleure protection de ce domaine, les autorités administratives peuvent même modifier ou annuler les actes législatifs qui y sont intervenus, si la Cour constitutionnelle admet qu'ils ont un caractère réglementaire.

79 Les actes, décisions ou règlements des autorités administratives centrales ne peuvent normalement être justifiés que lorsqu'ils sont intervenus en vertu des compétences exclusives du pouvoir central ou des compétences concurrentes entre le pouvoir central et les provinces ce, soit en application des articles 128 et 129 de la Constitution, soit en exécution des lois et règlements du pouvoir central, de la République.

des entités territoriales décentralisées et leurs rapports avec l'État et les provinces.

4°. Des attributions du Conseil d'État, des cours administratives d'appel et des tribunaux administratifs, conformément aux dispositions de l'article 155 de la Constitution, telles que matérialisées par la Loi organique du 15 octobre 2016 portant organisation, compétence et fonctionnement des juridictions de l'ordre administratif.

À dater de la promulgation de la Constitution, les textes législatifs et réglementaires ne restent en vigueur que dans la mesure de leur conformité à la Constitution.

- ***Traités ou accords internationaux dûment ratifiés***

Les traités, conventions ou accords internationaux sont, en République démocratique du Congo, des normes infra-constitutionnelles mais supra-législatives[80], c'est-à-dire qu'ils ont une force juridique inférieure à la Constitution mais supérieure aux actes législatifs (loi, ordonnance-loi et édit)[81].

Il s'agit de traités, conventions ou accords internationaux, régulièrement ratifiés et publiés au Journal officiel de la République démocratique du Congo, sous réserve de leur application par l'autre partie[82].

À ce titre, en République démocratique du Congo, un traité ou accord international, doit d'abord être conforme à la Constitution pour

---

80 En cas d'incompatibilité d'un traité international avec un acte législatif, celui-ci cède au traité. En effet, le traité international s'impose au juge administratif. Il le préfère à l'acte législatif qui lui est incompatible. Tout acte législatif ou toute disposition d'acte législatif incompatible avec le traité est nul et non avenu, bien sûr sous réserve de son application par les autres parties.

81 En ce sens également, A. MAMPUYA KANUNK'a TSHIABO, *Traité de droit international public*, Kinshasa, MEDIASPAUL, 2016, pp. 483-489.

82 Cf. l'art. 215, Constitution du 18 février 2006 : « les traités et accords internationaux régulièrement conclus ont, dès leur publication, une autorité supérieure à celle des lois, sous réserve pour chaque traité ou accord, de son application par l'autre partie ».

sa ratification ou sa signature. Dans ce dernier cas, il est présenté à l'Assemblée nationale et au Sénat[83].

En effet, l'inconstitutionnalité d'un traité ou accord international est toujours possible. Elle est dirigée contre la loi d'approbation ou d'autorisation de ratification, voire contre la décision de signature, et aboutit au désengagement de la République, sans préjudice aux sanctions politiques (Parlement), poursuites judiciaires (pénale et/ou civile pour préjudice imposé à la République) ou disciplinaires (Président de la République ou Gouvernement), notamment pour violation intentionnelle de la Constitution contre le signataire d'un tel engagement contraire à la Constitution, sur le plan national, et aux réparations pour préjudices occasionnés aux autres parties au traité, sur le plan international.

- ***Actes législatifs du pouvoir central (lois ou ordonnances-lois) et des provinces (édits)***

  ✓ Tout acte législatif bénéficie de la présomption de la légalité (autorité de la chose légiférée) et le juge administratif l'applique[84], sans préjudice à la procédure d'exception d'inconstitutionnalité ouverte aux parties, de leur propre initiative ou, d'office, à l'initiative de la juridiction saisie[85], au plus tard à la clôture des débats[86] ;

---

83 Aux termes de l'art. 213, al. 2, Constitution du 18 février 2006, « le Gouvernement conclut les accords internationaux non soumis à ratification après délibération du Conseil des ministres. Il en informe l'Assemblée nationale et le Sénat ».

84 Cf. art. 153, al. 4, Constitution du 18 février 2006.

85 Toute personne peut invoquer l'inconstitutionnalité de tout acte législatif, au sens de l'article 162 de la Constitution, dans une affaire qui la concerne devant une juridiction. Il en est de même pour la juridiction saisie et pour le Ministère public. Dans ce cas, la juridiction sursoit à statuer et s'en remet à la Cour constitutionnelle toutes affaires cessantes (Cf. les art. 162, al. 1er, Const. et 52, Loi organique du 15 octobre 2013 portant organisation et fonctionnement de la Cour constitutionnelle).

86 Cf. art. 228, OCFJA.

✓ L'acte législatif s'impose au règlement jusqu'à sa suppression (par l'organe législatif compétent, le juge constitutionnel, voire l'autorité réglementaire à l'issue de la procédure d'exception d'irrecevabilité prévue à l'article 128, alinéa 2, de la Constitution[87]).

- *Coutume*

La coutume s'impose au juge administratif, pour autant qu'elle soit conforme à l'ordre public et aux bonnes mœurs, notamment en ce qui concerne l'organisation et le fonctionnement des entités locales, la chefferie, le groupement et le village[88].

Tout acte, décision ou règlement des autorités administratives, du pouvoir central, des provinces ou des entités territoriales décentralisées, pris en violation de la coutume, est susceptible d'annulation pour violation de la loi.

- *Principes généraux du droit*

Les principes généraux du droit constituent une des sources importantes de référence pour l'Administration, et par conséquent du juge administratif congolais.

---

87 Un texte de loi peut être modifié et abrogé par voie réglementaire, selon le cas, par le titulaire du pouvoir réglementaire général, le Premier ministre pour le pouvoir central (décret), le Gouverneur de province pour la province (arrêté provincial), si la Cour constitutionnelle, à la demande du Gouvernement de la République ou de Province, déclare qu'il a un caractère réglementaire en vertu de la répartition faite entre domaine de la loi et du règlement, aux art. 122, 123, 128, al. 1er, 202 et 203 (pour les compétences exclusives du pouvoir central), et les art. 204 de la Const. et 35, 36 et 37, Loi n° 08/012 du 31 juillet 2008 portant principes fondamentaux relatifs à la libre administration des provinces (pour les compétences exclusives des provinces).

88 Cf. art. 207, Constitution du 18 février 2006 et art. 65 à 92, Loi organique n° 08/016 du 07 octobre 2008 portant composition, organisation et fonctionnement des entités territoriales décentralisées et leurs rapports avec l'État et les provinces, *in JORDC*, n° spécial, 29 septembre 2012, pp. 115 à 122 ; et art. 25 à 32, Loi organique n° 10/11 du 18 mai 2010 portant fixation des subdivisions territoriales à l'intérieur des provinces, *in JORDC*, n° spécial, Kinshasa, 23 août 2016, col. 64-65.

- ✓ Ils s'imposent à l'Administration et au juge administratif, même sans texte[89]. L'autorité administrative, garant de la protection de l'intérêt général et de l'ordre public, recourt aux principes généraux pour procurer un fonctionnement harmonieux des services publics. C'est le cas du recours aux principes du privilège réglementaire, du privilège du préalable, de continuité de l'État, de la théorie du fonctionnaire de fait, de parallélisme de forme et de compétence en vertu de la théorie de l'acte contraire, etc.
- ✓ Les principes généraux du droit s'imposent au juge administratif également en vertu de l'article 85, alinéa 2, de la Loi organique du 15 octobre 2016, portant organisation, compétence et fonctionnement des juridictions de l'ordre administratif.

- ***Décisions définitives des juridictions de l'ordre administratif et de la Cour constitutionnelle***

Les décisions définitives des juridictions de droit public, les juridictions de l'ordre administratif et la Cour constitutionnelle, s'imposent aux autorités administratives et au juge administratif congolais.

En effet, ni le législateur, ni le pouvoir réglementaire, ne peut s'opposer à l'exécution des décisions de justice[90]. Elles sont obligatoires

---

89 La Cour suprême de justice a constamment annulé des actes administratifs pour violation des principes généraux du droit. En effet, est fondé et en conséquence entraîne annulation pour violation du principe général du droit administratif selon lequel l'acte administratif doit être motivé pour éviter l'arbitraire, l'excès de pouvoir ou le détournement de pouvoir, l'arrêté du ministre du Travail et de la prévoyance sociale, qui rétrograde un Inspecteur général du travail au grade de Directeur sans en indiquer les motifs (Cf. notamment RA 693 du 31 mai 2004, en cause BOTITI BOLIMA et crts c/ la RDC et csrts, *in JURIDOC, Jurisprudence de la Cour suprême de justice : Contentieux administratif*, tome II, « Collection Juridoc », Kinshasa, 2011, pp. 132-133).

90 Les dispositions des art. 151, al. 1er et 2, de la Constitution sont explicites à ce sujet. De même, l'art. 168 de la Constitution qui consacre le caractère définitif des arrêts de la Cour constitutionnelle, constitutionalise pour ladite Cour en fait les principes découlant des effets juridiques attachés à toutes

et exécutoires, dans leurs dispositifs, et s'imposent « *erga omnes* », en cas du contentieux objectif, aussi bien aux pouvoirs publics qu'aux particuliers[91].

- ***Actes, décisions ou règlements des autorités administratives du pouvoir central, des provinces et des entités territoriales décentralisées***

Les actes, décisions ou règlements des autorités administratives nationales s'imposent à ceux des autorités administratives provinciales et locales, aussi bien dans les matières des compétences exclusives réservées au pouvoir central que dans celles des compétences concurrentes entre le pouvoir central et les provinces[92].

Par contre, les actes, décisions ou règlements des autorités administratives des provinces, pris en vertu de leurs compétences exclusives visées par l'article 204 de la Constitution, s'imposent à ceux

---

les décisions judiciaires définitives en vertu des principes généraux du droit, à savoir. : elles sont obligatoires, à l'égard de tous (*erga omnes*) pour les décisions judiciaires définitives d'annulation, ou à l'égard des parties au procès (*erga partes*) pour les décisions judiciaires définitives de réparation, et elles s'imposent aux pouvoirs publics et aux particuliers, qui ne peuvent les remettre en cause en aucune manière.

91 La jurisprudence de la CSJ, section administrative, est constante à ce sujet. En effet, la requête en annulation dirigée contre un acte administratif pris en violation d'une décision judiciaire définitive est fondée et, en conséquence, entraîne l'annulation dudit acte. Cf. en ce sens, arrêts sous : RA. 312, en cause Société Internationale Compagnie de commercialisation et d'Investissement, S.P.R.L (ICCI), contre République du Zaïre et csrts; RA. 381, en cause TRANS-TSHIKEM CONTENAIRS contre République du Zaïre et csrts; et RA. 603 du 19/04/2004, en cause MAVINGA BUALA et csrts, contre RDC, en la personne du ministre de la Justice et garde des Sceaux, in *JURIDOC, Jurisprudence de la Cour suprême de justice : Contentieux administratif*, tome II, « Collection Juridoc », Kinshasa, 2011, pp. 75, 95 et 122.

92 C'est le sens à donner aux dispositions notamment des art. 205, al. 5, et 206, Constitution du 18 février 2006, respectivement ainsi libellées : « La législation nationale prime sur l'édit provincial » et « sauf dispositions contraires de la législation nationale, les Gouvernements provinciaux exécutent, par l'intermédiaire de leurs services, les lois et règlements nationaux ».

des autorités administratives nationales, dépourvues par principe de toutes compétences en la matière[93].

Le juge administratif tient donc pour norme de référence la catégorisation des actes selon le critère rappelé ci-dessus, au sujet de l'intérêt de la hiérarchisation des normes en droit congolais. Il devra parfaitement s'assurer de la qualité de l'auteur de l'acte et, bien sûr, de son domaine de compétence, selon que l'acte doit émaner du pouvoir central, de province ou des entités territoriales décentralisées.

Inutile d'y revenir, en droit administratif, les compétences sont d'attribution.

93 Une autorité administrative nationale qui intervient dans les matières de compétences exclusives des provinces se trouve dans un cas d'empiétement des fonctions, susceptible d'annulation, à l'initiative des autorités provinciales concernées, des particuliers ou du ministère public, celui-ci agissant dans l'intérêt général ou pour la protection des droits et libertés garantis (Cf. art. 134 et 136, Loi organique du 15 octobre 2016 portant organisation, compétence et fonctionnement des juridictions de l'ordre administratif et l'art. 28, al. 2, Loi du 31 juillet 2008 portant principes fondamentaux relatifs à la libre administration des provinces).

PLAN SOMMAIRE

Le présent ouvrage comprend cinq titres. Dans le premier, nous allons à la fois circonscrire le domaine de compétence du juge administratif et mettre en exergue les particularités et traits fondamentaux du contentieux administratif congolais.

Dans le deuxième titre, nous examinons les compétences du juge administratif congolais, en soulignant, en même temps, les différents cas d'ouverture du contentieux administratif.

Le troisième titre présente les différentes conditions de recevabilité, assorties des incidents de procédure susceptibles de faire échapper au procès administratif.

Le quatrième titre traite de la procédure de l'instruction et du jugement des affaires devant le juge administratif de droit commun.

Le cinquième titre, pour terminer, examine les voies de recours prévues et organisées devant les juridictions de l'ordre administratif congolais.

TITRE I

DÉLIMITATION ET TRAITS FONDAMENTAUX DU CONTENTIEUX ADMINISTRATIF CONGOLAIS

La portée de l'œuvre du juge administratif congolais est souvent l'objet à débats, par moment très passionnant.

À tort, souvent, le juge administratif congolais est carrément pris pour judiciaire, pourtant l'activité de ce dernier est plutôt totalement dominée par son souci effréné de rétablissement de l'égalité « parfaite » dans les rapports de particulier à « particulier ». Ce qui, à coup sûr, met en mal l'âme de la justice administrative, son autonomie, la recherche d'équilibre dans les rapports entre les libertés garanties et la protection de l'intérêt général, finalité même de l'activité de l'Administration.

Dès lors, commencer cet ouvrage par délimiter la portée du contentieux administratif congolais pour en souligner les traits fondamentaux, nous paraît déjà indiqué.

CHAPITRE I

DÉLIMITATION DU CONTENTIEUX ADMINISTRATIF CONGOLAIS

Tous litiges nés de l'activité de l'Administration ne donnent pas nécessairement lieu aux recours contentieux devant le juge administratif.

Il y en a de ces litiges, quoiqu'intéressant l'activité de l'Administration, qui échappent au juge administratif ordinaire, juridictions administratives spécialisées ou de droit commun (Conseil d'État, Cours administratives d'appel et tribunaux administratifs).

Il y en a cependant de ces autres litiges qui échapperont carrément à la compétence du juge administratif seulement en tant que juge, indifféremment de sa spécialité, administrative, judiciaire ou constitutionnelle.

Écarter déjà de la sphère du juge administratif, ceux de ces litiges qui échappent à la censure de tout juge et, en suite, en indiquer ceux de ces autres litiges, quoiqu'intéressant l'activité administrative, mais qui ne relèvent pas de la compétence du juge administratif ordinaire, nous paraît encore plus opportun en ce moment de la spécialisation de la fonction du juge administratif.

SECTION 1 : Litiges échappant à la censure de tout juge ordinaire congolais

En droit congolais, on entend par juge ordinaire, les juridictions de droit commun, aussi bien de l'ordre judiciaire que de l'ordre administratif. Il s'agit, d'un côté, de cours et tribunaux civils et militaires, pour l'ordre judiciaire, et de l'autre, du Conseil d'État, des cours et tribunaux administratifs pour l'ordre administratif[94].

Ces juridictions congolaises de droit commun ne connaissent pas de litiges liés aux actes des autorités étrangères établies en République Démocratique du Congo et de ceux liés aux actes relevant du pouvoir législatif.

§1. Litiges liés aux actes des autorités étrangères[95] établies en République démocratique du Congo

Certains des actes des autorités étrangères établies au Congo échappent au juge congolais et d'autres, par contre, restent sous sa compétence, et peuvent ou ne pas intéresser la compétence du juge administratif.

A. Actes des autorités étrangères extraterritorialisés, échappant à la censure du juge congolais

Les actes posés par les autorités étrangères établies au Congo, dans le cadre de l'exercice de leurs missions officielles, échappent à la censure de tout juge congolais.

En effet, un État n'exerce au mieux sa souveraineté que sur son sol. Aussi, en vertu de la territorialité de ce droit de commander et d'être obéi sur son sol, les juridictions de droit commun d'un État ne peuvent connaître que des litiges opposant leurs seuls ressortissants ou, pour tout le moins, des faits poursuivables commis sur son sol[96].

---

94 Cf. art. 153, al. 1er, et 154, Constitution du 18 février 2006.

95 Par autorités étrangères établies en République démocratique du Congo, nous visons principalement les agents diplomatiques, c'est-à-dire les ambassadeurs et autres diplomates.

96 Cependant, sur base du principe de compétence universelle reconnue à tout État partie aux conventions de Genève du 12 août 1949, et ce, dans le cadre de la protection du droit humanitaire, la Belgique par exemple a disposé d'une législation de compétence universelle. En effet, à travers la Loi du 16 juin 1993 telle que modifiée par celle du 10 février 1999, le juge pénal belge avait été reconnu compétent pour juger des « génocidaires » rwandais s'étant

Un agent diplomatique, considéré sur le sol d'un autre État comme prolongeant le sien, jouit des immunités de juridiction[97]. Les actes qu'il pose dans le cadre de l'exercice de sa mission, sont réputés posés et exécutés sur le sol du pays d'envoi, c'est-à-dire extérieurs au territoire de l'État d'accueil. Ils échappent à la souveraineté territoriale de l'État, qu'incarnent notamment les juridictions nationales de droit commun.

Bien plus, sur le plan pénal par exemple, l'immunité judiciaire d'un agent diplomatique est carrément absolue vis-à-vis des poursuites possibles intentées par l'État accréditaire[98]. Qu'il soit ou non dans l'exercice de ses fonctions[99].

Par ailleurs, en matière civile, commerciale et administrative, l'immunité de juridiction de tout agent diplomatique ne joue que pour des actes accomplis dans l'exercice de ses fonctions. Telle immunité s'étend aussi aux mesures d'exécution.

---

trouvés sur le territoire belge. Cependant, lorsqu'il fut question d'entamer des poursuites contre le Premier ministre israélien, la Belgique a dû enregistrer de critiques et subir de fortes pressions internationales, notamment des États-Unis d'Amérique. Aussi, le législateur belge fut-il amené à revenir sur cette compétence, en limitant désormais sa loi de compétence universelle aux seuls belges et ressortissants étrangers qui habitent le Royaume depuis au moins quatre ans. En ce sens, F. VUNDUAWE te PEMAKO, *op. cit.*, p. 856.

97 Noter que l'État accréditant peut renoncer à l'immunité juridictionnelle de ses agents diplomatiques sur le territoire de l'État accréditaire. Même alors, la renonciation à l'immunité de juridiction pour une action civile ou administrative n'est pas censée impliquer la renonciation quant aux mesures d'exécution du jugement, pour lesquelles une renonciation distincte est nécessaire. Cf. art. 32, Convention de Vienne sur les relations diplomatiques, *in JOZ.*, n° 18, 15 septembre 1972, p. 554.

98 En ce sens, V. L. Elvis MALWANGA, *L'immunité diplomatique en question : affaire Ramazani Baya ou l'accident de la circulation de Menton, 23 novembre 1996*, MEDIASPAUL, 1997, p. 264.

99 P. DAILLIER et A. PELLET, *Droit international public*, 7e éd., Paris, LGDJ, 2002, n° 461, p. 752.

B. Actes des autorités étrangères territorialisés, soumis à la censure du juge congolais

L'immunité de juridiction attachée aux actes des diplomates, en matière civile, commerciale ou administrative, ne joue pas lorsque le procès concerne soit un immeuble appartenant personnellement à un diplomate, à une succession (dans laquelle l'agent diplomatique figure comme exécuteur testamentaire, administrateur, héritier ou légataire, à titre privé et non pas au nom de l'État accréditant), soit une profession libérale ou commerciale qu'il exerce en dehors de ses fonctions officielles[100].

Les litiges nés, cependant, de rapports entre un diplomate et ses biens à titre privé intéressent le juge administratif.

Il en est ainsi notamment lorsqu'une rupture d'égalité devant les charges publiques établie à perte de l'agent, n'a pu, ne peut plus ou n'est carrément pas susceptible d'être réglée par les juridictions de droit commun. Il en sera de même lorsqu'une atteinte à ces biens résulte d'un plein contentieux, soit consécutif à une expropriation pour cause d'utilité publique, soit en cas de tout contentieux contractuel, délictuel ou quasi-contractuel impliquant l'Administration.

§2. Litiges relatifs aux actes relevant du pouvoir législatif

Les actes relevant du pouvoir législatif échappent au contrôle des juridictions de droit commun, et de l'ordre judiciaire, et de l'ordre administratif.

A. Autorité de la chose légiférée attachée aux actes législatifs vis-à-vis du juge ordinaire

Le juge, qu'il soit de l'ordre judiciaire ou de l'ordre administratif, ne peut pas censurer un acte relevant du pouvoir législatif, qu'il s'agisse

100 Cf. art. 31, point l, Convention de Vienne sur les relations diplomatiques, *in JOZ*, n° 18, 15 septembre 1972, p. 554.

des actes législatifs (lois, actes ayant force de loi ou édits) ou des actes d'assemblée (Règlements intérieurs, résolutions, recommandations ou motions des chambres parlementaires[101] et du Congrès).

En effet, conformément à l'article 153, alinéa 4, de la Constitution du 18 février 2006, « les cours et tribunaux, civils et militaires, appliquent les traités internationaux dûment ratifiés, les lois, les actes réglementaires pour autant qu'ils soient conformes aux lois ainsi que la coutume pour autant que celle-ci ne soit pas contraire à l'ordre public ou aux bonnes mœurs ».

Les juridictions congolaises de droit commun appliquent les actes législatifs, sous réserve des procédures prévues dans le cadre d'exception d'inconstitutionnalité à l'article 162, de la Constitution du 18 février 2006[102].

Les actes relevant du pouvoir législatif sont des actes parlementaires. Ils peuvent être législatifs ou d'Assemblée, selon la procédure et la forme suivies pour leur élaboration[103].

---

101 La notion de « chambres parlementaires », visée notamment à l'art. 160, al. 2, de la Constitution du 18 février 2006, ne se rapporte, pour le pouvoir central, qu'à l'Assemblée nationale et au Sénat, et aux Assemblées provinciales, pour les provinces. Elle ne s'étend pas aux organes délibérants, les conseils des entités territoriales décentralisées, qui sont des organes totalement administratifs, dotés d'un pouvoir de réglementation générale appartenant à ces entités locales, à savoir. : les règlements d'organisation ou de police qu'exécutent les collèges exécutifs.

102 La Cour constitutionnelle est juge de l'exception d'inconstitutionnalité soulevée devant ou par une juridiction, c'est-à-dire d'office ou à l'initiative des parties dans une affaire en cours devant ladite juridiction. Celle-ci sursoit à statuer et saisit, toutes affaires cessantes, la Cour constitutionnelle, par un jugement avant dire droit, et non par voie de requête, et surtout pas directement par des parties au procès, comme le faire croire l'article 46, alinéa 4, du Règlement intérieur du 30 avril 2015 de la Cour constitutionnelle.

103 Si les formes et procédures d'élaboration des actes législatifs, lois et actes ayant force de loi, sont prévues par les articles 122 à 142 de la Constitution du 18 février 2006, celles concernant les actes d'assemblée résultent des règlements intérieurs des chambres parlementaires, Assemblée nationale, Sénat et Assemblées provinciales.

B. Censure directe des actes parlementaires, exclusivité du juge constitutionnel congolais

Les actes parlementaires sont législatifs (lois, ordonnances-lois ou édits) ou d'assemblée (Règlements intérieurs, résolutions, recommandations ou motions), sous le régime de la Constitution du 18 février 2006[104].

Les actes législatifs sont, pour le pouvoir central, les lois[105] et les ordonnances-lois[106] et, pour les provinces, les édits[107]. Ils sont créateurs des droits et des obligations, et sont soumis au contrôle de la constitutionnalité exercé par la Cour constitutionnelle, soit par voie d'action, soit par voie d'exception[108].

Les actes d'assemblée sont des actes accomplis par le pouvoir législatif dans l'exercice de sa fonction parlementaire. Il s'agit de règlements intérieurs des chambres législatives (nationales ou provinciales)[109] et du Congrès, des avis conformes, des autorisations, des résolutions ou recommandations, des décisions d'entérinement, des mises en accusation, des décisions de déchéance du mandat parlementaire, motions de défiances et de censures, etc.

Par principe, les actes d'assemblée ne peuvent pas créer des droits et obligations. Auquel cas, ils échappent au contrôle de tout juge.

---

104 Cf. notamment les dispositions des art. 100, 129, 146, 147, 160 et 197, Constitution du 18 février 2006.

105 Actes législatifs visés essentiellement aux articles 122 (lois particulières) et 123 (lois cadres, lois fixant les principes fondamentaux ou lois squelettiques).

106 Actes législatifs résultant de l'article 129, Constitution du 18 février 2006.

107 Actes législatifs provinciaux visés aux articles 197, al. 2, et 204, Constitution du 18 février 2006, tels que précisés par les articles 35 et 36, Loi n° 08/012 du 31 juillet 2008, portant principes fondamentaux relatifs à la libre administration des provinces, *in JORDC*, n° spécial, 29 septembre 2012, pp. 84-85.

108 Cf. art. 160, al. 1er, et 162, al. 1er, 3 et 4, Constitution du 18 février 2006.

109 C'est aussi ça, un autre sens à donner à l'expression « Règlements intérieurs des chambres parlementaires » utilisée par les dispositions de l'art. 160, al. 2, Constitution du 18 février 2006.

Cependant, lorsqu'un acte d'assemblée est créateur des droits ou des obligations, puisqu'il modifie même sournoisement l'ordonnancement juridique existant, il apparaît dans le viseur du juge constitutionnel, garant de l'obligation constitutionnalisée du respect de la Constitution[110]. Il produit, dans ce cas, des effets juridiques normalement réservés aux seuls actes législatifs et peut être censuré dans le cadre des procédures prévues pour la censure des actes législatifs.

C'est à juste titre, que la jurisprudence congolaise soumet désormais les actes d'assemblée au contrôle de la Cour constitutionnelle en vertu notamment de l'article 162, alinéa 2, de la Constitution du 18 février 2006[111].

---

110 Cf. les dispositions notamment des articles 62 et 162, Constitution du 18 février 2006. En ce sens aussi, D. KALUBA DIBWA, *Op. cit*, pp. 410-411.

111 Dans plusieurs de ses arrêts, le juge constitutionnel congolais s'est estimé compétent pour connaître d'une requête en inconstitutionnalité d'un acte d'assemblée, telle une motion de défiance, de censure ou une résolution, en ce que l'article 223 de la Constitution lui confère les attributions de la Cour constitutionnelle en attendant l'installation de celle-ci et l'article 162 alinéa 2 de la même Constitution permet à toute personne de la saisir pour inconstitutionnalité de tout acte législatif ou réglementaire. La résolution ou motion de défiance, de censure ou de déchéance adoptée par une assemblée provinciale est un acte législatif, au sens de l'article 162, alinéa 2, susvisé car le vocable « acte législatif » couvre non seulement les lois stricto sensu ou les textes ayant valeur de loi, mais également tout document ou acte émanant ou accompli dans l'exercice du pouvoir législatif notamment en violation des droits de la défense garantis à tous. En ce sens, notamment arrêt RCONST n° 051 du 31 juillet 2007, en cause Requête en inconstitutionnalité de la décision de l'Assemblée provinciale du Kasaï Occidental du 07 juin 2007 portant motion de défiance contre le Gouverneur de province Trésor KAPUKU; RCONST n° 060 du 28 décembre 2007, en cause Requête en inconstitutionnalité contre la résolution du 30 mars 2007 portant déchéance d'un membre du Bureau définitif de l'Assemblée provinciale de Maniema… ; RCONST n° 062 du 26 décembre 2007, en cause Requête en inconstitutionnalité de la motion de censure de l'Assemblée provinciale du Sud Kivu du 12 novembre 2007 contre le Gouverneur de la dite province et RCONST n° 137/TSR du 22 octobre 2010, en cause Requête en inconstitutionnalité des résolutions de l'Assemblée provinciale de Kinshasa, in JURICONGO, Jurisprudence de la Cour suprême de justice : Contentieux constitutionnel et législatif, Tome V, « Collection Juridoc », Juricongo, Kinshasa, 2011, pp. 51, 57, 58 et 76.

Aujourd'hui, il est justifié d'ajouter à la liste des actes législatifs, longtemps capté du point de vue de procédure et de forme prévues par la Constitution, ceux des actes d'assemblée, actes parlementaires, susceptibles de modifier l'ordonnancement juridique existant, comme pour recourir au critère des effets juridiques ou au point de vue du contentieux.

En effet, le juge constitutionnel est compétent pour veiller à la conformité des actes parlementaires aux droits et libertés garantis par la Constitution. Ainsi qu'il assimile aux actes législatifs, tout acte parlementaire créateur des droits et obligations, sous le concept « tout acte législatif », utilisé à l'article 162, alinéa 2, de la Constitution.

Les actes parlementaires sont pénalement couverts d'immunité et n'engagent pas, en principe, la responsabilité civile de l'État pour faute. Ils ne peuvent pas se confondre avec les actes administratifs des membres des bureaux des chambres parlementaires dans le cadre de leurs fonctions administratives[112].

SECTION II. Litiges échappant spécifiquement à la compétence des juridictions de l'ordre administratif

Certains litiges échappent particulièrement à la compétence du juge administratif.

Il s'agit de :

— Litiges entre particuliers dans leurs rapports de droit privé ;

— Certains litiges, bien que relevant de l'activité de l'Administration, mais se rapportent aux actes dits de gouvernement ;

— Litiges relatifs au fonctionnement du pouvoir judiciaire.

---

112 En ce sens, BOTAKILE BATANGA, « Des actes des membres du Bureau des chambres parlementaires sous la Constitution du 18 février 2006 : nature juridique et régime du contentieux », *in Revue Sankuroise d'Études Politiques et Sociales*, Kinshasa, n°s 012 et 13, août 2013, pp. 104-111.

§1. Litiges entre particuliers, et entre ceux-ci et l'Administration dans leurs relations de droit privé

Les litiges entre particuliers, et entre ceux-ci et l'Administration, dans leurs rapports de droit privé, échappent au juge administratif.

A. Litiges entre particuliers

Les litiges entre particuliers (personnes physiques ou morales de droit privé), dans leurs rapports de droit privé (droit civil, droit commercial, droit du travail), échappent au juge administratif[113].

En principe, l'activité des personnes privées est plutôt régie par le « *ius civilis* », le droit civil (des personnes, des obligations, des biens, etc.). Le juge administratif est dès lors incompétent pour connaître d'un recours en annulation d'une décision prise par une personne morale de droit privé qui n'est pas une autorité d'une administration publique[114].

Cependant, lorsqu'une personne privée est investie d'une mission de service public, la situation concernant le sort de ses actes est examinée différemment.

En effet, ceux des actes d'une personne privée, pris dans le cadre du fonctionnement de service public dont elle est investie et impliquant au moins le recours aux prérogatives de puissance publique[115], intéressent le juge administratif. Par contre, ceux de ces actes qui n'auront aucun lien avec les prérogatives de puissance publique que procure le service public, relèveront du juge civil[116].

---

113 La section administrative de la CSJ est incompétente pour examiner le recours relatif à un bail litigieux, étant donné que ledit bail est un contrat civil qui relève des juridictions civiles. Cf. RAA. 11 du 8 février 1985, in JURICONGO, *op. cit.*, Tome II, p. 17.

114 Cf. notamment, RA. 89 du 29 janvier 1984, en cause KOMBO NTONGA et csrts C/ l'Union Nationale des Travailleurs du Zaïre « UNTZA », in JURICONGO, *op. cit.*, tome II, pp. 38-39.

115 En ce sens, F. VUNDUAWE te PEMAKO, *Op. cit*, 2007, p. 674.

116 En ce sens, R. ROUQUETTE, *op. cit.*, pp. 72-80, n°s 112.112-133.

Il s'agit, dans ce cas, des conséquences qu'on attache aux actes administratifs au sens formel ou organique. Les organismes privés, investis d'une mission de service public recourent ainsi régulièrement aux privilèges de puissance publique que leur offre la nature de mission de service public leur confiée ou reconnue par les pouvoirs publics. Ils sont, de ce fait, réputés « autorités administratives » et peuvent édicter, par conséquent, des actes administratifs au sens matériel.

Tel est le cas des établissements d'utilité publique (Universités, Instituts ou écoles privés agréés), des ordres professionnels, des partis politiques, des fonctionnaires de fait, de quasi-contrat ou gestion d'affaire de droit administratif[117].

B. Litiges de droit privé entre particuliers et Administration

Les litiges de droit privé ou de gestion privée de l'Administration qui l'opposent aux particuliers échappent à la compétence du juge administratif.

Il s'agit de litiges résultant de droit privé de contrats ou obligations conventionnelles, du travail[118] et autres en rapport avec la gestion du

117 La gestion d'affaire n'est plus inconnue du droit administratif. Cependant, elle ne s'analyse pas dans une situation extracontractuelle, mais aboutit à conférer un statut « de secours » de droit objectif au profit des particuliers qui ont pris en main, de façon utile, le fonctionnement d'un service public et au profit des tiers qui, dans le cadre de ce service, ont été en relation avec eux. En ce sens, BOTAKILE BATANGA, *Du contentieux de la responsabilité devant le juge administratif congolais : contribution pour une théorie de réforme*, UNIKIN, Thèse de doctorat, 2012, pp. 404-410, inédit.

118 Le personnel des établissements publics aujourd'hui, et ceux des entreprises publiques autres que mandataires de l'État relèvent de droit privé (Cf. notamment, art. 36, Décret n° 09/42 du 3 décembre 2009 fixant les statuts d'un établissement public à caractère scientifique et technique dénommé Office Congolais de Contrôle « OCC » en sigle. Également, F. VUNDUAWE te PEMAKO, *Op. cit*, 2007, p. 519).

domaine privé[119] de l'État, des provinces et des Entités territoriales décentralisées, tant que l'Administration ne recourt pas aux prérogatives de puissance publique.

Ainsi donc, relèvent du juge judiciaire, les baux à loyer n'impliquant pas des actes règles ou des actes d'autorité ; les contrats échus relatifs à la gestion du domaine privé ainsi que les actions en réparation contre l'Administration pour occupation sans titre d'une propriété privée[120].

§2. Litiges en rapport avec les actes dits de gouvernement

La notion et la portée des actes dits de gouvernement en droit congolais font l'objet des matières développées dans ce paragraphe.

A. Actes de gouvernement, notion d'origine française

D'origine française au départ, la théorie des actes de gouvernement est liée à la nature politique de certains actes du pouvoir exécutif[121].

Après avoir attribué au Conseil d'État le pouvoir de censurer les décisions des autorités administratives, le législateur français a dû laisser aux membres du pouvoir exécutif, les ministres, la possibilité

---

119 Le contrat de bail attribuant le droit d'occupation sur une parcelle de terre n'est pas un acte unilatéral, ni une décision de l'autorité administrative, mais plutôt un contrat synallagmatique passé entre une personne publique et un particulier et portant sur un bien que la législateur classe parmi les biens du domaine privé de l'État à l'égard desquels, celui-ci se comporte comme une personne privée (Cf. RAA. 11 du 8 février 1985, in JURICONGO, *op. cit.*, tome II, p. 17).

120 En ce sens, R. ROUQUETTE, *op. cit.*, pp. 37-39, n°s 112.17-22.

121 Les décisions de saisir un livre pour des raisons politiques et dans des conditions illégales, « sont des actes politiques qui ne sont pas à être déférés, pour excès de pouvoir, en notre Conseil d'État par la voie contentieuse », CEfr., 9 mai 1867, Duc d'Aumale et Michel Lévy, *Rec.*, p. 472.

de soustraire à sa compétence les affaires « qui n'appartiennent pas aux tribunaux administratifs »[122].

Sur base de cette pure tautologie est apparue, en France, la théorie des actes de gouvernement, rançon, en quelque sorte, de la juridiction déléguée, et peut-être aussi marque de prudence, destinée à éviter que l'expérience de la justice déléguée ne tourne court comme elle l'avait fait après 1848.

En effet, selon cette théorie, « dans un gouvernement représentatif, sous le principe de la responsabilité, il est des circonstances où, en vue d'une grande nécessité publique, les ministres prennent des mesures qui blessent les droits privés. Ils en répondent devant le pouvoir politique. Les rendre justiciables du tribunal administratif, ce serait paralyser une action qui s'exerce en vue de l'intérêt commun et créer dans l'État un pouvoir nouveau qui menacerait tous les autres »[123].

La théorie des actes de gouvernement permet donc à l'Administration de matérialiser certaines politiques au départ incompatibles avec les droits et libertés garanties aux administrés, pour le moins impopulaires, cependant nécessaires comme exigences de fonctionnement harmonieux des services publics.

---

122 Cf. art. 26, Loi du 26 mai 1872.
« Les ministres ont le droit de revendiquer devant le tribunal des conflits les affaires portées à la section du contentieux et qui n'appartiennent pas aux tribunaux administratifs ».
Contrairement à sa mission habituelle, le tribunal des conflits français semble ici intervenir non pour dire qui, du juge administratif ou du juge judiciaire est compétent, mais pour dire si le juge administratif l'est, avec cette conséquence que, s'il ne l'est pas, aucune juridiction ne l'est. En ce sens aussi, M. LEROY, *Contentieux administratif*, 3e éd., Bruxelles, Bruylant, 2004, p. 237.

123 E. LAFERRIÈRE, *Traité de la juridiction administrative et des recours contentieux*, 2e éd., tome II, *Berger-Levrault et cie*, Paris-Nancy, 1896, p. 33.

B. Actes de gouvernement, notion d'origine législative en droit congolais jusqu'au 15 octobre 2016

Le droit congolais, jusqu'il y a peu, a reconnu l'existence des actes de gouvernement. Cette notion a ainsi été consacrée par le législateur, peu avant la législation nationale en vigueur. En effet, l'article 87, alinéa 2, de l'Ordonnance-loi portant code de procédure devant la Cour suprême de justice disposait : « la Cour apprécie souverainement quels sont les actes de l'Exécutif qui échappent à son contrôle ». Aujourd'hui, cette disposition n'est pas reprise comme telle par la nouvelle législation.

Cependant, et en vertu des principes généraux du droit, la notion des actes dits de gouvernement a toujours droit de cité devant le juge administratif congolais. C'est elle, d'ailleurs, qui permet de départager notamment la compétence en matière de censure des règlements, reconnue aussi bien aux juridictions de l'ordre administratif de droit commun qu'à la Cour constitutionnelle[124].

Par ailleurs, il n'existe pas des indications claires sur la portée exacte des actes de gouvernement.

En tenant compte du droit comparé et de la jurisprudence congolaise en la matière, les actes de gouvernement peuvent être regroupés selon qu'ils relèvent de l'ordre juridique national ou international.

C. Portée des actes de gouvernement dans l'ordre juridique national

Les actes de gouvernement, dans l'ordre juridique national, concernent d'abord ceux accomplis par le pouvoir exécutif dans ses rapports constitutionnels avec le pouvoir législatif ou judiciaire.

Les actes de gouvernement concernent, ensuite, ceux des actes de l'Exécutif qui interviennent dans les rapports constitutionnels entre

124 La Cour constitutionnelle connaît, en vertu de l'art. 162, al. 2, de la Constitution, de l'inconstitutionnalité de tout acte réglementaire, échappant à la compétence du juge administratif, en application de l'art. 155, de la même Constitution.

le Président de la République, non seulement avec les membres du Gouvernement de la République, mais aussi avec les Gouverneurs de provinces, et entre ceux-ci avec les membres des Gouvernements provinciaux.

I. Actes accomplis par l'exécutif dans ses rapports avec le pouvoir législatif[125]

Le pouvoir exécutif pose des actes dans ses rapports avec le pouvoir législatif.

C'est le cas, d'une demande faite par le Président de la République ou le Premier ministre pour obtenir la convocation de la session ordinaire ou extraordinaire du Parlement[126]. Telle demande, quelle que soit sa forme, ne peut être régulièrement attaquée devant le juge administratif.

Il en est de même des ordonnances[127] concernant la dissolution du Parlement ou des Assemblées provinciales[128], la convocation du refe-

125 Il a été jugé que la CSJ est incompétente de connaître de recours en annulation contre des ordonnances prises par le Président de la République en exécution des actes et procédures accomplis par le HCR/PT pour assurer le fonctionnement des pouvoirs publics lesquelles sont, en vertu de l'art. 87 al. 1er et 3, Proc. Csj., des actes du gouvernement à caractère politique échappant à son contrôle en qualité de juge du contentieux administratif, in JURICONGO, *op. cit.*, tome II, p. 77.

126 En droit congolais, cette convocation est l'œuvre du seul Président de la chambre parlementaire, agissant soit à la demande du Bureau, soit de la moitié de ses membres, soit du Président de la République, soit du Gouvernement. Cf. Art. 116, Constitution du 18 février 2006.

127 Conformément à l'art. 79, al. 3, Constitution du 18 février 2006, le Président de la République statue par voie d'ordonnance.

128 En cas de crise persistante entre le Gouvernement et l'Assemblée nationale, le Président de la République peut, en ce qui concerne le Parlement, après consultation du Premier ministre et des Présidents de l'Assemblée nationale et du Sénat, prononcer la dissolution de l'Assemblée nationale (Art. 148, al. 1er, Constitution du 18 février 2006) ou, en ce qui concerne l'Assemblée provinciale, par ordonnance délibérée en conseil des ministres et après concertation avec les Bureaux de l'Assemblée nationale et du Sénat, dissoudre l'Assemblée provinciale (art. 197, al. 7, Constitution du 18 février 2006).

rendum soit pour la révision constitutionnelle, soit pour toute autre matière[129].

II. Actes accomplis par le Président de la République dans ses rapports constitutionnels avec les gouvernements de la République et des provinces

Les actes accomplis par le Président de la République dans ses rapports constitutionnels avec le Gouvernement de la République et des provinces échappent à la censure directe du juge administratif.

Il s'agit des ordonnances prises par le Président de la République, soit pour la nomination du Premier ministre ou des autres membres du Gouvernement, soit pour fixer l'organisation, le fonctionnement du Gouvernement et les modalités de collaboration entre le Président de la République et le Gouvernement ainsi qu'entre les membres du Gouvernement[130].

Il en sera de même des ordonnances prises pour investir, et le cas échéant relever, les Gouverneurs et Vice-gouverneurs de province de leurs fonctions[131].

Les ordonnances prises par le Président de la République dans ses rapports constitutionnels avec l'exécutif sont d'une portée tellement politique qu'elles traduisent finalement la volonté politique qu'il n'appartient pas au juge administratif d'apprécier. Elles échappent à la compétence du juge administratif[132].

---

129 Cf. art. 218, al. 3, Constitution du 18 février 2006.

130 Art. 78, al. 1er, 80 et 91, al. 5, Constitution du 18 février 2006.

131 Art. 198, al. 2 et 10, de la Constitution du 18 février 2006.

132 En ce sens, Ch. DEBBASCH, F. COLIN, L. DESFONDS, K. FAVRO et Ph. MARCANGELO, *Constitution de la Ve République : Textes-Jurisprudence-Pratique*, Paris, Economica, 2012, p. 226.

III. Actes du pouvoir exécutif visant la mise en œuvre de la politique du Gouvernement ou de la nation en matière judiciaire

a. Actes du Président de la République en matière judiciaire

Les actes que pose le Président de la République dans ses rapports avec le pouvoir judiciaire échappent à la compétence du juge administratif.

Il en est ainsi des ordonnances en matière de grâce, de remise, de commutation ou de réduction des peines[133].

Il en est de même des ordonnances d'organisation judiciaire, portant nomination, le cas échéant, révocation des magistrats[134], voire tout autre acte, à l'instar de la décision de mise en accusation d'un haut magistrat devant le Conseil supérieur de la magistrature.

---

133 Il n'appartient pas à la juridiction administrative de connaître des litiges relatifs à la nature et aux limites d'une peine infligée par une juridiction judiciaire et dont l'exécution est poursuivie à la diligence du ministère public. Les décrets par lesquels le Président de la République exerce le droit de grâce que lui confère l'article 17 de la Constitution française échappent ainsi à sa compétence ; au nombre de ces décrets figurent ceux par lesquels le Président de la République accorde de manière collective des grâces à des catégories qu'il détermine de personnes condamnées à des peines privatives des libertés. En ce sens, Ch. DEBBASCH, F. COLIN, L. DESFONDS, K. FAVRO et Ph. MARCANGELO, *op. cit.*, pp. 245-246.

134 Cf. CSJ, RA. 459 et CRT du 26 septembre 2001, in JURICONGO, *op. cit.*, Tome II, pp. 107-116. Est irrecevable en application de l'article 87 al. 3 de la procédure devant la CSJ, une requête visant l'annulation des actes de gouvernement, en ce que l'ordonnance incriminée visant l'exécution de la politique de la nation prise par le Président de la République en qualité d'autorité politique, échappe au contrôle du juge administratif par application des al. 2 et 3 de l'art. 87 du Code de Procédure devant la CSJ.

b. Actes des membres du Gouvernement pris en application de la politique du Gouvernement

Les actes ou règlements des membres du Gouvernement, central ou provincial, pris en exécution d'une politique gouvernementale, échappent également au contrôle du juge administratif[135].

Quoi qu'il en soit, un acte dit de gouvernement reste par nature administratif. C'est son mobile politique, caractérisé par la protection de l'intérêt général, l'intérêt du service public, qui lui accorde son immunité devant le juge administratif, obligé de concilier l'équilibre entre les libertés garanties et le besoin de la communauté.

IV. Relativité de « l'immunité judiciaire » attachée aux actes dits de gouvernement dans l'ordre juridique national

L'application de la notion des actes de gouvernement ne fait aucun écran au respect des règles de compétence, de procédure et de forme.

a. Censure des actes de gouvernement pour violation des règles de compétence, de procédure ou de forme

Un acte administratif qui tend à protéger l'intérêt général doit d'abord avoir une existence juridique régulière pour doter son contenu d'une quelconque immunité. Ceci permet d'éviter le risque de remettre en cause les fondamentaux du cadre de l'action de l'Administration, la légalité, que le juge constitutionnel vient aussi de recevoir la noble mission de conserver, par sa compétence de censure directe de tout acte législatif ou réglementaire.

Le juge administratif congolais de droit commun reste compétent pour connaître de la légalité, ou constitutionnalité, de tout administratif unilatéral, « *l'instrimentum* » quel qu'en soit l'auteur, et selon le

135 Cf. CSJ, RA., 408/685 du 4 avril 2005, en cause LOKOLOTO NKANGA et csrts, C/ la RDC, en la personne du ministre des Affaires foncières et celui de la Justice, in JURICONGO, *op. cit.*, Tome II, p. 98.

cas, pris en violation des règles de compétence et de procédure ou de forme, substantielles ou prescrites à peine de nullité.

L'immunité à la censure directe des actes administratifs unilatéraux, consécutive à la théorie des actes dits de gouvernement, ne doit se concevoir que par rapport au contenu de l'acte, le « *negotium* ».

b. Censure des actes réglementaires dits de gouvernement pour violation de la Constitution

La notion des actes dits de gouvernement est finalement tout aussi relative.

En effet, le juge constitutionnel, garant des droits et libertés fondamentaux, est aujourd'hui mieux placé pour apprécier aussi bien la régularité juridique que le mobile politique d'un règlement pris en vertu de la Constitution et en exécution d'une politique gouvernementale, nationale ou provinciale.

Un acte de gouvernement échappe certes au juge administratif, le « *negotium* », mais reste cependant censurable par le juge constitutionnel[136] lorsqu'il ne mérite pas l'immunité due, soit parce qu'irrégulièrement pris, soit pour abus ou détournement de pouvoir.

---

136 Relèvent de la compétence du juge constitutionnel :
1°. Les règlements pris en vertu de l'art. 91, al. 5; 128 et 129 (avant la loi de ratification) de la Constitution ;
2°. Les règlements pris en vertu du privilège réglementaire de l'Administration et en cas de silence du législateur national;
3°. Les règlements pris en vertu de l'art. 37, Loi n° 08/012 du 31 juillet 2008 portant principes fondamentaux relatifs à la libre administration des provinces ou, en vertu du privilège réglementaire de l'Administration et en cas de silence du législateur provincial.

D. Portée des actes de gouvernement dans l'ordre du droit international

Les actes des autorités administratives de la République et des provinces[137], pris en matière de relations régionales et internationales, échappent à la compétence du juge administratif.

I. Actes pris en matière de relations internationales ou diplomatiques

Les actes que les Chefs d'État ou de Gouvernement prennent en matière de relations internationales échappent à la censure du juge administratif[138].

C'est le cas, par exemple, de l'acte de signature, ratification ou approbation d'un accord international, l'acte d'adhésion à une organisation internationale ou toutes mesures prises par le Gouvernement au cours de négociations d'un accord international.

II. Actes pris par les autorités congolaises en qualité de représentant ou au nom de la communauté internationale

Les autorités congolaises peuvent aussi travailler pour le compte des organisations régionales ou internationales. À ce titre, leurs actes échappent à la compétence du juge administratif.

---

137 Art. 40, de la Loi n° 08/012 du 31 juillet 2008 portant principes fondamentaux relatifs à la libre administration des provinces, reconnaît aux provinces le pouvoir de conclure des accords de coopération avec les provinces limitrophes des pays voisins, dans le cadre notamment de la mise en œuvre des politiques provinciales relevant de leurs compétences exclusives, fixées par l'art. 204 de la Constitution.

138 La procédure de ratification est qualifiée d'acte de gouvernement par le juge administratif français; cette procédure ne peut faire l'objet d'un recours juridictionnel, sauf si ce ne sont que des arrangements administratifs. En ce sens, Ch. DEBBASCH, F. COLIN, L. DESFONDS, K. FAVRO et Ph. MARCANGELO, *op. cit.*, p. 436.

Il en est ainsi, par exemple, des actes posés par le Chef de l'État dans son rôle de médiateur dans un conflit inter-états ou des actes posés en tant que Président en exercice d'une organisation internationale, telle que l'Union africaine.

§3. Litiges relatifs au fonctionnement du pouvoir judiciaire

Le juge administratif ne connaît pas de recours en annulation, exercé contre les actes de justice (arrêts, jugements, ordonnances, mandats de justice), même émanant des juridictions administratives spécialisées (administrations contentieuses)[139].

Il est incompétent de connaître d'un recours en annulation, par exemple, contre une de décision rendue par une juridiction militaire. Telle compétence est dévolue aux juridictions militaires[140].

La contestation des actes ou décisions de justice donnent plutôt lieu, soit aux voies de recours de réformation (appel et cassation), soit à celles de rétractation (opposition, tierce opposition, interprétation et rectification d'erreur matérielle).

Il n'en est pas de même cependant des actes d'organisation judiciaire qui, par principe, sont pris par des autorités administratives des cours et tribunaux, en vertu du principe de dédoublement fonctionnel, tel est le cas du règlement intérieur des cours et tribunaux ou des parquets. Ils sont des actes d'administration émanant des chefs des juridictions ou d'office, en tant qu'autorité administrative[141]. Ces règlements d'organisation judiciaire n'échappent pas au juge administratif, dès lors qu'ils font grief.

---

139 Cf. RAA. 3, du 28 mars 1979, en cause De SOUZA A. Alexandre KOUAOVI c/ Conseil de l'ordre des Avocats près la Cour d'appel de Kinshasa, *in JURICONGO, op. cit.*, Tome II, pp. 12-13.

140 Cf. RA. 39 du 21 juin 1978, en cause KAPINGA BALEJA C/ la République du Zaïre, prise en la personne du Président de la Commission permanente de l'Administration publique, *in JURICONGO, op. cit.*, tome II, pp. 31-33.

141 C'est le cas du Règlement intérieur de la Cour constitutionnelle, *in JORDC., n° spécial*, 22 mai 2016, 33p.

Sous d'autres cieux, ces règlements sont l'œuvre des autorités du pouvoir exécutif ayant en charge la gestion administrative des cours et tribunaux. Le relai de ces autorités à l'intérieur du pouvoir judicaire est assuré par les agents des greffes et des parquets. Leur contentieux ne pose aucun problème, selon qu'ils sont pris en exécution d'une politique gouvernementale en matière judiciaire ou non.

CHAPITRE II

PRINCIPES FONDAMENTAUX DE RÈGLEMENT DES LITIGES ADMINISTRATIFS

Le règlement des litiges administratifs devant les juridictions de l'ordre administratif de droit commun, Conseil d'État, cours administratives d'appel et tribunaux administratifs, obéit à des principes dont il faut en souligner les plus essentiels.

Il s'agit notamment du double caractère mixte du contentieux administratif congolais, de l'existence d'un ordre de juridictions administratives et de la faculté de médiation ou conciliation, devant le juge administratif.

SECTION I. Double caractère mixte du contentieux administratif congolais

Le contentieux administratif congolais est doublement mixte. Il est mi-administratif et mi-judiciaire.

D'abord, en effet, il y a des litiges qui sont réglés au niveau de l'Administration (administration contentieuse).

L'intervention du juge ne s'envisage dans ce cas que soit en appel, si cette procédure n'est pas organisée devant cette administration, soit en cassation devant le Conseil d'État.

Ensuite, pas un seul litige n'est conduit devant une juridiction de l'ordre administratif congolais, si le requérant n'a pas adressé une réclamation préalable, sous forme d'un arrangement à l'amiable, devant l'Administration, auteur de l'acte, décision ou règlement liberticide[142].

§1. Règlement des litiges administratifs par l'Administration

Certains litiges administratifs sont tranchés soit par l'Administration contentieuse, soit par des juridictions spécialisées, présidées par des autorités administratives !

Tel est le cas :

— De litiges disciplinaires qui sont réglés par des juridictions disciplinaires en tant qu'autorité judiciaire[143] ;

— De l'administration fiscale contentieuse (selon le cas, le receveur des impôts, Directeur ou chef de centre compétent) pour des litiges opposant le fisc et les contribuables en matière d'assiette et de recouvrement[144] ;

— De décisions des tribunaux de police ou des juridictions coutumières, jusqu'il y a peu, dans les territoires où n'étaient pas encore installés les tribunaux de paix[145].

---

142 Cf. RA. 603/2004 du 19/04/2004, in *JURICONGO, op. cit.*, Tome II, pp. 122-123 : « La requête en annulation d'un arrêté ministériel n'est fondée que si le requérant a au préalable introduit une réclamation auprès de l'autorité compétente tendant à voir rapporter ou modifier l'acte attaqué ».

143 En cette matière, l'arrêt sous RAA. 3 du 28 mars 1979, plus haut, est explicite : « … la Cour suprême de justice, section administrative, est incompétente pour connaître d'un recours exercé contre un acte d'une autorité judiciaire, en l'occurrence un arrêt rendu en matière disciplinaire contre un avocat par la Cour d'appel statuant en premier et dernier ressort ».

144 Cf. art. 72 et 104, (texte coordonné) O-L n° 13/005 du 23 février 2013 modifiant et complétant certaines dispositions de la Loi n° 004/2004 du 13 mars 2003 portant réforme des procédures fiscales.

145 Jusqu'il y a peu, en cas d'absence du tribunal de paix dans un Territoire, l'Administrateur de Territoire est de droit Juge de police. Cf. Art. 163, O-L n° 82-020 du 31 mars 1982 portant Code de l'Organisation et compétence judiciaires. Les dispositions de cet art.163 étant abrogées, il se pose un

A. Judiciarisation irrégulière des administrateurs des territoires comme juge de police

L'Administration a souvent statué sur des différends, carrément comme « juge », par moment de transition, lorsque le processus d'installation de certaines juridictions, en l'occurrence les tribunaux de paix, n'était pas achevé.

L'Administrateur du territoire est resté longtemps juge de police en droit congolais[146].

En cette hypothèse, il ne s'agissait pas d'une juridiction administrative à proprement parler. Ici, l'Administration dédoublait sa mission avec le judiciaire, de la volonté du législateur[147].

Cette solution de transition, longtemps utilisée en droit congolais, semble être particulièrement impossible sous la Constitution du 18 février 2006. En effet, les dispositions législatives ou réglementaires qui lui sont contraires sont abrogées[148].

Aujourd'hui, le constituant fait de l'indépendance du pouvoir judiciaire, vis-à-vis des pouvoirs législatifs et exécutifs, un principe à valeur constitutionnelle.

L'article 149, alinéa 1er, de cette Constitution du 18 février 2006, dispose : « Le pouvoir judiciaire est indépendant du pouvoir législatif et du pouvoir exécutif ». L'application de ce principe de l'indépendance du pouvoir judiciaire au niveau de l'article 151, alinéa 1er, de

sérieux problème de déni de justice sur l'ensemble du territoire de la République, faute d'installation des tribunaux de paix.

146 Cf. art. 93, D-L n° 081 du 2 juillet 1998 portant organisation territoriale et administrative de la République démocratique du Congo, ainsi libellé : « En cas d'absence du tribunal de paix dans un territoire, l'administrateur de territoire est de droit juge de police,... ».

147 Cf. art. 163, O-L n° 82-020 du 31 mars 1982 portant Code de l'organisation et de la compétence judiciaires, a longtemps maintenu la judiciarisation des tribunaux de police et les juridictions coutumières, jusqu'à l'installation des tribunaux de paix.

148 Art. 221, Constitution : « Pour autant qu'ils ne soient pas contraires à la présente Constitution, les textes législatifs et réglementaires en vigueur restent maintenus jusqu'à leur abrogation ».

la même Constitution se veut encore plus explicite et impose que « le pouvoir exécutif ne peut donner d'injonction au juge dans l'exercice de sa juridiction, ni statuer sur les différends, ni entraver le cours de la justice, ni s'opposer à l'exécution d'une décision de justice ».

B. Juridictionnalisation des administrations contentieuses

L'Administration peut cependant valablement trancher des litiges qui lui opposent aux particuliers[149].

On parle dans ce cas de l'administration contentieuse, c'est-à-dire d'un service public pourvu des prérogatives contentieuses, capable d'édicter des décisions, du reste contradictoire, mais dotées de l'autorité de la chose jugée et de ce fait, susceptibles de voies de recours juridictionnelles, l'appel ou la cassation.

C'est finalement aussi ces liens, par voies d'appel ou par voies de cassation, entre les administrations contentieuses et les juridictions de l'ordre administratif de droit commun (tribunaux administratifs, cours administratives d'appel et Conseil d'État), qui ont justifié l'évolution de notre législation nationale et permis de ranger aujourd'hui ces administrations contentieuses comme prolongement des juridictions de l'ordre administratif.

En définitive, le règlement des litiges par l'Administration est donc aussi l'affaire de l'Administration, conseils ou formations disciplinaires des différents corps de métiers et/ou ordres professionnels, pour le moins investis de mission de service public.

Lorsque ces Administrations décident en premier et dernier ressort, la constitutionnalisation du principe de la garantie de droit de défense et celui de droit de former un recours contre un jugement[150], couplé de la constitutionnalisation de l'existence d'un ordre des ju-

---

149 Cf. art. 149, al. 6, Constitution du 18 février 2006 : « la loi peut créer des juridictions spécialisées ».

150 Cf. notamment les art. 19, al. 3; 21, al. 2, et 61, point 5, Constitution du 18 février 2006.

ridictions administratives, imposent le droit à un double degré de juridiction par voie de cassation devant le Conseil d'État.

Lorsque ces administrations décident en premier ressort, sans que des voies de recours en appel ne soient organisées à l'interne, le droit au double degré de juridiction est exercé par voie d'appel, et devant la cour administrative d'appel compétente.

Le règlement des litiges administratifs par des administrations contentieuses n'ont rien de commun avec la procédure de réclamation administrative préalable et obligatoire.

§2. Réclamation administrative obligatoire et préalable pour la saisine du juge

Le règlement de litige administratif par le juge est soumis au principe de réclamation administrative, préalable et obligatoire, exercée devant l'auteur de l'acte, décision ou règlement contesté ce, avant la saisine du juge compétent[151].

La réclamation administrative, obligatoire et préalable au procès administratif, s'impose pour tous recours contentieux devant le juge administratif de droit commun.

A. Cas de recours en annulation pour excès de pouvoir

La victime d'un acte, décision ou règlement administratif doit introduire une réclamation tendant à voir rapporter ou modifier l'acte contesté, sous forme de recours gracieux, de recours hiérarchique ou

151 Cf. Art. 88 et 95, ProcCSJ En ce sens également, RA. 19 du 18 mars 1978, en cause la Société AGIP-Zaïre « SCARL » et csrts. ; RA. 132 du 25 mars 1988, en cause la Société de financement et de commerce BILLECARD et compagnie, « SOFIBICA » SPRL c/ la République du Zaïre et csrts; RA. 157 du 19 décembre 1986, en cause Marguerite-Alice-Joseph FOBE c/ le conservateur des titres immobiliers de la Ville de Kinshasa et csrts; et RA. 273 du 28 avril 1994, en cause Me MALONDA M'VIKA LOUBALOU c/République du Zaïre, in JURICONGO, *op. cit.*, pp. 44, 48-49 et 66. Aujourd'hui, l'art. 151, Loi organique du 15 octobre 2016 portant organisation, compétence et fonctionnement des juridictions de l'ordre administratif.

de recours de tutelle, selon le cas, lorsqu'il s'agit du contentieux d'excès de pouvoir ou contentieux d'annulation.

La réclamation obligatoire et préalable à la saisine du juge contient l'exposé des moyens, fondés sur l'illégalité de forme ou de fond de l'acte contesté, susceptibles de justifier une décision de retrait de l'auteur de l'acte, une décision d'annulation de l'autorité hiérarchique ou, le cas échéant, de tutelle.

B. Cas de recours de pleine juridiction et de plein contentieux

Lorsque la victime de l'acte entend obtenir, en même temps, l'annulation et/ou la réparation dans le cadre du contentieux de pleine juridiction[152] ou du plein contentieux[153], la réclamation obligatoire et préalable à la saisine du juge administratif est accompagnée, outre des moyens d'annulation, d'une évaluation chiffrée du préjudice subi, sous peine d'allocation d'une indemnité forfaitaire, *ex aequo et bono*, c'est-à-dire par équité[154].

C. Cas de recours pour préjudice exceptionnel

Lorsqu'il s'agit du préjudice exceptionnel, le requérant adresse à l'autorité de la République auteur de rupture d'égalité devant les charges publiques, par l'entremise de celle qui représente l'État, la province ou l'entité territoriale décentralisée en justice, une demande

---

152 Il y a pleine juridiction, lorsque l'action en réparation du préjudice causé par un acte, un règlement ou une décision illégale peut être portée, à titre principal et en même temps que la demande en annulation, devant la même juridiction, dans la mesure où le préjudice subi ne peut être entièrement réparé par la décision d'annulation (art. 80, OCFJA).

153 Conformément à l'art. 156, al. 2, OCFJA, il y a plein contentieux lorsque la demande postule à la fois l'annulation d'un acte, d'un règlement ou d'une décision et ou la réparation d'un préjudice subi du fait de l'Administration, pour certains contentieux bien déterminés.

154 Cf. notamment RA. 235 du 19 février 1993, en cause Commission de liquidation de l'ancienne ASBL « Les Témoins de Jéhovah » c/ République du Zaïre, *in JURICONGO, op. cit.*, pp. 58-59.

de réparation équitable sous forme d'une réclamation obligatoire et préalable avant la saisine du Conseil d'État.

Dans ce cas, sa demande doit contenir l'estimation du préjudice[155], au besoin appuyée des rapports et autres documents d'expert.

SECTION II. Existence d'un ordre de juridictions administratives sous la Constitution du 18 février 2006

La Constitution du 18 février 2006 institue aujourd'hui un ordre des juridictions administratives, constitué du Conseil d'État au sommet, des cours administratives d'appel et des tribunaux administratifs, comme juridictions de droit commun, auxquels sont rattachées les juridictions administratives spécialisées.

Mais en attendant l'installation complète des juridictions de l'ordre administratif de droit commun, le système judiciaire congolais fonctionne encore transitoirement[156] au sein de l'ordre judiciaire unique, constitué de la Cour suprême de justice, au sommet, des cours d'appel, des tribunaux de grande instance et de tribunaux de paix, qu'il faut d'abord circonscrire comme particularité du droit congolais de contentieux administratif.

§1. Division de travail sous l'ordre judiciaire unique de transition

Depuis la Constitution du 24 juin 1967, jusqu'à la Constitution de la transition du 4 avril 2003, les cours et tribunaux ont fonctionné sous un ordre judiciaire unique, organisé sous le principe de dédoublement des fonctions du juge, connu sous le terme de division du travail à l'intérieur de cet ordre unique.

---

155 Cf. art. 356, al. 1er, OCFJA.

156 En attendant l'installation des juridictions de l'ordre administratif, et conformément aux dispositions des art. 223 et 224 de la Constitution du 18 février 2006, la Cour suprême de justice et les cours d'appel exercent respectivement les compétences dévolues au Conseil d'État et aux cours administratives d'appel.

A. Division de travail au niveau des sections de la Cour suprême de justice et des cours d'appel

La Cour suprême de justice et les cours d'appel comprennent, chacune, deux sections, une judiciaire et l'autre administrative.

La section judiciaire est compétente pour connaître des affaires civiles, commerciales et répressives (juridictions judiciaires de droit commun), tandis que la section administrative connaît de l'annulation et réparation, et en réparation du préjudice exceptionnel (juridictions administratives de droit commun)[157].

B. Juge judiciaire, juge du contentieux administratif

Les sections judiciaires et administratives de ces hautes juridictions de la République, la Cour suprême de justice et les cours d'appel, fonctionnent cependant avec les mêmes juges judiciaires, siégeant indistinctement selon les affaires.

Pour des affaires civiles, commerciales ou de travail, la composition est judiciaire. Cependant lorsque les affaires sont administratives (contentieux d'annulation et réparation ou contentieux du préjudice exceptionnel), la même composition devient administrative.

L'ordre judiciaire a vécu. Maintenant, il faut souligner les particularités qu'affiche la constitutionnalisation de l'ordre des juridictions administratives.

§2. Ordre des juridictions administratives sous la Constitution du 18 février 2006

La Constitution du 18 février 2006 met en place les juridictions de l'ordre administratif, auxquelles elle rattache toutes les autres juridictions administratives spécialisées.

157 Cf. art. 146 à 158, O-L du 31 mars 1982 portant COCJ et art. 76 à 97, Proc. CSJ Également, F. VUNDUAWE te PEMAKO, *op. cit.*, pp. 866-868.

A. Institution des juridictions de l'ordre administratif

L'article 154 de la Constitution du 18 février 2006 institue un ordre des juridictions administratives, composé du Conseil d'État, des cours administratives d'appel et des tribunaux administratifs, comme juridictions administratives de droit commun.

B. Organisation des juridictions administratives spécialisées

L'ordre des juridictions administratives s'étend, par la suite, à toutes les autres juridictions administratives spécialisées, rattachées aux juridictions de droit commun, soit par voie d'appel, soit par voie de cassation.

SECTION III. Faculté de médiation ou de conciliation devant le juge administratif

De la saisine des juridictions de l'ordre administratif à la clôture des débats, les parties peuvent toujours obtenir du juge administratif, un arrangement à l'amiable de leurs différends, à travers la procédure de médiation ou conciliation.

§1. Notions de médiation ou conciliation devant le juge administratif

La médiation ou la conciliation est une procédure d'arbitrage ouverte devant le juge administratif, au plus tard avant la clôture des débats.

A. Arrangement à l'amiable en cours de l'instruction

Le droit congolais introduit aujourd'hui le principe d'arrangement à l'amiable, entre les parties au procès administratif, y compris devant le juge administratif, et ce, au plus tard à la clôture des débats.

B. Procédure d'arbitrage appliquée devant le juge administratif

En effet, il peut arriver qu'un mauvais fonctionnement de l'Administration n'ait pas permis un traitement approprié d'une réclamation préalable du requérant.

De même, un mal procédé peut représenter, pour les parties, des risques évidents d'irrecevabilité de la procédure engagée devant le juge administratif.

Pour permettre aux parties de relativiser ces risques et d'éviter de se placer toutes seules en rupture d'égalité devant la loi, le législateur leur offre désormais la possibilité de se raviser, par la procédure spéciale de médiation ou conciliation devant le juge administratif.

Il s'agit pour les parties d'obtenir du juge, sous la procédure d'arbitrage, avant la prise en délibéré de l'affaire, un arrangement à l'amiable qui traduise librement leurs volontés communes d'avoir mis fin au litige.

§2. Caractères de médiation ou conciliation devant le juge administratif

La médiation ou la conciliation est une procédure facultative et temporaire. Elle tend à mettre fin au procès en cours par un règlement à l'amiable entre parties à un litige.

A. Procédure facultative et temporaire

La médiation ou conciliation est l'œuvre des parties. Elle est ouverte à dater du dépôt de la requête jusqu'à la prise en délibéré de la cause[158].

Les juridictions administratives peuvent, à la demande des parties, désormais recourir à la médiation ou à la conciliation avant de statuer au fond de litiges dont elles sont saisies.

158 Cf. art. 277, al. 1er et 2, OCFJA.

La médiation doit être sollicitée dans les trois mois à compter de l'introduction de la requête.

B. Procédure incidentielle à l'action principale

La médiation ou la conciliation peut aboutir à un arrangement à l'amiable. Auquel cas, il est constaté et coulé dans une décision d'expédient et met fin au procès engagé devant le juge administratif[159].

Dans le cas contraire, le dossier suit son cours normal, sur base de la procédure entamée sous l'action principale.

SECTION IV. Rattachement des juridictions administratives spécialisées aux juridictions administratives de droit commun

Les juridictions administratives spécialisées sont aujourd'hui l'œuvre du législateur, comme elles peuvent aussi être organisées en vertu de la loi par voie réglementaire.

Ainsi que le législateur les rattache aux juridictions de l'ordre administratif de droit commun, soit par voie d'appel, lorsque ce degré n'y est pas organisé, soit par voie de cassation, comme conséquence de la constitutionnalisation de la garantie des droits de la défense.

§1. Rattachement par voie d'appel

Les juridictions administratives spécialisées sont rattachées aux juridictions administratives de droit commun par voie d'appel.

A. Cours administratives d'appel, juge d'appel des organes provinciaux des juridictions administratives spécialisées

La Cour administrative d'appel est compétente pour connaître, au second degré, de l'appel des jugements et ordonnances rendus par les

159 Cf. art. 277, al. 3, OCFJA.

tribunaux administratifs ainsi que de l'appel des décisions prises par des organes disciplinaires des provinces, des organismes publics ou des ordres professionnels provinciaux et locaux[160].

B. Appel contre les décisions des juridictions administratives spécialisées, compétence résiduaire des cours administratives d'appel

La compétence de la cour administrative d'appel est, cependant, tout à fait résiduaire.

Elle n'est établie qu'à défaut de procédure d'appel au sein de ces juridictions administratives spécialisées.

§2. Rattachement par voie de cassation

Les décisions définitives des juridictions administratives spécialisées sont rattachées par voie de cassation au Conseil d'État.

A. Conseil d'État, juge de cassation des décisions des juridictions administratives spécialisées

Le Conseil d'État représente aujourd'hui la plus haute juridiction de l'ordre administratif de droit commun.

Il connaît notamment des pourvois en cassation, pour violation de loi, dirigés contre les arrêts rendus au second degré par les cours administratives d'appel et contre les décisions des juridictions administratives spécialisées rendues en dernier ressort[161].

---

160 Cf. art. 96, al. 1er, OCFJA.

161 Cf. art. 87, al. 1er, OCFJA.

B. Suppression de caractère définitif et insusceptible de toutes voies de recours attachés aux décisions des juridictions administratives spécialisées

Les décisions des juridictions administratives spécialisées, rendues en dernier ressort, ne peuvent donc plus être, ni définitives, ni insusceptibles de toutes voies de recours.

Ces décisions font l'objet de pourvoi en cassation devant le Conseil d'État[162].

162 En effet, en application des dispositions de l'article 155, alinéa 6, de la Constitution, l'article 407, OCFJA, abroge toutes les dispositions législatives antérieures contraires aux nouvelles attributions du Conseil d'État.

TITRE II

COMPÉTENCES ET CAS D'OUVERTURE EN CONTENTIEUX ADMINISTRATIF CONGOLAIS

Les compétences du juge administratif congolais sont d'attribution, il vaut mieux les examiner.

En même temps, il faudra cependant analyser les différents cas susceptibles de donner lieu au procès administratif.

CHAPITRE I

COMPÉTENCES DU JUGE ADMINISTRATIF CONGOLAIS

Préalablement à toute analyse, il nous paraît nécessaire de circonscrire, en liminaire, les caractères des règles de compétence du juge administratif congolais.

Toutefois, l'essentiel de ce chapitre est consacré à l'étude d'un côté des compétences consultatives et, de l'autre, des compétences contentieuses des juridictions administratives congolaises.

SECTION PRÉLIMINAIRE : Caractères de règles de compétence du juge administratif

Les compétences du juge administratif congolais sont d'attribution. Elles lui sont essentiellement dévolues par la Constitution, telle qu'appliquée par la Loi organique du 15 octobre 2016 portant organisation, compétences et fonctionnement des juridictions de l'ordre administratif.

Elles sont d'ordre public.

§1. Compétences d'origine essentiellement constitutionnelle et législative

Les compétences du juge administratif congolais sont portées par la Constitution[163] et les lois[164] de la République.

A. Constitutionnalisation des compétences du juge administratif congolais

Les compétences du juge administratif congolais sont définies dans la Constitution.

Elles sont d'abord portées par l'article 155, alinéa 1er à 3 de la même Constitution, à savoir :

« Sans préjudice des autres compétences que lui reconnaît la Constitution ou la loi, le Conseil d'État connaît, en premier et dernier ressort, des recours pour violation de la loi, formés contre les actes, règlements et décisions des autorités administratives centrales.

Il connaît en appel des recours contre les décisions des cours administratives d'appel.

Il connaît, dans les cas où il n'existe pas d'autres juridictions compétentes, de demandes d'indemnités relatives à la réparation d'un dommage exceptionnel, matériel ou moral résultant d'une mesure prise ou ordonnée par les autorités de la République. Il se prononce en équité en tenant compte de toutes les circonstances d'intérêt public ou privé ».

Ces dispositions de l'article 155 ci-dessus sont complétées par celles de l'article 162, alinéa 2, de la même Constitution, en ce qui concerne la Cour constitutionnelle, comme juridiction administrative spécifique[165].

---

163 Cf. art. 155, al. 1er à 3, Constitution du 18 février 2006.

164 Cf. art. 75 à 122, OCFJA.

165 Toute personne peut saisir la Cour constitutionnelle pour inconstitutionnalité de tout acte législatif ou réglementaire.

Les compétences du juge administratif sont ainsi portées par la Constitution. Elles s'imposent en tant que telle au législateur à qu'il revient d'en fixer, par une loi organique, le cadre d'organisation et de fonctionnement.

B. Loi organique n° 16/027 du 15 octobre 2016 portant organisation, compétence et fonctionnement des juridictions de l'ordre administratif, siège complémentaire des compétences du juge administratif congolais

Les compétences du juge administratif sont ensuite précisées par des législations particulières, en vertu des dispositions des articles 149, alinéa 6, et 155, alinéa 4, de la Constitution.

§2. Caractère d'ordre public des règles de compétence

Les règles des compétences du juge administratif sont d'ordre public. Il est impossible de porter l'affaire devant la juridiction administrative par commodité. Les règles assurant le respect de la compétence sont même plus rigoureuses que devant le juge judiciaire.

D'abord, il est tout à fait possible de soulever l'exception d'incompétence à tout moment de la procédure, en premier degré comme en appel ou en cassation[166], à l'initiative des parties au procès ou d'office, par la juridiction elle-même[167].

---

166 En ce sens, R. ROUQUETTE, *op. cit.*, p. 29, n° 111.15.

167 Cf. notamment, RA. 1 du 16 janvier 1974, en cause MAKONGA MWANAUTE (Bonaventure) c/ La République du Zaïre en la personne de son Commissaire d'État aux affaires politiques et à la coordination des activités du MPR, in JURICONGO, *op. cit.*, p. 11.

Ensuite, le contentieux administratif étant au cœur de droit public, les règles de compétence sont d'application immédiate. Elles s'appliquent y compris aux litiges en cours[168].

SECTION 1. Compétences consultatives du juge administratif

Les compétences du juge administratif sont d'abord consultatives.

Pour mieux les percevoir, nous en dégagerons les bases juridiques, pour en préciser ensuite la portée et les effets juridiques.

§1. Bases juridiques des compétences consultatives du juge administratif

Contrairement aux législations antérieures, les compétences consultatives du juge administratif ne sont plus aujourd'hui le seul apanage du juge administratif suprême, le Conseil d'État[169].

Chacune des juridictions de l'ordre administratif de droit commun est désormais investie des missions consultatives vis-à-vis des autorités administratives de son ressort[170], en vertu des dispositions

---

168 Cf. Art. 405, al. 1er, OCFJA : « À l'installation des juridictions de l'ordre administratif, les affaires relevant de leur compétence et pendantes devant les juridictions de l'ordre judiciaire leur sont transférées, selon le cas, en l'état ». Également en ce sens, R. ROUQUETTE, *op. cit.*, p. 29, n° 111.17.

169 Sous l'empire de l'O-L n° 82-020 du 31 mars 1982 portant COCJ, seule la Section de législation de la CSJ donnait des avis consultatifs sur le projet ou proposition de lois ou d'actes réglementaires qui lui étaient soumis ainsi que sur des difficultés d'interprétation des textes.

170 Sous la Constitution du 18 février 2006, le pouvoir politique de l'État, législatif et exécutif, s'exerce aussi bien au niveau central (Parlement et Gouvernement de la République), qu'au niveau provincial (Assemblée provinciale et Gouvernement provincial). Les entités territoires décentralisées, villes, communes, secteurs et chefferies, ont aussi vu leur autonomie administrative renforcée et garantie par la Constitution (Cf. art. 3, 68 et 195, Constitution du 18 février 2006). Il était temps de leur faire bénéficier, préventivement, de l'assistance juridique des membres des juridictions de l'ordre administratif.

des articles 82 à 84 de la Loi organique du 15 octobre 2016 pour le Conseil d'État vis-à-vis des autorités centrales du pouvoir central; des articles 94 et 95 de la même législation, pour les cours administratives d'appel vis-à-vis des autorités centrales des provinces, et des articles 102 et 103, pour les tribunaux administratifs vis-à-vis des autorités locales.

Il est important d'en apercevoir la portée.

§2. Portée des compétences consultatives du juge administratif

Les avis consultatifs peuvent porter aussi bien sur les textes en chantier, que sur les textes en vigueur, voire sur toute autre initiative jugée nécessaire pour des réformes qui s'imposent pour l'intérêt général.

A. Modalités des avis consultatifs

La compétence consultative du juge administratif congolais s'exerce d'abord sur les textes en chantier (projets ou propositions).

Elle s'exerce ensuite sur les textes en vigueur.

Elle peut enfin porter sur des orientations nécessaires sur des moyens juridiques appropriés par rapport aux actes qu'il faille soit initier, soit appliquer, ou carrément pour attirer l'attention des pouvoirs publics sur des réformes qui s'imposent pour l'intérêt général.

Les avis consultatifs sont globalement l'œuvre de l'autorité qui en a pris l'initiative. Lorsqu'il s'agit d'attirer l'attention des pouvoirs publics sur des réformes qui paraissent nécessaires pour l'intérêt général, ils émanent du juge.

B. Cas des avis se rapportant aux textes en chantier ou aux moyens juridiques jugés nécessaires

L'avis consultatif peut être requis en matière des projets ou propositions des lois[171] ou des projets d'actes, décisions ou règlements des autorités administratives ou législatives.

Ici, comme dans tous les autres cas, le juge administratif agit en tant que « conseiller juridique » des pouvoirs publics. Il se limite alors à vérifier la régularité de l'acte à prendre et sa conformité à l'ordonnancement juridique existant.

L'avis à donner ne porte, dans ce cas, que sur la rédaction du texte et ses effets juridiques par rapport à l'ordonnancement juridique en général.

Tel avis ne porte pas sur le sens à donner à tel ou tel autre concept dont il appartient à l'autorité requérante, seule, d'en opérer le choix, en vertu du principe de la séparation des pouvoirs[172].

En fait, en matière d'avis, hier comme aujourd'hui, le juge administratif n'y réalise pas un contrôle de légalité a priori à proprement

---

171 L'initiative de loi émanant d'un député ou d'un sénateur est dénommée proposition de loi tandis que celle émanant du Gouvernement s'appelle projet de loi. Cf. art. 135, al. 2, Règlement intérieur, Assemblée nationale, 2012, p. 39, inédit.

172 *En son temps, « consultée sur le sens à donner à l'assassinat politique, la Cour suprême de justice, en son assemblée mixte du 19 août 2004, a relevé qu'elle n'est pas compétente pour examiner pareille requête, en ce que l'article 159 du code de l'organisation et de la compétence judiciaires dispose que la section de législation de la Cour suprême de justice donne des avis consultatifs sur les projets ou propositions de lois ou d'actes réglementaires qui lui sont soumis ainsi que sur les difficultés d'interprétations des textes car, en vertu du principe de la séparation des pouvoirs, il appartient au législateur de fixer les principes fondamentaux et leurs effets, le rôle de la Cour suprême de justice en matière d'avis consultatif se limitant à vérifier la légalité de l'acte à prendre et sa conformité aux principes constitutionnels et aux principes généraux du droit et aussi à émettre les avis sur sa rédaction et sur ses effets par rapport à l'ordonnancement juridique général »;* Cf. RL 10 du 25/08/2004 en cause : Avis consultatif sur le sens à donner à l'assassinat politique, in JURICONGO, *op. cit.*, Tome V, pp. 82-83.

parler, auquel cas il s'agirait d'un véto ou quitus, qui rendrait tout recours contentieux superfétatoire[173] !

Ainsi, le juge administratif ne peut par exemple pas être saisi pour donner le quitus à un texte avant son entrée en vigueur. L'avis se rapportant aux textes en chantier peut être de pertinence ou d'opportunité[174].,

Outre sa compétence d'avis sur l'élaboration des textes, le « conseiller juridique du gouvernement » peut tout aussi donner des avis sur l'interprétation des textes en vigueur.

C. Cas des avis d'interprétation ou de portée juridique des textes en vigueur

Le juge administratif est tout aussi compétent pour émettre des avis en cas des difficultés d'interprétation des textes en vigueur, à l'initiative des autorités tant administratives, législatives que judiciaires.

Dans ce cas, son interprétation porte sur la portée du texte, le sens à donner à une disposition de ce texte, en se référant successivement

---

173 *En son temps, « consultée non pas pour donner avis mais plutôt pour donner quitus sur le règlement administratif de la commission spéciale de contrôle de conformité de la publicité, la Cour suprême de justice, en son assemblée mixte du 21 juillet 2005, a relevé qu'elle n'est pas compétente pour examiner pareille requête en ce que l'article* 159 *du code de l'organisation et de la compétence judiciaires dispose que la Section de législation de la Cour suprême de justice donne des avis consultatifs sur les projets ou propositions des lois ou d'actes réglementaires qui lui sont soumis ainsi que sur les difficultés d'interprétations des textes car en cette matière, la Cour peut émettre des avis sur la rédaction des projets ou propositions des lois ou d'actes réglementaires ainsi que sur leurs effets par rapport à l'ordonnancement juridique général. Or en l'espèce, le Président de la Haute autorité des médias a sollicité de la Cour suprême de justice non un avis consultatif tel qu'il vient d'être précisé mais plutôt un quitus sur un règlement administratif déjà adopté »;* Cf. RL. 0011 du 12/04/2005 en cause : Avis consultatif sur le règlement administratif de la commission spéciale de contrôle de conformité de la publicité, in JURICONGO, *op. cit.*, Tome V, p. 83

174 Cf. art. 83, 95, al. 2, et 103, al. 1er, Loi organique du 15 octobre 2016 portant organisation, compétence et fonctionnement des juridictions de l'ordre administratif.

au droit interne, au droit international, au droit comparé et à la jurisprudence ainsi qu'à la doctrine y afférentes[175].

L'interprétation par voie d'avis permet finalement d'éclairer l'autorité d'initiative sur le sens exact à donner à un texte qu'elle entend appliquer. Elle n'a rien avoir et ne peut pas se confondre avec l'acte de juger.

§3. Effets des compétences consultatives du juge administratif

Les conséquences juridiques découlant des avis consultatifs, émis par les juridictions de l'ordre administratif, dépendent de chaque nature de consultation.

Par principe, ces avis sont plutôt facultatifs et non obligatoires. Néanmoins, ils sont obligatoires mais non conformes lorsqu'ils sont initiés par le juge lui-même.

A. Avis facultatifs et non obligatoires en cas des textes en chantier et en vigueur

Les avis consultatifs du juge administratif, aussi bien en ce qui concerne les textes en chantier, les orientations sur la pertinence des moyens juridiques, l'opportunité des textes ou des réformes à initier

175 *« Consultée pour donner un avis sur la nature infractionnelle de l'attentat à la vie d'un Chef d'État si, au regard de l'art. 2 de la loi portant amnistie pour faits de guerre, infractions politiques et d'opinion, il est une infraction politique ou une infraction de droit commun, l'assemblée mixte de la Cour suprême de justice, en se référant successivement au droit interne, au droit international, au droit comparé et à la jurisprudence ainsi qu'à la doctrine y afférentes, a considéré que l'attentat à la vie d'un chef d'État ou d'un membre de sa famille est une infraction de droit commun »;* Cf. RL. 012/05 du 13/12/2005 en cause : Avis consultatif sur la nature juridique de l'infraction d'attentat à la vie d'un chef d'État au regard de l'art. 2 de la Loi portant amnistie pour faits de guerre, infractions politiques et d'opinion, in JURICONGO, *op. cit.*, Tome V, p. 84.

qu'en matière d'interprétation de la portée des textes en vigueur, sont finalement facultatifs et non obligatoires.

En effet, l'autorité administrative ou législative n'est ni tenue de le requérir, ni de s'y conformer une fois donné.

B. Avis obligatoires mais non conformes en cas de pertinence des moyens juridiques

Lorsqu'il s'agit d'attirer l'attention des pouvoirs publics sur des réformes qui s'imposent au nom de l'intérêt général, les avis d'opportunité, le juge administratif est tenu d'initier et de rendre son avis. Si bien qu'un tel avis ne lie pas son destinataire.

Au demeurant, il n'en sera peut-être pas de même lorsqu'un avis émanant des juridictions supérieures est destiné, à son initiative, à une juridiction inférieure de l'ordre administratif. Il peut préjuger de la position du juge d'appel ou de cassation sur le point de vue émis par sa section consultative. Même alors, tel avis ne lie pas formellement son destinataire.

En définitive, l'avis consultatif n'a aucune incidence sur la légalité ou la constitutionnalité[176] de l'acte entrepris devant une juridiction contentieuse, fut-elle constitutionnelle, judiciaire ou administrative[177].

SECTION 2. Compétences contentieuses du juge administratif

Les juridictions de l'ordre administratif jugent des litiges de nature administrative. Elles sont dotées, pour ce faire, des compétences contentieuses.

Les compétences du juge administratif congolais portent sur les matières suivantes, à savoir :

---

176 Cf. art. 132, OCFJA.

177 Par principe, cependant, un juge qui a donné son avis consultatif sur un projet d'acte, décision ou règlement administratif, ne peut plus siéger comme juge d'annulation pour les mêmes actes, sous peine de récusation.

— Annulation pour excès de pouvoir ;

— Annulation et/ou réparation pour préjudice ordinaire, c'est-à-dire pleine juridiction et plein contentieux ;

— Réparation pour dommage exceptionnel.

§1. Compétences d'annulation des actes, décisions ou règlements illégaux

Les bases juridiques ainsi que les caractères des compétences contentieuses du juge administratif de droit commun méritent d'être soulignées.

A. Bases juridiques des compétences d'annulation du juge administratif

Les compétences d'annulation pour excès des pouvoirs du juge administratif congolais sont à la fois constitutionnalisées et précisées par la loi[178].

178 Si la Constitution du 24 juin 1967, en son art. 59, al. 2, renvoyait l'organisation, la compétence des cours et tribunaux ainsi que la procédure à suivre dans une loi ordinaire, celle du 18 février 2006 (art. 153, al. 5, pour les juridictions de l'ordre judiciaire et 155, al. 4, pour les juridictions de l'ordre administratif) règle cette question selon qu'il s'agit des juridictions administratives de droit commun ou des juridictions administratives spécialisées. Les juridictions administratives de droit commun sont organisées par voie de loi organique, c'est-à-dire une loi votée sous une procédure spéciale (art. 124, Constitution) et promulguée après avoir été soumise au contrôle de la conformité à la Constitution, intervenu, en l'espèce, sous R.Const. 309 du 10 août 2016 (Cf. *JORDC*, n° spécial, 1ère partie, Kinshasa, 18 octobre 2016, col. 97 à 104). Il s'agit de Loi organique n° 16/027 du 15 octobre 2016 portant organisation, compétence et fonctionnement des juridictions de l'ordre administratif, *in* *JORDC*, n° spécial, Kinshasa, 18 octobre 2016, col. 1-97.
Les juridictions administratives spécialisées sont, par contre, organisées par voie de loi ordinaire ou en vertu de celle-ci, conformément à l'art. 149, al. 6, de la Constitution.

I. Constitution du 18 février 2006, base des compétences d'annulation pour excès de pouvoir du juge administratif

Le juge administratif congolais tient d'abord ses compétences, en matière d'excès de pouvoir, de l'article 155, alinéa 1er, de la Constitution du 18 février 2006 qui dispose :

« Sans préjudice des autres compétences que lui reconnaît la Constitution ou la loi, le Conseil d'État connaît, en premier et dernier ressort, des recours pour violation de la loi, formés contre les actes, règlements et décisions des autorités administratives centrales ».

Les compétences du juge administratif, telles que reprises dans ces dispositions de la Constitution, ne concernent cependant que le Conseil d'État ou, en attendant son installation, la section administrative de la Cour suprême de justice.

Pour plus de clarté, aussi bien pour le Conseil d'État que pour le reste des juridictions de l'ordre administratif de droit commun, les cours administratives d'appel et les tribunaux administratifs, le constituant renvoie les détails pour l'organisation, compétence et fonctionnement des juridictions de l'ordre administratif à une loi organique.

II. Loi organique du 15 octobre 2016 portant organisation, compétence et fonctionnement des juridictions de l'ordre administratif, siège complémentaire de la compétence d'annulation du juge administratif congolais

En application des dispositions de l'article 155, alinéa 4, de la Constitution, la Loi organique n° 16/027 du 15 octobre 2016 portant organisation, compétence et fonctionnement des juridictions de l'ordre administratif, clarifie d'abord les compétences en annulation du Conseil d'État et, ensuite, celles des cours administratives d'appel et des tribunaux administratifs.

a. Conseil d'État, juge d'annulation des actes, décisions ou règlements des autorités administratives centrales

Aux termes de l'article 85, alinéa 2, de la Loi organique du 15 octobre 2016 portant organisation, compétence et fonctionnement des juridictions de l'ordre administratif, le Conseil d'État connaît, en premier et dernier ressort, des recours en annulation pour violation de la loi[179], formés contre les actes, règlements ou décisions des autorités administratives centrales ou contre ceux des organismes publics placés sous leur tutelle ainsi que ceux des organes nationaux des ordres professionnels[180].

Il découle des dispositions de cet article 85, alinéa 2, de la Loi organique du 15 octobre 2016 que le Conseil d'État est d'abord juge naturel des actes, décisions ou règlements des autorités administratives centrales du pouvoir central[181].

Le Conseil d'État est ensuite juge des actes, décisions ou règlements des autorités administratives centrales des services publics dé-

179 Cette expression, violation de la loi, est suffisante. Toujours utilisée au sens large, « lato sensu », en contentieux administratif, elle renvoie à la violation des règles de droit, quelle qu'en soit la nature, qui s'imposent à l'Administration et son juge, telles qu'hiérarchisées dans la numération faite plus haut, à l'introduction de ce Précis. Dès lors, l'effort tenté par le législateur organique, en y mentionnant quelques unes des ces règles, l'est à titre indicatif et illustratif.

180 La compétence d'annulation du Conseil d'État est exercée par sa section du contentieux. Cependant, en attendant l'installation du Conseil d'État, elle continuera à être exercée par la section administrative de la Cour suprême de justice. Cf. art. 223, Constitution du 18 février 2006.

181 Par autorités administratives centrales du pouvoir central, il faut entendre, d'abord des autorités administratives responsables des services publics centraux du pouvoir central (le Président de la République, les membres du Gouvernement, les Présidents des deux chambres du parlement, les chefs des juridictions et des parquets nationaux). Il s'agit ensuite des autorités administratives gestionnaires des services publics (déconcentrés d'État) nationaux, placés sous l'autorité directe des responsables des services publics centraux du pouvoir central (les directeurs généraux des régies et services nationaux déconcentrés, DGM, ANR, DGI, DGRAD, DGDA, PNC, FARDC, etc.).

centralisés du pouvoir central, placés ou non sous la tutelle des responsables des services publics centraux du pouvoir central[182].

Il est enfin juge des actes, décisions ou règlements des organes centraux nationaux des ordres professionnels.

b. Cour administrative d'appel, juge d'annulation des actes, décisions ou règlements des autorités administratives provinciales

Conformément aux dispositions de l'article 96, alinéa 2, de la Loi organique du 15 octobre 2016 portant organisation, compétence et fonctionnement des juridictions de l'ordre administratif, la cour administrative connaît, au premier degré, des recours en annulation, pour violation de la loi, formés contre les actes, règlements ou décisions des autorités administratives provinciales et des organismes publics placés sous leur tutelle ainsi que des organes provinciaux des ordres professionnels.

Il en résulte que la cour administrative d'appel est d'abord juge d'annulation des actes, règlements ou décisions des autorités administratives centrales des provinces[183].

Elle est ensuite juge d'annulation des actes, règlements ou décisions des responsables centraux des entreprises et établissements publics provinciaux.

---

182 Il s'agit des autorités administratives centrales, responsables des entreprises et établissements publics constitutionnalisés (CENI, Banque centrale, etc.), légaux (autres Institutions d'appui à la démocratie) ou réglementaires (Établissements et Entreprises publics classics, UNIKIN, REGIDESO, SNEL, etc.) du pouvoir central.

183 Il s'agit des responsables des services publics centraux provinciaux (le Gouverneur de province, les ministres provinciaux et le Président de l'Assemblée provinciale), de ceux des services publics déconcentrés d'État en province, placés sous la coordination du Gouverneur des provinces (les directeurs provinciaux de tous les services déconcentrés d'État) ainsi que des responsables centraux des services publics provinciaux, placés sous l'autorité des autorités centrales des provinces.

Elle juge, enfin, des actes, règlements ou décisions des organes provinciaux des ordres professionnels.

c. Tribunal administratif, juge d'annulation des actes, décisions ou règlements des autorités administratives locales

Le tribunal administratif, conformément aux dispositions de l'article 104, alinéa 1er, de la Loi du 15 octobre 2016 portant organisation, compétence et fonctionnement des juridictions de l'ordre administratif, est compétent pour connaître des recours en annulation, pour violation de la loi, formés contre les actes, règlements ou décisions des autorités du territoire, de la ville, de la commune, du secteur ou de la chefferie ainsi que contre ceux des organismes publics placés sous leur tutelle[184].

Il découle de ces dispositions de la loi organique que le tribunal administratif connaît d'abord des actes, règlements ou décisions des autorités administratives des villes, des communes, des territoires, des secteurs et des chefferies[185].

Il connaît ensuite des actes, règlements ou décisions des responsables des entreprises, établissements et services publics locaux.

Cependant, pour mieux comprendre la nature des compétences du juge administratif en matière d'annulation, il va falloir en souligner les caractéristiques.

184 Les compétences d'annulation des cours administratives d'appel et des tribunaux administratifs sont exercées par leurs sections du contentieux, et en attendant leur installation, les sections administratives des cours d'appel. Cf. art. 224, Constitution du 18 février 2006.

185 Il s'agit d'abord des actes de l'administrateur du territoire; du Conseil urbain et du Maire; du Conseil communal et du Bourgmestre; du Conseil de secteur et du chef de secteur; du Conseil de chefferie et du Chef de Chefferie. Il s'agit ensuite des actes, règlements ou décisions des autorités administratives déconcentrées d'État, des provinces et même des entités territoriales décentralisées responsables des services déconcentrés, selon le cas, basées au territoire, ville, commune, secteur ou chefferie.

B. Caractères du contentieux d'annulation des actes administratifs illégaux

Le contentieux d'annulation des actes, décisions ou règlements illégaux, autrement appelé contentieux d'excès de pouvoir, présente deux caractères spécifiques. Il s'agit d'un contentieux objectif. Les effets de ses décisions s'imposent à tous.

I. Contentieux objectif

Le contentieux d'annulation pour excès de pouvoir est un contentieux objectif. Il est dirigé contre des actes administratifs.

Il s'agit d'un contentieux de légalité, au sens large, mieux un contentieux de conformité au droit, c'est-à-dire à l'ordre juridique en vigueur.

Seuls donc les moyens de droit, fondés sur l'illégalité ou la non-conformité des actes, décisions ou règlements administratifs à l'ordre juridique en vigueur peuvent être invoqués, en appui d'un recours en annulation[186].

II. Contentieux aux effets opposables à tous

Les décisions du juge administratif d'annulation pour excès de pouvoir sont opposables à tous ses destinataires, qu'ils aient été ou non partie au procès.

Une fois l'annulation prononcée, la décision du juge produit des effets « *erga omnes* ».

§2. Compétence d'annulation et réparation pour faute ou contentieux de pleine juridiction

Le juge administratif d'annulation pour excès de pouvoir est aussi compétent, lorsqu'il est saisi en même temps d'une demande en annulation et en réparation, pour réparer le préjudice résultant d'une déci-

186 En ce sens, F. VUNDUAWE te PEMAKO, *op. cit.*, pp. 875-876.

sion administrative illégale, dans la mesure où la victime de pareille décision ne saurait trouver satisfaction du seul effet de l'annulation.

Il importe d'en préciser le siège de la matière ainsi que les caractéristiques.

A. Base juridique du contentieux de l'annulation et réparation pour faute

Conformément à l'article 80 de la Loi du 15 octobre 2016 portant organisation, compétence et fonctionnement des juridictions de l'ordre administratif, « L'action en réparation du préjudice causé par un acte, un règlement ou une décision illégale peut être portée, à titre principal et en même temps que la demande en annulation, devant la même juridiction, lorsque le préjudice subi ne peut être entièrement réparé par la décision d'annulation ».

Il s'agit du contentieux de réparation du préjudice ordinaire, découlant d'un fait délictuel, qui résulte d'un acte administratif illégal, fautif.

Ce contentieux de pleine juridiction présente des caractéristiques tout à fait particulières.

B. Caractères du contentieux d'annulation et réparation pour faute

Le contentieux d'annulation et réparation pour faute devant le juge administratif a un triple caractère.

D'abord, Il est un double contentieux, objectif et subjectif. Il vise l'annulation et la réparation pour faute.

Pour sa recevabilité, il est introduit, ensuite, au même temps et à titre principal, que la demande en annulation.

Enfin, il vise la réparation du préjudice ordinaire.

I. Contentieux cumulativement à deux objectifs

Le contentieux de pleine juridiction est un double contentieux. Il est objectif et subjectif.

Il vise l'annulation de l'acte administratif attaqué, pour excès de pouvoir, et l'indemnisation pour le préjudice ainsi subi.

Le contentieux de pleine juridiction procède donc de la combinaison du contentieux de l'annulation et de réparation, consécutive à la faute, l'illégalité, des actes des organes des personnes investies de mission de service public.

La théorie de l'organe, tirée de la conception belgo-congolaise, trouve ici son application : l'Administration ainsi que l'auteur de l'acte forment un seul corps, un organe, responsable des actes administratifs ainsi posés[187].

L'administré, victime de la faute, l'illégalité de l'acte administratif, a le choix pour obtenir réparation du préjudice encouru. Il peut directement demander la réparation devant le juge d'annulation, le juge administratif en pleine juridiction. Il peut aussi, à l'issue de la procédure d'annulation, s'orienter vers le juge civil, juge judiciaire, pour demander réparation. Dans ce cas, la décision en annulation lui sert de preuve de la faute de l'Administration.

Au fait, c'est à cause des inconvénients de ce deuxième choix, laissé à l'administré devant le juge civil (perte de temps et de l'argent de suite certainement de longs procès), que le législateur congolais maintient, devant le juge administratif, ce principe général du droit, tiré de la solution de réparation d'office retenue devant le juge répressif[188].

---

187 En ce sens, Cl. KABANGE NTABALA, *Droit administratif congolais*, T. I, publications des Facultés de droit des universités du Congo (RDC), UNIKIN, Kinshasa, 2005, p. 182.

188 Aux termes de l'art. 107, al. 1er, Loi organique n° 13/011-B du 11 avril 2013 portant OFCJOJ, « L'action en réparation du dommage causé par une infraction peut être poursuivie en même temps que l'action publique et devant le même juge ».

II. Deux demandes introduites en même temps et à titre principal

Le contentieux d'annulation et réparation devant le juge administratif nécessite deux demandes. L'une postule l'annulation, et l'autre la réparation[189].

Cependant, les deux demandes doivent être introduites à titre principal et au même moment, dans une même requête, devant le juge administratif compétent.

Il s'agira, selon le cas, du Conseil d'État pour les actes, règlements ou décisions des autorités administratives centrales, des organismes publics placés sous leur tutelle et des organes nationaux des ordres professionnels; des cours administratives d'appel pour les actes, règlements ou décisions des autorités administratives provinciales, des organismes publics placés sous leur tutelle et des organes provinciaux des ordres professionnels, ainsi que des tribunaux administratifs, pour les actes, règlements ou décisions des autorités du territoire, de la ville, de la commune, du secteur ou de la chefferie ainsi que ceux des organismes publics placés sous leur tutelle.

III. Réparation pour faute

Le contentieux de pleine juridiction résultant des actes administratifs illégaux vise une réparation pour fait des organes de l'Administration. Il ne se rapporte qu'à un préjudice ordinaire, la faute de l'Administration.

Il s'agit d'un contentieux tendant à constater un droit de réparation existant au profit d'un administré contre l'Administration.

Ce contentieux ne peut pas se combiner avec le contentieux de l'indemnité pour réparation d'un dommage exceptionnel. Le requérant doit choisir la seule voie à suivre (*electa una via, non datur recur-*

189 Cf. notamment, RA. 149 du 27 novembre 1987, en cause MATALI MUHIHRI c/ République du Zaïre, *in JURICONGO, op. cit.*, tome I, pp. 47-48; RA. 182/186/191 du 1er juin 1990, en cause le citoyen NGBENZI NZOMBI M'OKOBA et csrts c/ République du Zaïre, *in idem*, pp. 50-52, col. 1 et RA. 235 du 19 février 1993 (déjà cité plus haut).

sus ad alteram, c'est-à-dire une voie ayant été choisie, on ne peut en adopter une autre).

Le contentieux d'annulation ne se combine avec le contentieux de l'indemnité dans le cadre du contentieux de pleine juridiction, annulation et réparation, que lorsqu'il s'agit d'un préjudice ordinaire, l'illégalité de l'acte, la faute de l'Administration[190].

§3. Compétences du juge administratif en plein contentieux

Le juge administratif congolais connaît, désormais, des litiges visant la reconnaissance de certains droits subjectifs remis en cause par l'Administration (plein contentieux subjectif) ou des recours certes d'annulation mais assortie d'autres pouvoirs (plein contentieux objectif), comme la réformation des actes attaqués ou le calcul de sommes d'argent.

Il importe d'en souligner les bases juridiques, avant de revenir sur leurs caractéristiques.

A. Bases juridiques du plein contentieux devant le juge administratif

Les bases juridiques en plein contentieux varient du Conseil d'État, de cours administratives d'appel aux tribunaux administratifs.

I. Devant le Conseil d'État

Conformément aux dispositions de l'article 88, point 5, de la Loi du 15 octobre 2016 portant organisation, compétence et fonctionnement des juridictions de l'ordre administratif, le Conseil d'État connaît des actions en responsabilité contre l'État pour durée excessive de la procédure devant une juridiction de l'ordre administratif.

190 En ce sens, F. VUNDUAWE te PEMAKO, *op. cit.*, p. 890.

Le Conseil d'État juge des conséquences dommageables, obligations délictuelles, nés du non-respect des délais de procédure devant les juridictions administratives.

II. Devant les cours administratives d'appel

Les Cours administratives d'appel, en application des dispositions de l'article 96, alinéas 3 et 4, de la Loi du 15 octobre 2016 portant organisation, compétence et fonctionnement des juridictions de l'ordre administratif, connaissent du plein contentieux électoral et fiscal.

Elles connaissent d'abord, au premier degré, du contentieux des élections des députés provinciaux, des gouverneurs et vice-gouverneurs de province. À ce titre, elles se prononcent notamment en contestations de candidature et des résultats électoraux, pour erreurs matérielles[191], omissions[192] ou irrégularités[193] de toutes sortes pouvant avoir des incidences certaines sur le résultat. Elles proclament les résultats définitifs.

Elles connaissent ensuite, en premier et dernier ressort, des recours introduits, sur réclamation du contribuable, contre les décisions prises par l'administration fiscale du Pouvoir central lorsqu'elles n'ont pas donné entière satisfaction à l'intéressé.

---

191 Il peut bien s'agir des erreurs sur l'orthographe des noms des candidats (Cf. CSJ, RCDC. 095/KIN-24/04/2006; RCDC. 047/KN du 25 avril 2006 ; RCDC/DN/022-03/10/2011; RCDC 082-06/10/2011; RCDC 009/DN/KIN-03/10/2011), les doublures des noms des candidats ou la circonscription des candidats (cf. RCDC/DN/013/10/2011). Également, E. MUKENDI WAFWANA, *Contentieux électoral dans la pratique de la CSJ (faisant office de la Cour constitutionnelle)*, Kinshasa, JURICONGO, coll. Juridoc, 2011, pp. 116-120, n°s 271-277; Jurisprudence de la CSJ, *Contentieux électoral*, T. II, Kinshasa, Juricongo, coll. Juridoc, pp. 25 et 32.

192 Des noms des candidats peuvent avoir été omis par la CENI à la publication des listes provisoires (cf. RCDC/DN/KN/039-05/01/2011 et RCDC 056-05/10/2011; E.MUKENDI WAFWANA, *op. cit.*, pp. 121 à 122, n°s 279 et 280).

193 Il peut s'agir des irrégularités touchant au défaut de paiement de la caution (cf. RCDC 035/KIN-13/04/2006; RCDC 009/KIN-13/04/2006, aux erreurs de comptage et autres fraudes).

III. Devant les tribunaux administratifs

Les tribunaux administratifs sont des juridictions de l'ordre administratif qui renferment des compétences en plein contentieux les plus étendues.

En application des dispositions de l'article 104, alinéas 2 à 5, de la Loi du 15 octobre 2016 portant organisation, compétence et fonctionnement des juridictions de l'ordre administratif, ils connaissent :

1°. Du contentieux relatif aux marchés et travaux publics ;

2°. Du contentieux relatif à l'expropriation pour cause d'utilité publique et aux réquisitions ;

3°. Du contentieux fiscal de son ressort. À ce titre, toute contestation au sujet de la validité et de la forme des actes de poursuites en recouvrement des impôts de son ressort relève de sa compétence ;

4°. Du contentieux des élections urbaines, communales et locales ;

5°. De tout autre contentieux administratif, dont la connaissance n'aura pas été expressément attribuée à une autre juridiction administrative.

Ils connaissent en outre, en vertu des dispositions des articles 106, 110, 111, 112, 113, 114 et 116 de la Loi du 15 octobre 2016 portant organisation, compétence et fonctionnement des juridictions de l'ordre administratif :

6°. Des litiges relatifs à la nomination, à l'avancement, à la discipline, aux émoluments, aux rémunérations et aux pensions ou, généralement, de tout litige d'ordre individuel concernant des agents et fonctionnaires du territoire, de la ville, de la commune, du secteur et de la chefferie ainsi que ceux des organismes publics placés sous leur tutelle ;

7°. Des litiges relatifs aux immeubles relevant du domaine public, ceux portant sur la déclaration d'utilité publique d'un bien privé, ceux concernant l'urbanisme et l'habitat, le permis de construire, le classement des monuments et des sites et, de manière générale, tous les litiges résultant des décisions administratives sur les immeubles de l'État;

8°. Des litiges relatifs aux décisions individuelles prises à l'encontre des personnes par les autorités administratives, dans l'exercice de leurs pouvoirs de police;

9°. Des litiges relatifs à la désignation, soit par voie d'élection, soit par voie de nomination, des membres des assemblées, corps ou organismes administratifs ou professionnels, des membres des partis ou regroupements politiques;

10°. Des litiges relatifs aux marchés et travaux publics, concessions, contrat ou quasi-contrats administratifs impliquant les autorités locales;

11°. Des tous litiges d'ordre individuel, y compris notamment ceux relatifs aux questions pécuniaires, intéressant les fonctionnaires ou agents des services publics du Pouvoir central, des provinces et des entités territoriales décentralisées, ceux employés en position réglementaire;

12°. Des litiges relatifs à l'organisation ou au fonctionnement de toute entité publique autre que l'État ou de tout organisme public, notamment en matière de contrôle administratif.

B. Caractères des compétences du juge administratif en plein contentieux

Le plein contentieux constitue un ensemble de compétences caractérisant la nature du pouvoir exercé par le juge administratif qui, désormais, peut statuer sur tous les aspects du litige : l'annulation et/ou réparation du préjudice ordinaire subi.

Il s'agit d'un contentieux du statut intermédiaire au contentieux d'annulation et de réparation. Il est un contentieux à la fois subjectif et objectif.

I. Contentieux d'un statut intermédiaire

Le plein contentieux administratif est un contentieux de statut intermédiaire entre d'une part le contentieux d'excès de pouvoir et de pleine juridiction, et d'autre part, le contentieux de réparation du préjudice ordinaire, l'œuvre du juge judiciaire.

En effet, le plein contentieux offre désormais au juge administratif congolais la liberté d'appréciation. Il peut choisir de ne s'arrêter qu'à l'annulation de l'acte attaqué, auquel cas, il n'est pas trop différent du contentieux d'excès de pouvoir. Comme il peut tout aussi décider de connaître à la fois de l'annulation et de réparation des préjudices découlant du non-respect des obligations contractuelles, délictuelles ou quasi-délictuelles de l'Administration, auquel cas, il se rapproche en partie, obligations délictuelles, du contentieux de pleine juridiction. Il peut, enfin, décider de ne se prononcer que sur des manquements aux obligations contractuelles, délictuelles et/ou quasi-contractuelles incombant à l'Administration, auquel cas, il se rapproche indéniablement du contentieux judiciaire.

En plein contentieux, le juge administratif combine ses pouvoirs d'annulation avec les prérogatives de réparation du préjudice ordinaire, pour manquement aux obligations contractuelles et quasi-contractuelles, longtemps exclues des compétences du juge administratif congolais.

II. Contentieux à la fois subjectif et/ou objectif

À l'instar du contentieux de pleine juridiction, le plein contentieux est aussi un double contentieux, objectif et subjectif.

Cependant, contrairement à la pleine juridiction qui vise à la fois l'annulation de l'acte administratif attaqué pour excès de pouvoir et l'indemnisation pour le préjudice ainsi subi du fait de cet acte (responsabilité délictuelle), le plein contentieux peut s'arrêter uniquement à l'annulation et/ou ne concerner que la réparation, cependant pour manquements y compris aux obligations contractuelles, délictuelles ou quasi contractuelles de l'Administration.

Le plein contentieux combine le contentieux d'annulation et de réparation du préjudice résultant de la faute, aussi bien de faits, que des actes des organes des personnes investies de mission de service public.

Il ne laisse donc pas de choix à la victime pour recourir à un autre juge de l'indemnité, comme le cas de la pleine juridiction.

§4. Compétences en réparation pour préjudice exceptionnel

Le juge administratif congolais est enfin compétent pour réparation du préjudice exceptionnel.

Les bases juridiques de ce contentieux ainsi que ses caractères méritent d'être soulignés.

A. Bases juridiques de la réparation pour préjudice exceptionnel

Conformément aux dispositions de l'article 155, alinéa 3, de la Constitution et de l'article 89, de la Loi organique du 18 octobre 2016, le Conseil d'État connaît, dans les cas où il n'existe pas d'autres juridictions compétentes, de demandes d'indemnités relatives à la réparation d'un dommage exceptionnel, matériel ou moral résultant d'une mesure prise ou ordonnée par les autorités de la République, du pouvoir central, des provinces et des entités territoriales décentralisées ainsi que des organismes placés sous leur tutelle.

La compétence du juge administratif en réparation du préjudice exceptionnel est exclusivement exercée par la section du contentieux du Conseil d'État, et en attendant son installation, par la section administrative de la Cour suprême de justice.

B. Caractère du contentieux de réparation pour préjudice exceptionnel

Le contentieux de réparation pour préjudice exceptionnel est un contentieux subjectif, cependant subsidiaire et d'un type spécial.

Il résulte du fait ou acte des autorités de la République.

I. Contentieux subsidiaire

Le contentieux de réparation pour préjudice exceptionnel est un contentieux subsidiaire. Il n'est envisagé que pour des réparations échappant totalement à la compétence de toutes les autres juridictions, de l'ordre judiciaire comme de l'ordre administratif, ordinaires ou spécialisées.

Le contentieux de réparation du préjudice exceptionnel ne s'envisage que lorsqu'il n'existe pas des voies et moyens judiciaires, susceptibles d'éliminer la source même du dommage.

Aussi, le droit à la réparation du préjudice exceptionnel disparaît lorsqu'un préjudice né est susceptible d'être éliminé par un autre juge.

Toutefois, alors même qu'il existerait un juge mais lorsqu'il est établi qu'il ne pourra rien faire à l'état actuel de notre législation, face à telle ou telle situation dommageable par ailleurs, le caractère subsidiaire de la compétence du Conseil d'État sera de mise pour justifier son intervention en réparation, d'où, sa spécialité.

II. Contentieux subjectif, d'un dommage de type spécial

D'abord le contentieux de réparation du dommage exceptionnel ne s'intéresse qu'à des contestations qui se rapportent à l'équité et non au droit.

En effet, en matière de dommage exceptionnel, les litiges ne portent pas sur des droits subjectifs, ni civils, bien sûr, ni même politiques. Ils ne soulèvent non plus aucun problème de droit objectif, dont la cohérence n'est pas en cause.

Seules sont en discussion, les questions de savoir s'il est équitable qu'une personne ou quelques-unes subissent un préjudice important en raison de l'action juridiquement non critiquable des pouvoirs publics. Si la réponse est négative, les pouvoirs publics en cause doivent l'indemniser.

La décision du juge de l'indemnité fait naître ainsi un droit subjectif, à charge des pouvoirs publics en cause, une créance d'indemnité, de nature politique car intimement liée au fonctionnement de la puissance publique.

La contestation ne porte pas pour autant sur un tel droit, qui n'existe pas avant la décision. Le débat ne concerne pas une existence. Sa substance est faite d'appréciations en équité[194].

III. Contentieux résultant directement du « fait » des autorités de la République

Le dommage exceptionnel résulte exclusivement du fait des autorités de la République, du pouvoir central, des provinces et des entités territoriales décentralisées.

Toute indemnisation notamment du fait d'un fait personnel de la victime est exclue.

Seule est en cause, la « défaillance » des autorités de la République ayant jeté l'administré en rupture d'égalité devant les charges publiques.

194 En ce sens, M. LEROY, *op. cit.*, p. 861.

CHAPITRE II

CAS D'OUVERTURE DES RECOURS CONTENTIEUX

Les cas d'ouverture se rapportent aux seuls moyens de droit, susceptibles de donner lieu à l'annulation et/ou réparation pour préjudice ordinaire, ou à la réparation pour préjudice exceptionnel.

Ces moyens sont identiques pour les recours en annulation et réparation pour préjudice ordinaire. Ils se diffèrent cependant en cas de plein contentieux et de réparation pour préjudice exceptionnel.

SECTION I. Cas d'ouverture en contentieux d'excès de pouvoir et de pleine juridiction

En droit congolais, il y a unité de cause entre le contentieux d'annulation et le contentieux de pleine juridiction.

Les moyens d'annulation et réparation pour faute sont :

— la violation des règles, de forme et de procédure, soit substantielles, soit prescrites à peine de nullité ;

— la violation de la loi ;

— le détournement de pouvoir.

§1. Vices de forme et de procédure

La violation des règles, de forme (vice de forme) et de procédure (vice de procédure), dans l'élaboration des actes, décisions ou règlements administratifs, constitue un moyen d'annulation ou d'annulation et réparation, pleine juridiction, des actes administratifs illégaux.

Pour être fondée, la violation de règle de forme et de procédure, doit être soit prescrite à peine de nullité, soit substantielle.

A. Formes prescrites à peine de nullité

Les règles de formes prescrites à peine de nullité sont les plus simples à identifier : ce sont celles à la violation desquelles une disposition expresse de la loi ou du règlement attache la sanction de nullité.

C'est vrai, telles dispositions sont relativement peu fréquentes. Quand il s'en trouve une, elle ôte au juge administratif tout pouvoir d'appréciation quant à l'importance de la formalité. Dès qu'elle est omise ou mal accomplie, l'annulation et, éventuellement, la réparation s'imposent.

Il en est ainsi, par exemple, des formes prévues en matière d'expropriation pour cause d'utilité publique. En effet, sous peine de nullité, l'expropriation pour cause d'utilité publique est précédée d'une indemnisation préalable. La décision d'expropriation est publiée au journal officiel et notifiée à l'exproprié[195].

En droit belge, toujours à titre illustratif, le personnel des centres psycho-médico-sociaux de l'État est soumis à un statut[196] largement inspiré de celui qui était applicable au personnel enseignant[197].

---

195 Art. 24, Loi n° 77-001 du 22 février 1977 sur l'expropriation pour cause d'utilité publique. En ce sens, BOTAKILE BATANGA, *Cours de domaine de l'État,* première année de licence en Droit, Kinshasa, 2014, pp. 29-35, inédit.

196 Arrêté royal du 27 juillet 1979 portant le statut du personnel technique des centres psycho-médico-sociaux de la Communauté française, des centres psycho-médico-sociaux pour l'enseignement spécial de la Communauté française, du centre de formation de la Communauté française, ainsi que des services d'inspection chargés de la surveillance des centres psycho-médico-sociaux et des centres psycho-médico-sociaux pour l'enseignement spécial (intitulé établi par l'arrêté de l'exécutif de la Communauté française du 30 avril 1993).

197 Arrêté royal du 22 mars 1969 fixant le statut des membres du personnel directeur et enseignant, du personnel auxiliaire d'éducation, du personnel

Dans l'un et l'autre de ces statuts, l'agent stagiaire dont le licenciement était proposé pour inaptitude professionnelle pouvait introduire une réclamation devant une chambre de recours, composée de représentants du ministre et de délégués syndicaux. Dans les deux mois de sa saisine, la chambre de recours devait émettre un avis, et le ministre devait statuer dans le mois de la réception de cet avis.

S'agissant du personnel enseignant, ces délais étaient d'ordre, dont la violation était dépourvue de sanction. Mais pour le personnel des centres psycho-médico-sociaux, le statut porte expressément que « la proposition de licenciement... est *présumée nulle* lorsque les instances visées au présent article dépassent les délais qui leur sont impartis... Il s'ensuit que le dépassement du délai est un motif d'annulation ».

B. Formes substantielles

Il existe deux sortes de règles de formes substantielles. La première, étroitement liée à la terminologie de la loi, est celle dont sa méconnaissance altère la substance même de l'acte[198] et, la seconde, étant donné que la fonction première du contentieux administratif est de protéger les administrés et l'Administration, est constituée de l'ensemble de règles qui tendent à protéger des intérêts qui ne sont pas exclusivement ceux de l'État[199].

Dès lors, la qualification de « substantielle » entraîne comme conséquence que tout justiciable est recevable à en invoquer la viola-

paramédical des établissements d'enseignement gardien, primaire, spécial, moyen, technique, artistique et normal de l'État, des internats dépendant de ces établissements et des membres du personnel du service d'inspection chargés de la surveillance de ces établissements.

198 Le contreseing du Premier ministre pour certaines ordonnances du Président de la République, celui des ministres provinciaux sur les arrêtés provinciaux des Gouverneurs des provinces, sont examinés, au besoin d'office.

199 Au premier rang des formes substantielles destinées à protéger les administrés figurent les *droits de la défense* en matière disciplinaire, et son corollaire, le *principe du contradictoire*, applicable à l'élaboration de tout acte qui porte préjudice, devenus des principes de valeur constitutionnelle de l'effet de l'art. 19, al. 3, Constitution du 18 février 2006.

tion, quand bien même la forme se présente de prime abord comme une règle de bon fonctionnement des institutions, ou de coordination d'intérêts publics potentiellement divergents.

La Cour suprême de justice a ainsi, par exemple, jugé fondée la requête en annulation pour violation notamment de formes substantielles, l'ordonnance du Président de la République révoquant les agents de services publics de l'État prise en violation des articles 60, 61 et 62 de l'Ordonnance-loi n° 81-003 du 17 juillet 1981 portant statuts du personnel de carrière de services publics de l'État, en ce qu'aucune action disciplinaire n'était ouverte à leur encontre et qu'aucune notification préalable des faits articulés contre eux ne leur était signifiée[200].

§2. Excès de pouvoir

De manière générale, l'expression « excès de pouvoir » désigne le fait, pour une autorité, de prendre une décision qu'elle ne peut pas prendre.

L'excès de pouvoir recouvre une multitude d'illégalités que l'on peut répertorier en trois grandes catégories, à savoir : l'incompétence de l'auteur de l'acte, le défaut de motifs de l'acte, la violation de la loi et le détournement de pouvoir.

A. Incompétence de l'auteur de l'acte

Les pouvoirs, dans la gestion de l'État, sont d'attribution.

L'article 92, alinéa 1er, de la Constitution du 18 février 2006 le prescrit expressément pour le Président de la République et le Premier ministre[201]. La même règle se retrouve à tous les niveaux de l'Administration.

---

200 Cf. RA. 182/186/191, 01/06/1990, en cause le Citoyen NGBENZI NZOMBI M'OKOBA et csrts c/ République du Zaïre, in JURICONGO *op. cit.*, tome II, pp. 50-51.

201 « Le Premier ministre assure l'exécution des lois et dispose du pouvoir réglementaire sous réserve des prérogatives dévolues au Président de la

Une attribution, même formulée en des termes larges, n'énerve pas le principe. Chaque autorité n'a de pouvoir que dans les limites qui lui sont assignées, et le respect de ces limites est d'ordre public.

L'incompétence de l'auteur de l'acte est, le cas échéant, soulevée d'office par le juge.

Le motif d'incompétence pouvant varier, on distingue selon qu'elle tient à l'objet de la décision (*incompétence ratione materiae*), au moment où elle est prise (*ratione temporis*), ou à l'endroit où la décision doit produire ses effets (*ratione loci*).

I. Incompétence ratione materiae

L'incompétence en raison de la matière se rapporte à l'objet de la décision attaquée.

En effet, une autorité administrative ne peut agir que dans une matière pour laquelle elle est investie. Le principe civiliste tiré de la portée du droit de propriété, « qui peut le plus, peut le moins », n'est pas transposable en droit public.

En droit public, lorsqu'un acte administratif est élaboré dans le non-respect des attributions, l'on a en face une autorité dépourvue des pouvoirs.

Toute décision prise dans ces conditions encoure annulation devant le juge administratif. Le juge administratif est demeuré constant à ce sujet dans plusieurs de ses arrêts :

— Est fondée et entraîne en conséquence l'annulation de la décision entreprise, la requête dont le moyen est déduit de l'excès de pouvoir du Vice-ministre de la justice tendant à suspendre l'exécution d'une décision judiciaire alors que ni la Constitution, ni aucune loi, ne lui donne tel pouvoir[202] ;

République par la présente Constitution ».

202 Cf. RA. 326 du 1 décembre 1997, en cause KATO KALE c/ RDC, in JURICONGO, *op. cit., Tome II*, p. 81.

— Est fondée et entraîne en conséquence l'annulation de l'acte incriminé, la requête dont le moyen est tiré de la violation par l'acte incriminé du principe général du droit administratif selon lequel un acte administratif qui a déjà créé des droits ne peut être rapporté pour cause d'illégalité que si le délai pour l'exercice d'un recours pour annulation n'est pas forclos[203].

Il existe trois formes d'incompétence en raison de la matière : l'usurpation de fonction, l'usurpation de pouvoir et l'empiétement de fonction.

a. Usurpation de fonction

L'usurpation de fonction est l'hypothèse dans laquelle une personne dépourvue de toute autorité légale se permet d'édicter un acte administratif. L'acte émanant d'un usurpateur de fonctions est inexistant.

Toutefois, une telle sanction doit être nuancée lorsqu'on se trouve dans l'hypothèse de la théorie dite « de fonctionnaire de fait », fondée tantôt sur l'idée de l'apparence en raison de l'investiture plausible, tantôt sur l'idée de nécessité en raison de circonstances exceptionnelles, et justifiée par le principe de la continuité des services publics[204].

b. Usurpation de pouvoir

L'usurpation de pouvoir est l'hypothèse dans laquelle une personne relevant d'un autre pouvoir de l'État (du pouvoir législatif ou du pouvoir judiciaire) pose un acte administratif.

C'est le cas, par exemple, du Procureur de la République qui prend un règlement de police administrative; d'un député qui prend la décision de suspendre un Administrateur du territoire.

Il est cependant concevable qu'en vertu de la théorie de dédoublement fonctionnel qu'une autorité du pouvoir législatif ou judiciaire

---

203 Cf. RA. 380 du 19 février 1998, en cause DIBUNDA KABUIJI c/ RDC et csts, in JURICONGO, *op. cit.*, Tome II, pp. 85-86.

204 En ce sens F. VUNDUAWE te PEMAKO, *op. cit.*, p. 678.

soit investie des compétences administratives et substituée aux autorités administratives dans le cadre de gestion administrative de son institution. Dans ce cas, les actes qu'elle pose, en vertu de ce principe et de cette délégation, sont des actes administratifs.

De même, une autorité administrative peut régulièrement intervenir dans le domaine de la loi, soit par habilitation législative[205], soit, et même sans texte permissif, en vertu du privilège de réglementation primaire de l'Administration, tant que le législateur n'est pas encore intervenu en la matière[206], voire dans le pouvoir judiciaire lorsque la loi l'y autorise[207].

c. Empiétement de fonction

L'empiétement de fonction est la situation dans laquelle une autorité administrative agit dans un domaine relevant d'une autre autorité administrative. C'est dans l'hypothèse d'empiétement de fonction que s'applique particulièrement la règle suivant laquelle « la compétence est d'attribution ».

L'incompétence résultant de l'empiétement de fonction connaît trois exceptions : la délégation de compétence, la suppléance et l'intérim.

1. Délégation de compétence

Il s'agit d'un mécanisme qui permet à une autorité administrative de céder une partie de ses attributions à une autre autorité administrative qui lui est subordonnée. Elle a pour but de décharger une autorité qui ne peut exercer personnellement toutes ses compétences.

---

205 Conformément à la procédure prévue par les dispositions de l'art. 129 de la Constitution du 18 février 2006.

206 En ce sens F. VUNDUAWE te PEMAKO, *op. cit.*, pp. 325 et 326.

207 En application de l'art. 93 du D-L n° 81 du 2 juillet 1998 portant organisation territoriale et administrative de la RDC, l'Administrateur du territoire a dû exercer les attributions « du juge de police », en absence des tribunaux de paix.

— *Validité de la délégation*

La délégation de compétence doit être prévue par le texte qui a investi le délégant[208]. Autant la compétence ne se présume pas, autant la délégation de compétence ne peut s'accorder que moyennant un texte.

L'acte de délégation doit être publié, c'est-à-dire la délégation de compétence doit être portée à la connaissance de tiers, surtout lorsque les décisions auxquelles la délégation s'applique doivent être opposables à ceux-ci.

— *Modalités de délégation de compétence*

La délégation de compétence opère par pouvoir ou par signature[209].

- ***Délégation de pouvoir***

Lorsque la délégation opère par pouvoir, l'on parle de la délégation de pouvoir. Celle-ci requiert deux actes : un acte qui habilite l'autorité à déléguer son pouvoir (acte d'habilitation) et un acte par lequel elle délègue effectivement celui-ci (acte de délégation).

Ici, l'autorité délégante, le délégant, se dessaisit d'une partie de sa compétence au profit du délégataire ou autorité déléguée. En conséquence, tant que le délégant n'a pas retiré la délégation, il ne peut plus intervenir dans le domaine ainsi transféré.

La délégation de pouvoir est accordée à la fonction in abstracto, elle survit ainsi aux changements de personnes[210].

---

208 Cf. par exemple, art. 95, Loi organique n° 8/016 du 7 octobre 2008 portant composition, organisation et fonctionnement des entités territoriales décentralisées et leurs rapports avec l'État et les provinces : « Le Gouverneur de province exerce, dans les conditions prescrites dans la présente loi, la tutelle sur les actes des entités territoriales décentralisées. Il peut déléguer cette compétence à l'Administrateur du territoire ».

209 La pratique de la délégation de pouvoir et délégation de signature est française. D'ailleurs, le Conseil d'État français utilise plutôt l'expression « autorisation de signature ». En ce sens, M. LEROY, *op. cit.*, p. 382.

210 Signalons en passant qu'en Belgique, la délégation est toujours de pouvoirs. En ce sens, M. LEROY, *op. cit.*, p. 382.

Tel est le cas, par exemple, de la délégation des compétences de tutelle du Gouverneur de province sur les entités territoriales décentralisées, à l'Administrateur du territoire[211].

- ***Délégation de signature***

Lorsque la délégation opère par signature, le délégataire signe au nom et pour le compte de l'autorité délégante. Il signe généralement pour ordre (PO).

La délégation de signature ou « autorisation de signature » cher au Conseil d'État français, confère à la décision signée par le délégataire une nature et un rang dans la hiérarchie des actes administratifs correspondant à la situation administrative du délégant. Aussi, pendant cette délégation, le délégant peut évoquer des dossiers ou signer lui-même des décisions.

La délégation de signature est accordée *in concreto ou intuitu personae*, c'est-à-dire en considération de la personne qui occupe le poste. Ce transfert devient caduc dès qu'il y a un changement de personnes. Elle est précaire, c'est-à-dire, révocable *ad nutum*. Elle entraîne la responsabilité du délégant dans les actes posés par le délégataire.

1. Śuppléance

Lorsque la loi ou le règlement attribuant une compétence déterminée prévoit qu'en cas d'absence ou d'empêchement de l'autorité compétente, les attributions de cette dernière ou une partie de ces attributions seront exercées par une autre autorité administrative désignée es qualité, il y a là un cas de suppléance.

Par exemple, dans un Gouvernement où un département ministériel n'a pas de vice-ministre, le Chef de Gouvernement peut désigner un ministre pour assurer la suppléance du ministre titulaire absent ou empêché d'exercer normalement ses fonctions.

---

211 Cf. art. 95, al. 2, Loi organique du 7 octobre 2008 portant composition, organisation et fonctionnement des entités territoriales décentralisées et leurs rapports avec l'État et les provinces.

En principe donc, le suppléant doit être revêtu de même grade et assumer provisoirement les mêmes fonctions et responsabilités que le titulaire suppléé.

2. Intérim

L'intérim est la situation dans laquelle une autorité administrative agit en lieu et place d'une autre autorité administrative qui lui est supérieure en vertu d'une décision d'intérim ayant pour fondement soit un texte légal ou réglementaire, soit le principe de la continuité et de la régularité des services publics.

De toutes ces précisions, l'on retiendra que :

1°. Les pouvoirs de l'intérimaire sont en principe déterminés dans l'acte qui l'organise ;

2°. L'intérim peut ne pas être prévu par un texte. Dans ce cas, il s'opère en vertu du principe de continuité des services publics ;

3°. L'intérimaire n'est pas nécessairement désigné par l'autorité hiérarchique directe remplacée. Il peut être désigné par l'autorité hiérarchique la plus élevée.

4°. Sur le plan du contentieux, l'intérimaire répond de ses actes. Aussi devra-t-il toujours signer avec la mention « *ad interim* » (a.i.) pour que les tiers le sachent.

II. Incompétence en raison du temps ou *ratione temporis*

L'incompétence en raison de temps s'opère de deux manières : soit en raison de délai prescrit pour prendre une décision administrative, soit par rapport à la limite de temps endéans lequel une autorité administrative est sensée prendre ses décisions, expiration de mandat.

a. Incompétence en raison de délai

De nombreuses dispositions prescrivent à l'autorité de prendre une décision dans un certain délai. Tantôt, il s'agit de délais d'ordre, tantôt des délais impératifs[212].

Les délais d'ordre sont ceux prescrits en vue d'assurer le bon fonctionnement de l'Administration. En principe, le dépassement d'un délai dit « d'ordre » est sans conséquence sur la compétence de l'autorité.

Il en est ainsi de délais impartis aux juridictions pour statuer. Tels délais sont toujours des délais d'ordre : il ne se concevrait pas qu'un litige qui leur est soumis reste irrévocablement sans solution parce que la juridiction ne s'est pas prononcée. Ce serait l'institutionnalisation du déni de justice.

En revanche, les délais impératifs sont ceux qui conditionnent la validité d'un acte, limitent certains droits ou pouvoirs, ou ceux dont les conséquences particulières sont attachées à leur écoulement.

Pour une durée de trente jours, des pouvoirs spéciaux sont attribués au Président de la République pendant l'état d'urgence ou l'état de siège[213].

C'est le rare moment autorisé pour exercer légitimement une « dictature constitutionnelle ».

Ainsi, avant ou à l'expiration du délai de l'état d'urgence ou de siège, sous peine d'incompétence en raison du temps, le Chef de l'État ne peut pas recourir aux pouvoirs que lui confère un tel moment[214].

---

212 En ce sens, M. LEROY, *op. cit.*, p. 385.

213 Cf. Art. 144 et 145, Constitution du 18 février 2006.

214 C'est à tort que la révision constitutionnelle du 20 janvier 2011 a rendu permanents certains des pouvoirs spéciaux ou dictatoriaux et légitimes du Président de la République. Ces genres d'attributions étaient sensées uniquement être utilisés pendant l'état d'urgence ou l'état de guerre. C'est notamment les cas de l'art. 197, al. 7, en ce qui concerne la dissolution de l'Assemblée provinciale, et de l'art. 198, al. 10, pour la révocation ou pour relever de ses fonctions un Gouverneur de province. En effet, le recours

C'est aussi le cas en matière de création et fonctionnement des partis politiques. Après un certain délai, la personnalité juridique est acquise et le ministre ayant les affaires intérieures dans ses attributions ne peut plus agir, sous peine d'incompétence *ratione temporis.*

b. Incompétence pour expiration du mandat

La compétence de l'autorité administrative s'exerce à l'intérieur d'une limite de temps, depuis l'investiture jusqu'à la fin de fonctions. En d'autres termes, le pouvoir d'agir coïncide avec l'entrée en fonction et cesse avec la désinvestiture, sauf nécessité d'expédier les « affaires courantes » ou de satisfaire aux exigences de la continuité des services publics.

Par rapport au temps d'action de l'autorité administrative, trois hypothèses se présentent : avant l'investiture, à partir de l'investiture et après la désinvestiture.

1. Avant l'investiture

Une autorité administrative ne peut agir avant l'investiture, sous réserve de ce que nous avons dit au sujet de la théorie de fonctionnaire de fait.

En effet, l'autorité administrative n'entre pas en fonction dès sa désignation ou sa nomination. Elle doit attendre son investiture.

2. À partir de l'investiture

Tous actes posés par une autorité administrative dans le respect des règles de compétences matérielle, territoriale et des droits acquis sont valables, à partir de son investiture.

L'investiture d'une autorité administrative a lieu conformément aux principes établis en la matière. Faute de quoi, on se réfère aux usages locaux pour la constater.

à ces dispositions de la Constitution suffit pour garder sous contrôle les institutions provinciales et locales.

Le texte peut prévoir la prestation de serment comme formalité à remplir pour commencer à exercer la fonction[215], ou généralement l'investiture s'opère soit par la passation de pouvoirs (remise et reprise), soit par l'installation officielle de l'autorité investie.

3. Après la désinvestiture

La désinvestiture intervient lorsque un acte ou un texte met fin à la fonction de l'autorité administrative qui était investie. Elle se concrétise soit par l'annonce officielle ou la passation de pouvoirs, etc.

Il y a donc incompétence *ratione temporis* lorsqu'une autorité administrative empiète sur la compétence de son prédécesseur ou de son successeur ou encore lorsqu'elle intervient alors qu'elle ne pouvait pas encore exercer sa compétence (par exemple, une nomination ne peut intervenir avant l'expiration du délai prévu pour le dépôt des candidatures).

Néanmoins, la jurisprudence admet que certains actes posés après la désinvestiture peuvent être valables lorsque l'Administration n'a pas désigné la personne qui doit assurer les affaires courantes (c'est-à-dire les affaires habituelles, qui ne présentent pas en fait une importance exceptionnelle). En cas de démission et en attendant que celle-ci soit acceptée, l'autorité démissionnaire doit en effet continuer à prester en vertu du principe de continuité et de régularité des services publics, et les actes posés sont valables.

Par ailleurs, les actes *in extremis*, qui interviennent donc aux dernières heures du temps couvert par l'investiture, sont valables, mais susceptibles d'annulation au nom de l'intérêt général.

III. Incompétence en raison du lieu

Une autorité administrative, désignée pour exercer ses attributions à un endroit déterminé, doit se limiter, pour agir, dans le ressort qui lui a été fixé par le texte qui l'investit, faute de quoi les actes qu'elle poserait tombent sous le coup de l'incompétence *ratione loci*.

215 Cf. art. 74, Constitution du 18 février 2006, pour la prestation de serment du Président de la République.

Cependant, la limitation territoriale de la compétence des autorités décentralisées, par exemple, n'interdit pas à celles-ci d'accomplir certains actes relatifs à la gestion de la collectivité locale en se déplaçant en dehors de celle-ci[216].

B. Défaut de motif ou de motivation de l'acte

Le contrôle des motifs des actes administratifs est probablement l'aspect du contentieux administratif qui a connu l'évolution la plus spectaculaire notamment en droit comparé belge, et le moyen par lequel le juge exerce, actuellement, le contrôle le plus poussé qui existe sur les actes administratifs.

Au début de son existence, le Conseil d'État belge, par exemple, limitait son contrôle des motifs aux cas où les actes devaient être assortis d'une motivation formelle. Le motif ou la motivation des actes administratifs s'impose et permet ainsi d'éviter l'arbitraire, l'excès ou détournement de pouvoir.

Aussi, l'obligation de motiver les actes, particulièrement de portée individuelle, s'est aujourd'hui généralisée en droit administratif qu'elle s'impose à toutes les autorités administratives[217].

C. Violation de la loi

Dans le vocabulaire du juge administratif, la violation de la « loi », renvoie à toute règle de droit qui s'impose à l'auteur de l'acte attaqué. Il peut s'agir indistinctement de la Constitution, des traités ou

---

216 En ce sens M. LEROY, *op. cit.*, p. 392.

217 Cf. RA. 266 du 8 janvier 1990, en cause Les anciens membres effectifs de l'Association sans but lucratif dénommée « Témoins de Jéhovah » c/ République du Zaïre, prise en la personne du ministre de la Justice et garde des Sceaux, in JURICONGO, *op. cit.*, Tome II, pp. 63-64.

accords internationaux dûment ratifiés[218], des actes législatifs, de la coutume, des principes généraux du droit ou des règlements[219].

Ici, le juge doit s'assurer que l'acte attaqué s'insère correctement à la place qui lui revient dans l'ordonnancement juridique. Cette place est déterminée par la position que le règlement contrôlé occupe par rapport aux règles de droit qui lui sont supérieures, dans lesquelles il doit s'emboîter.

I. Position du problème

Lorsqu'une juridiction doit trancher une question relative à la contrariété entre deux normes de valeur juridique différente, sa première tâche est de s'assurer que ces deux normes sont effectivement en contradiction.

Pour ce faire, il lui incombe de déterminer avec précision la portée des textes en présence. Le droit n'étant ni de mathématiques, ni de l'horlogerie, il arrive que cette portée n'apparaisse pas clairement et soit tributaire de la signification que l'on accorde à certains termes, et la qualité légistique déplorable de certaines législations ou réglementations récentes ne peut que renforcer cette imprécision.

Le juge devra donc commencer par déterminer les significations possibles des textes; c'est là, à proprement parler, un travail d'interprétation, encore que ce terme englobe souvent les phases subséquentes du raisonnement.

---

218 En droit congolais, ces conditions se résument à la ratification, publication et réciprocité du traité ou convention international. Cf. art. 215, Constitution du 18 février 2006.

219 L'on peut noter, dans ce cas, que les expressions « violation de la loi, de l'édit ou du règlement » ou « violation de la Constitution, du traité international dûment ratifié, de la loi, de l'édit, de la coutume, des principes généraux de droit et du règlement », souvent utilisées dans la Loi organique du 15 octobre 2016, portant organisation, compétences et fonctionnement des juridictions de l'ordre administratif, ne sont faites qu'à titre pédagogique, en cas indicatif. Le législateur ne s'y est attardé que pour rappeler l'essentiel de ces sources, plutôt que pour les limiter ou les hiérarchiser. Ainsi qu'elles sont, soit incomplètes, soit pêle-mêle.

Le juge administratif, comme tout juge, est tenu de statuer même en cas de silence ou d'obscurité de la loi, sous peine de commettre un déni de justice. Il est amené à dire le droit sur des points que les règles de droit écrit ne tranchent pas de manière explicite. D'où l'importance de l'interprétation jurisprudentielle, qui, bien souvent, dépasse une fonction strictement interprétative et constitue une véritable création prétorienne.

Encore que la plupart de ces règles aient pris place dans le droit administratif et relèvent de cet enseignement, nous en mentionnerons quelques-unes, plus pour illustrer le rôle créateur de la jurisprudence que pour en détailler la portée.

II. Quelques cas d'application des règles de création prétorienne en droits comparés

a. Violation de la règle de *patere legem quam ipse fecisti*

Cette règle signifie que les actes administratifs posés par une autorité doivent respecter les règlements qui émanent de la même autorité. Ce non-respect peut donner lieu à l'ouverture du contentieux d'annulation ou de pleine juridiction.

Avant la création du Conseil d'État belge, une opinion fréquemment défendue était qu'un arrêté royal, par exemple, pouvait toujours déroger à une autre arrêté royal, et qu'en conséquence, une nomination faite par le Roi pouvait déroger aux règles statutaires établies par arrêté royal. Cette thèse aurait ravalé le statut des agents de l'État à une sorte de code de bonne conduite dépourvu de sanction effective.

La règle communément désignée par l'adage *patere legem* a été instaurée par une jurisprudence constante issue d'un des premiers arrêts du Conseil d'État belge[220]. Les juridictions de l'ordre judiciaire s'y sont ralliées[221].

---

220 Cf. arrêt n° 115, 26 août 1946, François.

221 Cass. Belge, 1er octobre 1984, *JT*, 1984, 24.

Par l'effet de ce qui s'analyse en une pure création jurisprudentielle, la règle *patere legem* s'applique également à des actes réglementaires.

b. Violation de la règle de « l'intangibilité de retrait des actes administratifs »

La règle de l'intangibilité signifie que le bénéfice de l'acte administratif, créateur de droit, est acquis une fois pris et notifié aux intéressés. Il ne peut leur être retiré que par un autre acte, dit « acte contraire », mais uniquement dans les cas où un tel acte est prévu, et de toute manière sans effet rétroactif.

À titre illustratif, un fonctionnaire nommé ne peut perdre son emploi qu'à la suite d'une démission, d'une démission d'office, d'une révocation, ou de l'admission à la retraite. Il peut en être écarté provisoirement par une suspension par mesure d'ordre, ou par une mise en disponibilité. Dans tous les cas, ces mesures ne valent jamais que pour l'avenir.

C'est également au départ de textes législatifs que la jurisprudence, s'inspirant de l'exemple français[222], a élaboré la théorie de l'intangibilité des actes administratifs, ainsi que son exception, la théorie du retrait. Elle a aussi conféré à ces règles un caractère d'ordre public[223].

Cette construction jurisprudentielle ne concerne que les actes administratifs non réglementaires et créateurs de droit. Les actes réglementaires sont soumis à un autre régime : celui de la non-rétroactivité des lois et règlements.

Quant aux actes non créateurs de droit, ils peuvent généralement être retirés sans nuire à quiconque, de sorte que leur retrait ne peut être attaqué et échappe le plus souvent à l'emprise de la jurisprudence; mais s'ils sont quand même attaqués, aucune règle ne s'oppose à leur retrait.

Relèvent notamment de cette catégorie :

---

222 Cf. CEfr, 3 novembre 1922, *Cachet, RDP*, 552, avec conclusions C. du G. Rivet.

223 Cf. CEb, Arrêt n° 42.603, 28 avril 1993, Malpas.

— Les décisions de refus, qui n'attribuent aucun droit, même si elles donnent parfois à d'autres personnes que l'impétrant l'espoir que l'autorisation ne serait jamais accordée;

— Les sanctions disciplinaires;

— Un appel aux candidats auquel il n'a pas été donné suite par une nomination, qui peut être renouvelé en assouplissant les conditions, quand bien même ce renouvellement limite les chances des candidats qui répondaient aux conditions fixées par le premier appel.

Cette règle d'intangibilité pour le passé est absolue en ce qui concerne les actes réguliers. Elle connaît cependant quelques tempéraments en ce qui concerne :

— L'acte irrégulier et annulable : ici, la possibilité est ouverte à tout intéressé d'en poursuivre l'annulation devant le juge administratif. C'est de cette faculté que découle la théorie du retrait; elle tend à simplifier le contentieux en autorisant l'autorité dont un acte irrégulier est attaqué ou est susceptible de l'être, à retirer (ou rapporter) son acte. Par le retrait, l'autorité annule l'acte, *ab initio*, de sorte qu'il est censé n'avoir jamais existé.

— L'autorisation expresse de la loi ou d'un acte réglementaire : en effet, toute la théorie du retrait est une construction jurisprudentielle assise sur la loi et sur le règlement de procédure. Elle peut donc être écartée ou aménagée par la loi. C'est le cas par exemple d'une autorité dont l'acte est régulièrement suspendu par l'autorité de tutelle, elle est autorisée à le retirer.

— Les actes obtenus par fraude : un acte irrégulier obtenu par fraude peut en tout temps être retiré. C'est l'application de l'adage *fraus ommnia corrumpit*, qui tend à éviter qu'un administré de mauvaise foi puisse tirer profit des manœuvres malhonnêtes par lesquelles il a obtenu une décision administrative.

— Les actes inexistants : certains actes sont entachés d'une irrégularité tellement grave qu'ils doivent être tenus, non pour illégaux, mais pour *inexistants*. Une décision non signée, une délibération non votée, un télégramme annonçant une décision ministérielle sans que celle-ci ne suive, sont des actes inexistants.

S'il arrive qu'un administré fasse état d'un projet de décision auquel l'autorité compétente n'a pas donné suite, qu'il a ramassé dans une corbeille à papiers ou qu'un « vent favorable » lui a mis en mains, le semblant d'acte qu'il produit peut en tout temps être retiré.

Ce n'est à strictement parler pas un retrait, mais l'effacement d'un fantôme qui n'a jamais produit d'effet, que l'autorité peut éliminer pour dissiper une source d'équivoque. Exceptionnellement, quelques décisions ont également considéré comme inexistants des actes qui avaient bel et bien été faits, mais qui étaient entachés d'irrégularités particulièrement graves. L'engagement comme agent de l'État d'un incivique déchu de ses droits politiques, l'affectation à une justice de paix d'un greffier qui, par l'effet d'une disposition législative, était attaché à une autre justice de paix, ont été considérés comme inexistants.

Ces cas restent exceptionnels, et la jurisprudence résiste fermement aux assauts auxquels se livrent les plaideurs en vue de faire qualifier d'inexistants des actes qu'ils ont négligé de contester en temps utile.

Sont également à considérer comme inexistants, mais sans que cela ait une incidence sur les conditions de retrait, les actes qui ont été annulés par le Conseil d'État ou par l'autorité de tutelle, ou les actes qui ont déjà été retirés par leur auteur[224].

c. Violation de la règle de l'autorité de la chose jugée

La violation de l'autorité de chose jugée est une des formes de violation de la loi. Elle se présente le plus souvent dans les cas où, après un arrêt d'annulation, l'autorité reprend un acte identique à l'acte annulé sans corriger le vice qui a motivé l'annulation.

L'acte refait dans ces conditions est évidemment illégal pour les mêmes raisons que le premier. Il l'est en outre pour violation de l'au-

224 En ce sens, M. LEROY, *op. cit.*, p. 436.

torité de chose jugée qui s'attache au premier arrêt. Cette illégalité supplémentaire n'est pas une pure spéculation intellectuelle : elle est d'ordre public, et le juge administratif peut la soulever d'office si les parties ne songent pas à l'invoquer. En outre, elle peut justifier le retrait de l'acte qu'elle entache, même en dehors du délai dans lequel ce retrait est normalement autorisé, et l'infliction d'une astreinte si l'acte n'est pas retiré[225].

d. Violation des principes généraux du droit

Les principes généraux de droit peuvent être définis comme étant un ensemble de règles de droit reconnues par le législateur et admis par la jurisprudence comme étant obligatoires, non seulement pour l'Administration mais aussi dans les relations entre l'Administration et les particuliers, et dont la violation est sanctionnée par le juge.

e. Violation de la règle de non-rétroactivité et ses tempéraments

La rétroactivité doit être analysée sans perdre de vue qu'elle est une fiction. Un acte rétroactif est réputé avoir effet à la date à laquelle il rétroagit; cela n'empêche qu'entre cette date et celle de son édiction, le temps a passé, inéluctablement. Aussi, même lorsqu'un acte rétroagit, ses effets ne se font sentir qu'après qu'il a été pris et qu'une publicité adéquate lui a été assurée.

Ses effets, à partir de ce moment, peuvent être de deux ordres :

— Le cas le plus simple est celui où l'acte rétroactif a pour objet de régulariser une situation qui était illégale : les irrégularités sont en ce cas couvertes, et les procès qu'elles ont, le cas échéant, suscités et qui ne sont pas définitivement tranchés, tournent court;

— Dans les autres cas, la rétroactivité d'un acte impose de mettre les choses dans l'état où elles se trouveraient si l'acte avait effectivement été appliqué depuis la date à laquelle il rétroagit. De manière pratique, il s'agit, selon le cas, de modifier l'ancienneté

225 En ce sens, M. LEROY, *op. cit.*, p. 443.

de service ou pécuniaire d'un fonctionnaire, de le placer dans une situation administrative nouvelle, en faisant semblant qu'il en était déjà titulaire, de lui faire rembourser des sommes qui, en leur temps, avaient été régulièrement perçues, mais que la rétroactivité fait apparaître comme un paiement indu, ou, au contraire, de lui verser des montants que la mesure rétroactive impose de considérer comme des arriérés.

Toutes ces opérations ne s'imposent jamais qu'après accomplissement de la forme de publicité requise, qui, seule, confère force obligatoire à l'acte rétroactif.

En outre, les conditions dans lesquelles la rétroactivité est admise diffèrent sensiblement selon qu'il s'agit d'un règlement ou d'un acte individuel.

Le principe ne fait pas de doute : un règlement ne peut pas avoir d'effet rétroactif[226]. Un acte individuel n'étant pas ni une « loi », ni un règlement, les dispositions citées plus haut relatives à la non-rétroactivité, ne lui sont pas applicables. Cependant, comme pour le règlement, on peut relever que la rétroactivité n'est admise que si elle est prévue par la loi ou qu'elle ne porte aucune atteinte aux droits des administrés[227].

---

226 Un règlement peut toujours rétroagir lorsque le législateur l'autorise ou lorsqu'il demeure avantageux ou neutre pour les tiers. Toutefois, ce caractère rétroactif devra bien être distingué de la date à laquelle le règlement devient obligatoire. Une règle rétroactive est réputée avoir été en vigueur à partir de la date à laquelle elle rétroagit. Mais au sens de l'Ordonnance-loi n° 68-400 du 23 octobre 1968 relative à la publication ou notification des actes officiels telle que modifiée et complétée par la Loi n° 10/007 du 27 février 2010, *aucun règlement n'est opposable aux tiers qu'à partir de sa publication par le journal officiel.*

227 Dans la fonction publique, à titre d'exemple, la rétroactivité ou le rappel est le plus souvent la contrepartie de la lenteur administrative : un agent est prié d'assumer immédiatement une fonction, et il l'exerce pendant que les services administratifs préparent, avec plus ou moins d'empressement, l'acte qui le désigne à cette fonction.

D. Détournement de pouvoir

La notion de détournement de pouvoir procède de la considération que les pouvoirs sont attribués aux autorités administratives en vue de servir une finalité déterminée, en l'occurrence l'intérêt général.

Le droit français donne une double conception de détournement du pouvoir qu'il convient de souligner.

Il y a détournement de pouvoir lorsqu'une autorité administrative recourt à ses prérogatives de puissance publique en vue de servir un but autre que ceux en vue desquels elle est accordée, ce but fût-il d'intérêt général et parfaitement louable[228].

À plus forte raison, un acte est-il entaché de détournement de pouvoir, quand l'Administration non seulement ne poursuit pas le but en vue duquel le pouvoir lui est confié, mais ne poursuit même aucun but d'intérêt général. Des décisions dont l'objectif est de favoriser ou de défavoriser sans raison légitime l'une ou l'autre personne sont fréquemment annulées de ce chef[229].

SECTION II. Cas d'ouverture en plein contentieux

Le plein contentieux, ouvert devant le juge administratif, est un contentieux à la fois subjectif et/ou objectif.

---

228 Ainsi par exemple, le détournement de pouvoir sanctionnera l'usage de pouvoirs de police en vue de servir les intérêts financiers d'une collectivité locale, au lieu d'assurer la sécurité, la tranquillité ou la salubrité publiques, ou l'octroi d'une aide sociale non à titre de secours individuel à des personnes dans le besoin, mais en vue de faire bénéficier toute une catégorie de contribuables d'une compensation forfaitaire destinée à atténuer la majoration d'un impôt perçu par l'État. En ce sens respectivement, CEfr, 12 novembre 1972, de Bellescize, *Rec.*, p. 1048 et 23 mars 1988, Ville de Puteaux, *Rec.*, p. 130.

229 Tel peut être le cas de modifications apportées à un plan de lotissement dans le seul but de faire échapper des propriétaires qui avaient construit illégalement à l'exécution des décisions judiciaires qui les obligeaient à démolir. Cf. CEfr., 19 février 1988, Huertas, *sommaire au Rec.*, p. 600.

De manière générale, il s'ouvre pour violation de la loi, à savoir sa fausse application ou interprétation, dénaturation des faits ou des actes et négation de la foi due aux actes[230].

De façon spécifique, cependant, tout dépend de la nature du litige, selon qu'il s'agit d'un plein contentieux subjectif ou objectif.

§1. Cas d'ouverture en plein contentieux subjectif

En plein contentieux, les cas d'ouverture dépendent donc de la nature de la responsabilité, contractuelle ou délictuelle.

Lorsque la responsabilité des parties (dont l'une fait recours au moins aux prérogatives de la puissance publique) résulte d'un contrat, il faut tenir compte de chaque type de contrat.

A. Cas d'ouverture en responsabilité contractuelle à proprement parler

La violation des clauses contractuelles, pour les marchés et travaux publics, le défaut d'indemnisation préalable, pour les expropriations pour cause d'utilité publique, et tout autre manquement à ses engagements en cas des quasi-contrats (gestion d'affaire, le paiement de l'indu et l'enrichissement sans cause) constituent spécifiquement des cas d'ouverture en plein contentieux subjectif, contractuel ou quasi-contractuel.

Le plein contentieux subjectif ressemble, dans ce cas, au contentieux des obligations conventionnelles[231], cependant, impliquant nécessairement au moins le recours aux prérogatives de puissance publique par l'une des parties.

230 Cf. art. 85, al. 3, Loi organique du 15 octobre 2016 portant organisation, compétences et fonctionnement des juridictions de l'ordre administratif.

231 Art. 33, CCCL III.

B. Cas d'ouverture en responsabilité délictuelle ou extracontractuelle

Les conséquences dommageables[232] résultant de la violation de la loi, de faute ou risque pris par les parties, dont l'une au moins a eu recours aux prérogatives de puissance publique, constitue un cas d'ouverture en contentieux extracontractuel, délictuel ou quasi-délictuel.

Il en est ainsi des conséquences dommageables en cas de réquisition menée en violation de loi et des procès à durée excessive.

§2. Cas d'ouverture en plein contentieux objectif

Le plein contentieux objectif empreinte au recours pour excès de pouvoir, l'annulation pour violation de la loi, et au plein contentieux subjectif, la réformation des actes attaqués, pour dénaturation des faits ou des actes, voire pour négation de la foi due aux actes.

En conséquence, il tend à redresser la réalité des faits ou des actes et, même, à fixer des montants d'une somme d'argent.

Aussi, les cas d'ouverture spécifique dépendent de chaque type de plein contentieux objectif.

A. Cas du contentieux électoral

La violation de la loi, en cas de non-respect des conditions d'éligibilité, la dénaturation des faits ou des actes, les fraudes de toute nature ou les erreurs de comptage des voix, constituent les cas d'ouverture en contentieux électoral.

Il s'agit en fait de tout grief susceptible d'avoir une incidence sur le résultat d'une élection.

B. Cas du contentieux fiscal

Les redevables d'impôts ou leurs mandataires, selon le cas, peuvent se pourvoir par écrit devant l'administration fiscale en réclamation

232 Art. 258 et 259, CCCL III.

pour méconnaissance des règles soit de procédure d'imposition et/ou de contrôle, soit du bien-fondé de l'imposition, c'est-à-dire les règles de fond sur l'impôt (personnes imposables, assiette de l'impôt, taux de l'impôt), et/ou des pénalités[233].

La décision de rejet total ou partiel de l'administration fiscale donne lieu au plein contentieux devant le juge compétent, la cour administrative pour le pouvoir central, et les tribunaux administratifs pour les administrations fiscales provinciales et locales de leur ressort respectif[234].

C. Autres cas de plein contentieux objectif

Dans tous les autres cas de plein contentieux objectif, la violation de la loi (pour fausse application ou interprétation, dénaturation des faits ou des actes, voire négation de la foi due aux actes) en constitue un cas d'ouverture.

Il s'agit de cas de :

— Litiges d'ordre individuel concernant les agents et fonctionnaires de l'État, des provinces et des entités territoriales décentralisées ainsi que ceux des organismes publics placés sous leur tutelle;

— Litiges relatifs à la gestion du domaine;

— Litiges relatifs aux décisions individuelles de police.

233 Toutefois, ils peuvent toujours, parallèlement au contentieux fiscal, carrément contester pour excès de pouvoir les mesures réglementaires ou d'instruction en matière fiscale, conformément aux règles et procédures prévues en matière d'annulation des actes, décisions et règlements des autorités administratives.

234 Cf. art. 96, al. 4, et 104, al. 4, Loi organique du 15 octobre 2016 portant organisation, compétences et fonctionnement des juridictions de l'ordre administratif.

SECTION 3. Cas d'ouverture du contentieux de réparation pour préjudice exceptionnel

Sous la Constitution du 18 février 2006, le Conseil d'État est le juge de réparation de dommage pour préjudice exceptionnel.

Cependant, il ne connaît d'une demande en réparation d'un préjudice exceptionnel que lorsque trois conditions se trouvent cumulativement réunies.

Il s'agit de :

— dommage causé par le fait d'une autorité de la République ;

— demande de réparation au titre de l'équité, en raison du caractère exceptionnel du dommage ;

— absence d'autres juridictions compétentes.

§1. Existence d'un fait résultant des autorités de la République

De l'effet de l'article 155, alinéa 3, de la Constitution du 18 février 2006, le dommage exceptionnel résulte d'une mesure prise ou ordonnée par les autorités de la République.

Pour mieux cerner la particularité de la notion d'imputation du dommage exceptionnel aux autorités de la République sous la Constitution du 18 février 2006, pour justifier un possible recours à la réparation, il convient de la circonscrire d'abord sous la Constitution du 24 juin 1967.

A. Imputation du dommage exceptionnel aux seules autorités relevant du pouvoir exécutif sous la Constitution du 24 juin 1967

Rappelons qu'au départ, la Constitution du 24 juin 1967 (texte originel), en son article 60, alinéa 3, point 3°, prévoyait le contentieux de l'indemnité pour dommage exceptionnel au niveau de la section administrative de la Cour suprême de justice.

Cette constitution avait cependant limité ce cas aux seules conséquences dommageables des mesures prises ou ordonnées par les autorités de la République, c'est-à-dire aux seules autorités administratives de la République, des régions ou des entités locales[235].

Avec la révision constitutionnelle du 15 août 1974, la question de l'organisation et de la compétence de la Cour suprême de justice, et la procédure à suivre devant elle sont réglées par la loi[236].

À partir cette révision constitutionnelle, la compétence de la Cour suprême d'examiner la demande d'indemnité pour réparation d'un dommage exceptionnel n'est plus directement reprise dans le texte constitutionnel[237].

Aujourd'hui, suivant les articles 158 portant code de l'organisation et de la compétence judiciaires et 94 de l'Ordonnance-loi n° 82-017 du 31 mars 1982 relative à la procédure devant la Cour suprême de justice, le dommage exceptionnel semble encore résulter d'une mesure prise ou ordonnée par les autorités administratives centrales, provinciales et locales.

Le législateur avait visé jusqu'ici les cas où un particulier est inéquitablement lésé par un acte dont l'annulation ne peut être obtenue, soit qu'il s'agisse d'une mesure qui n'est pas entachée d'illégalité, soit qu'il s'agisse d'un « acte de gouvernement » soustrait à la censure de la Cour suprême de justice, section administrative.

La restriction ainsi introduite par le législateur sous la Constitution du 24 juin 1967 doit être remise en cause avec le niveau actuel de l'État de droit constitutionnel porté par la Constitution de la République démocratique du Congo du 18 février 2006. En effet, cette der-

---

235 Cette précision était l'œuvre du législateur sous l'art.166, 0-L du 10 juillet 1968 portant COCJ.

236 Cf. art. 70, Loi n° 74-20 du 15 août 1974 portant révision de la Constitution du 24 juin 1967.

237 Cf. art. 101 de la Loi n° 78-010 du 18 février 1978 portant révision de la Constitution ; art. 103 de la Constitution du 24 juin 1967 telle que révisée par la Loi n° 90-002 du 5 juillet 1990 ; art. 102 de l'Acte constitutionnel de la transition du 9 avril 1994 ; art. 150 à 152 de la Constitution de la transition du 4 avril 2003.

nière ne donne aucune possibilité de restriction sur la notion des autorités de la République.

Les « administrés » peuvent bien aujourd'hui bénéficier de toute réparation résultant de mesure prise ou ordonnée aussi bien par les organes des pouvoirs exécutifs, législatifs que par les autorités judiciaires.

B. Imputation du dommage exceptionnel indistinctement aux autorités de la République sous la Constitution du 18 février 2006

Nous analyserons tour à tour les cas des autorités de la République relevant de trois pouvoirs traditionnels, à savoir : exécutif, législatif et judiciaire.

I. En ce qui concerne les autorités de la République relevant des organes du pouvoir exécutif

Il ne fait aucun doute que les dispositions de l'article 155, alinéa 3, visent d'abord le dommage exceptionnel occasionné par les mesures prises ou ordonnées par les autorités administratives des organes du pouvoir exécutif[238].

L'emploi des termes « autorités de la République » se confond d'abord ici avec « autorité administrative »[239] utilisés au contentieux

238 Cette expression doit être comprise au sens large. Elle se rapporte à toutes les autorités administratives se trouvant au niveau d'autres pouvoirs de l'État : législatif et judiciaire en vertu du principe de dédoublement fonctionnel.

239 Ici, l'expression « *autorités de la République* » employée par l'art. 155, al. 3, de la Constitution n'est plus identique à celle utilisée par l'art. 60, al.3, point 3°, de la Constitution du 24 juillet 1967— texte originel. En effet, le commentaire officiel accompagnant l'ancienne Constitution renvoyait pour cette restriction au *Mémoire explicatif de la Constitution du 24 juin 1967* pour comprendre que le groupe des mots « *autorités de la République* » visait les autorités territoriales de la République et des provinces qui exercent le pouvoir exécutif ainsi que celles des organes exécutifs des entités territoriales décentralisées (Cf. mémoire explicatif du projet de Constitution établi sur la base du texte de l'avant projet présenté au Président de la République et

de l'excès de pouvoir. Il renvoie aux mesures prises ou ordonnées par l'État, la Province, la Ville, la Commune, le Secteur et la Chefferie au sens de l'article 3, alinéa 2, de la Constitution du 18 février 2006[240] ainsi que aux celles prises par les autorités des organismes placés sous leurs tutelles.

Il s'agit ensuite de mesures prises, en vertu du principe de dédoublement fonctionnel, par les autorités administratives des pouvoirs législatifs et juridictionnels[241].

De la sorte, les autorités des organes législatifs ne sont pas des autorités administratives. Cependant, elles intéressent aussi le contentieux de l'indemnité porté devant le juge administratif congolais.

II. En ce qui concerne les autorités de la République des organes législatifs

Nous ferons d'abord l'état de la question en la matière. Nous justifierons ensuite les raisons d'être d'une telle conception avant de circonscrire l'énumération des autorités relevant des organes législatifs de la République sous la Constitution du 18 février 2006.

a. État de la question

L'irresponsabilité de l'État dans l'exercice de sa fonction législative a toujours été considérée comme un postulat en droit public.

---

sur la base des discussions de la Commission politique du Gouvernement, *M.C.*, n° 14, 15 juillet 1967, p. 561).

240 Le Conseil d'État belge a au départ consacré une interprétation très restrictive de ces termes. Il refusait de connaître du dommage imputé, et à une autorité administrative distincte de l'État et des entités territoriales décentralisées, telle la SNCB ou un établissement public, et à une juridiction administrative ou judiciaire. Avec l'avènement de la Cour d'arbitrage en 1971, une conception extensive de la portée du préjudice exceptionnel s'est progressivement affirmée et largement partagée parce que compatible avec la sauvegarde des droits et libertés garantis.

241 C'est sur le plan d'organisation de ces services qu'il convient de situer toutes ces autorités. Le droit commun de la responsabilité leur est applicable.

La doctrine belge, par exemple, a justifié cet état de chose par la souveraineté du législateur et l'absence de tout contrôle juridictionnel de la constitutionnalité des normes législatives[242].

Cette conception ne pouvait être soutenue que dans un système dénué de toute forme de contrôle juridictionnel des actes législatifs. Tel ne peut plus être le cas aujourd'hui.

Même l'idée, encore fort répandue, que le principe de séparation des pouvoirs serait inconciliable avec la possibilité pour le pouvoir judiciaire de porter un jugement de culpabilité à l'encontre du législateur est, elle aussi à l'évidence, dépassée par l'évolution actuelle du droit constitutionnel.

Avec le contrôle de la constitutionnalité des actes législatifs, surtout à l'initiative des particuliers sous la Constitution du 18 février 2006, rien ne s'oppose aujourd'hui, sur le plan de principes, à ce que la responsabilité des autorités législatives nationales et provinciales, soit engagée du fait de rupture d'égalité devant les charges publiques[243].

---

242 Avec la création de la Cour d'arbitrage en 1971, cette position belge a connu une nette évolution. Désacralisé, quoiqu'un peu plus tard et timidement, la compétence du Conseil d'État n'est plus exclue lorsque le préjudice résulte d'une loi. Avec, cependant, la précision qu'il ne connaît du préjudice résultant d'une loi que lorsque le dommage est une conséquence non voulue par le législateur et que sa réparation ne nuise pas à l'efficacité de la loi, notion encore en un peu plus restrictive car elle semble attribuer au législateur une licence pour empêcher certaines indemnisations dues de rupture d'égalité devant les charges publiques. Le droit congolais semble suffisamment avancé à ce sujet, lorsqu'il a carrément élevé en valeur constitutionnelle, le principe de réparation du préjudice exceptionnel à l'art. 155, al. 3, de sa Constitution du 18 février 2006. Devenu une norme de valeur constitutionnelle, le contentieux de réparation pour préjudice exceptionnel s'impose indistinctement à tous les actes et faits des pouvoirs publics.

243 En ce sens, M.F. RIGAUX, « La rationalité et la souveraineté du législateur face au jugement de constitutionnalité », *JT*, 1998, p.79; B. JADOT, « La jurisprudence de la Cour d'arbitrage et le système constitutionnel », in *La Cour d'arbitrage-actualité... op. cit.*, pp. 254 et s. et M. LEROY, « La responsabilité des pouvoirs publics », *op. cit.* pp. 333 et s.

b. Justifications de la responsabilité de l'État du fait des actes législatifs

Dans un système constitutionnel qui ne permet pas au juge d'élever la moindre critique contre la loi promulguée, deux traits opposent radicalement le régime de la responsabilité en matière de lois au régime de responsabilité des autres matières.

En premier lieu, il faut exclure totalement la faute comme fondement possible de la responsabilité de l'État-législateur, car, par définition dans un tel système, la loi promulguée ne peut être fautive puisqu'elle est la règle de droit hors de toute critique, directe ou indirecte. Il ne demeure donc de fondements possibles à la responsabilité de l'État-législateur que l'égalité devant les charges publiques (on ne peut dire que la loi constitue un « risque »).

Mais, même sur ce terrain, la responsabilité du fait des actes législatifs se marque d'un autre trait irréductiblement spécifique : le législateur lui-même peut apprécier si une réparation doit être accordée aux individus ayant subi un préjudice du fait d'une loi.

Ainsi donc, la réparation ne pourra pas être accordée si le législateur a expressément ou implicitement dénié tout droit au dommage-intérêt[244].

Telle volonté législative a pu longtemps se réaliser librement, faute de contrôle de constitutionnalité : les régimes spéciaux de responsa-

---

244 C'est dire que dans ce système, l'expression « responsabilité du fait des lois » a un sens original; c'est plutôt d'un régime de réparation accepté par le législateur qu'il faudrait normalement parler ! C'est donc une erreur que de voir dans la responsabilité du fait des lois une hypothèse de responsabilité de l'État entre autres. Il s'agit d'un régime juridique qui se différencie radicalement, en dépit de certaines similitudes techniques, de celui qui préside à la réparation des dommages causés par les activités administratives de l'État.
Tout d'abord, l'activité dommageable (la loi) échappe à toute critique et ne peut être arguée de faute ou de violation du droit. Ensuite, l'auteur du dommage (le législateur) peut décider lui-même, expressément ou tacitement, si le dommage doit ou non être réparé et le juge, qui ne serait évidemment pas lié par une telle décision si elle était prise par une autorité administrative, est irrévocablement lié par cette décision du législateur.

bilité voire d'irresponsabilité qui en sont résulté ne pouvaient pas être contestés.

Désormais, le contrôle de la constitutionalité des lois, tout aussi ouvert, amène à les confronter aux principes de valeur constitutionnelle qui fondent aujourd'hui la responsabilité de l'État.

On retrouve en première ligne, le principe d'égalité devant les charges publiques ; principe incontestablement aujourd'hui de portée constitutionnelle. Sa méconnaissance par une loi aménageant la responsabilité publique serait non conforme à la Constitution[245].

Ici, l'hypothèse qui correspond par excellence à la notion de la responsabilité de l'État-législateur est celle où une loi porte directement préjudice à des particuliers sans qu'interviennent des mesures d'application prises par l'Administration[246].

---

245 Le Conseil constitutionnel français a expressément considéré dans une décision du 13 décembre 1985, que « le principe d'égalité devant les charges publiques ne saurait permettre d'exclure du droit à réparation un élément quelconque du préjudice indemnisable résultant des travaux ou de l'ouvrage public », et a censuré une disposition législative qui écartait la réparation d'un tel préjudice (affaire dite de « l'amendement de la tour Eiffel »).
Cette solution doit valoir pour l'ensemble de la responsabilité sans faute fondée sur le principe d'égalité devant les charges publiques. En ce sens, J. DUFAU, *L'amendement Tour Eiffel et le régime des servitudes administratives, JCP, 1986.1.3237.*

246 On peut, à ce jour, citer des cas en droit comparé dans lesquels le juge administratif a accordé réparation des dommages directement causés par la loi elle-même. En droit français, l'arrêt de principe est du 14 janvier 1938, Société Anonyme des produits laitiers, « La Fleurette », contre qui, pour soutenir le marché des produits laitiers, une loi avait interdit la fabrication de certains produits alimentaires dérivés du lait, en eux-mêmes parfaitement inoffensifs, mais qui, ayant une teneur laitière trop faible, paraissaient nuire à l'écoulement des produits laitiers.
Cette mesure législative atteignait principalement, sinon exclusivement, la Société La Fleurette, qui demanda par la voie contentieuse l'allocation d'une indemnité.
Le Conseil d'État lui donna satisfaction en se fondant sur les quatre considérations suivantes : l'activité interdite par la loi n'avait aucun caractère nocif; le préjudice subi était nettement spécial à l'entreprise requérante; le législateur avait eu en vue la protection d'autres intérêts professionnels, ceux des producteurs de lait; « rien, ni dans le texte même de la loi, ou de ses

c. Autorités de la République des organes législatifs sous la Constitution du 18 février 2006

La Constitution du 18 février 2006 organise deux niveaux d'exercice du pouvoir législatif : le niveau national par un Parlement[247], et provincial par les Assemblées provinciales[248].

Au niveau national, le pouvoir législatif est exercé par les deux chambres du Parlement, à savoir : l'Assemblée nationale et le Sénat. Ces deux chambres disposent d'un pouvoir législatif identique. Il porte sur les matières de compétence exclusive du pouvoir central et sur celles des compétences concurrentes relevant du domaine de la loi. Les lois ainsi votées sont promulguées par le Président de la République[249].

Au niveau provincial, le pouvoir législatif est exercé par l'Assemblée provinciale, par voie d'Édit, conformément aux règles fixées par la loi portant principes fondamentaux relatifs à la libre administration des provinces. Il porte sur les matières de compétences exclusives des provinces ainsi que sur celles de compétences concurrentes

---

travaux préparatoires, ni dans l'ensemble des circonstances de l'affaire, ne permet de penser que le législateur a entendu faire supporter à l'intéressée une charge qui ne lui incombe pas normalement.
Six ans plus tard, le Conseil d'État français reconnaissait semblablement le droit à indemnité d'une entreprise subissant un préjudice spécial caractérisé du fait de l'interdiction du glucose de brasserie dans la fabrication de la bière, interdiction édictée dans l'intérêt des producteurs de céréales; en ce sens, M. LONG et cie, *Les grands arrêts de la jurisprudence administrative*, 17e éd., Paris, Dalloz, 2009, pp. 311-318.

247 Conformément aux art. 100 et 129 de la Constitution du 18 février 2006, le pouvoir législatif national est exercé par un Parlement composé de deux chambres : l'Assemblée nationale et le Sénat. Le Parlement vote les lois et ratifie les ordonnances-lois prises par le Gouvernement, préalablement autorisé par les deux chambres, pour l'exécution urgente de son programme d'action.

248 Conformément aux dispositions de l'art. 195 et 197 de la Constitution du 18 février 2006, l'Assemblée provinciale est une des institutions politiques de la province. Elle légifère par voie d'édit.

249 Cf. art. 136, Constitution du 18 février 2006.

avec le pouvoir central, relevant du domaine d'Édit. Les Édits sont promulgués par le Gouverneur de province.

La responsabilité de l'État pour des activités autres que législatives est également de mise dans l'exercice du pouvoir judiciaire.

III. En ce qui concerne les autorités de la République des organes des services publics de la justice

Nous présentons d'abord l'état de la question, avant d'en dégager ensuite le fondement juridique et de circonscrire l'énumération des autorités de la République relevant des services publics de la justice.

a. État de la question

Longtemps, les cours et tribunaux ont déclaré irrecevable toute action en responsabilité de l'État dans l'exercice de sa fonction juridictionnelle[250].

250 Ces décisions se fondaient sur les principes de l'indépendance du pouvoir judiciaire et de la séparation des pouvoirs, selon lesquels le juge ne pourrait être rendu responsable des décisions qu'il est amené à prendre, sauf dans les cas limitativement énumérés par les art. 58 à 66 du Code de procédure devant la Cour suprême de justice, relatif à la prise à partie. L'autorité s'attachant à la chose jugée s'opposerait également à ce que la responsabilité personnelle du juge puisse être engagée à raison de ses décisions.
En ce sens, notamment L. CORNELIS, « La responsabilité des magistrats des services d'enquêtes commerciales et de l'État pour fautes de ces magistrats », *RDC., 1985,* pp. 415 et s; RO. DALCQ, « La responsabilité de l'État du fait des magistrats. À propos de l'arrêt de la Cour de cassation française du 19 décembre 1991 », *JT,* 1992, pp. 449 et s; B. DE JEMPPE, « Pouvoir judiciaire et responsabilités », *JT.,* 1987, pp. 278 et s; B. DE JEMPPE et C. PAXIER, « La responsabilité professionnelle des magistrats, Indices d'une mutation t », *JT,* 1989, pp. 429 et s; M. DONY, « La responsabilité de l'État pour faute du pouvoir judiciaire ». In *La responsabilité des pouvoirs publics,* Actes du colloque organisé les 14 et 15 mars 1991 par la Faculté de droit de l'UCL et la Faculté de droit de l'ULB, Bruxelles, Bruylant. 1991, pp. 363 et s; Ch. PANIER, « Principes et limites de la responsabilité de l'État du chef d'un acte fautif dommageable du pouvoir judiciaire », *Journal des procès,* 1992, n° 209. pp. 22 et s : F. PIEDBŒUF, « L'immunité du juge et la responsabilité de l'État », *JLMB,* 1992. pp. 45 et s; J. SOHIER, « La responsabilité sans faute

L'adoption de dispositions législatives ayant aménagé la responsabilité de l'État pour certains aspects des activités juridictionnelles n'a qu'empiré le problème : ces dispositions ont écarté entièrement le droit commun de la responsabilité de la puissance publique de domaines qu'elles ont expressément traités.

Il est ici question de ne traiter que de la responsabilité de l'État en dehors des régimes particuliers aménagés par des textes[251].

Déjà le 20 novembre 1961, en France, le tribunal de grande instance de Lyon a dû appliquer les règles du droit administratif et admis que la responsabilité de l'État pouvait être mise en cause par la victime en dehors de toute action effective ou possible contre l'agent auteur du dommage[252].

Le fonctionnement correct du service public de la justice, comme n'importe quel autre service n'implique pas forcément une faute lourde. Il peut bien aussi occasionner une réparation pour dommage encouru : telle une détention provisoire qui a gravement lésé un innocent alors même qu'elle a pu être parfaitement plausible.

La jurisprudence a fini par admettre que ni l'existence de régimes législatifs spéciaux de responsabilité pour certaines hypothèses, ni la proclamation de la responsabilité de l'État pour fonctionnement défectueux du service de la justice en cas de faute lourde ou de déni de justice ne font obstacle à ce que le principe de la réparation sur la base de l'égalité devant les charges publiques soit appliqué lorsque les conditions sont réunies.

---

du pouvoir judiciaire », in La *responsabilité des pouvoirs publics,* Actes du colloque organisé les 14 et 15 mars 1991 par la Faculté de droit de l'UCL et la Faculté de droit de l'ULB, Bruxelles, Bruylant, 1991, pp.383 et s. ; pp. 383 et s. ; .J. VAN COMPERNOLLE et CLOSSET-MARSHALL, « La responsabilité du fait des actes du service public de la Justice : éléments de droit comparé et perspectives *de lege ferenda* », in *La responsabilité des pouvoirs publics,* Actes du colloque organisé les 14 et 15 mars 1991 par la Faculté de droit de l'UCL et la Faculté de droit de l'ULB, Bruxelles, Bruylant, 1991, pp. 413 et s.

251 Pour avoir une vue complète de la responsabilité de l'État du fait des activités juridictionnelles, il faudra ajouter aux présents développements ceux qui ont été consacrés aux régimes législatifs de responsabilité.

252 Cf. Affaire Baud, 20 novembre 1961, *JCP.,* 1962.2.12580, note Vedel.

Telle est la solution retenue, notamment par la Cour de cassation française[253] qui considère la responsabilité de l'État à raison des dommages survenus à l'occasion de l'exécution d'une opération de police judiciaire engagée, même en l'absence d'une faute, lorsque la victime n'était pas concernée par l'opération de police judiciaire et que cette opération, du fait de l'usage d'armes par le personnel de la police ou par la personne recherchée, comporte des risques et provoque des dommages excédant par leur gravité les charges qui doivent normalement être supportées par les particuliers en contrepartie des avantages résultant de l'intervention de la police judiciaire.

b. Fondement de la responsabilité de l'État du fait des organes du service public de la justice

Dans une certaine mesure, la possibilité d'obtenir la condamnation de l'État pour les actes accomplis dans l'exercice du pouvoir juridictionnel pourrait porter atteinte au principe de l'indépendance du pouvoir judiciaire.

En effet, les juges, conscients que leurs comportements seraient susceptibles de provoquer l'introduction de demandes en réparation dirigées contre l'État, et partant de donner lieu à des demandes d'explications émanant du ministre de la Justice, auraient le sentiment de n'être plus en mesure d'exercer leur office dans la sérénité.

Une telle inquiétude semble pourtant dénuée de tout fondement.

En effet, les principes de la séparation des pouvoirs, de l'indépendance du pouvoir judiciaire et des magistrats qui le composent, ainsi que de l'autorité de la chose jugée n'impliquent pas que l'État soit soustrait à l'obligation, résultant du respect des articles 12 et 155, alinéa 3, de la Constitution, de réparer le dommage causé à autrui du fait de mesures prises ou ordonnées même par ses organes des ser-

---

253 Cf. Arrêt du 10 juin 1986, 1ère chambre civile, Consorts Pourcel c. Pinier et Agent judiciaire du Trésor, *JCP*, 1986.II.20683, rapport P. Sargos, *R.F.D.A.*, 1987.92, note J. Buisson; également en ce sens, M. LONG et cie, *op. cit.*, Dalloz, 2009, pp. 858-864.

vices publics de la justice, notamment dans l'accomplissement des actes qui constituent l'objet direct de la fonction juridictionnelle.

Il y va de principes régissant la responsabilité de la puissance publique et, notamment, le principe constitutionnel de l'égalité devant les charges publiques.

Ainsi qu'il convient de passer en revue l'énumération de toutes ces autorités judiciaires.

c. Énumération des autorités de la République des organes de service public de la justice

Lorsqu'on parle des autorités de la République relevant des organes de service public de la justice, on fait allusion au personnel judiciaire. Il s'agit de magistrats, des agents de la police judiciaire des parquets, des officiers de police judiciaire et des agents de l'ordre judiciaire.

1. Magistrats

Le droit congolais fait nettement la différence entre les magistrats de siège et ceux du parquet.

— *Magistrats du siège*

Les magistrats de siège sont : les membres de la Cour constitutionnelle, les magistrats de siège des juridictions de l'ordre judiciaire et de l'ordre administratif.

— *Magistrats de parquet*

Les magistrats du parquet sont constitués des magistrats du Parquet général près la Cour constitutionnelle, ceux des parquets près les juridictions de l'ordre judiciaire et de l'ordre administratif.

Ces magistrats du parquet sont appelés « ministère public ». Ils surveillent l'exécution des actes législatifs, des actes réglementaires et des jugements. Ils poursuivent d'office cette exécution dans les dispositions qui intéressent l'ordre public[254].

---

254 Le ministère public a la surveillance de tous les officiers de police judiciaire, des officiers publics et des officiers ministériels, sauf les agents du greffe et

En matière répressive, les magistrats du parquet recherchent les infractions aux actes législatifs et réglementaires qui sont commises sur le territoire de la République.

En matière de droit privé, les officiers du Ministère public peuvent agir par voie d'action principale dans l'intérêt de toute personne physique lésée qui serait inapte à ester en justice, à assurer sa défense et à y pourvoir.

2. Agents de l'ordre judiciaire

Sont agents de l'ordre judiciaire : les fonctionnaires et agents administratifs des greffes, des secrétariats des parquets, des services de la police judiciaire des parquets ainsi que les huissiers, lorsque ceux-ci sont de carrière.

Ils sont tous régis par le statut du personnel de carrière des services publics de l'État.

Les agents de la police judiciaire des parquets sont des officiers de police judiciaire. Leur compétence s'étend à toutes les infractions et sur tout le territoire de la République[255].

§2. Demande de réparation au titre de l'équité

Il sera d'abord question du principe et, ensuite, du contenu.

A. Principe de solution

Les dispositions de l'article 155, alinéa 3, in fine de la Constitution du 18 février 2006, énoncent que le Conseil d'État se prononce en équité, en tenant compte de toutes les circonstances d'intérêt public ou privé.

---

de l'Office des huissiers. Il veille au maintien de l'ordre dans les cours et tribunaux sans préjudice des pouvoirs du juge qui a la police de l'audience.

255 Le Commissaire d'État à la justice peut conférer la qualité d'officier de police judiciaire soit par nomination personnelle, soit par commission générale, à une catégorie d'agents des services publics, des entreprises publiques ou privées. L'arrêté détermine la compétence matérielle et territoriale.

De cette disposition, l'on retient que pour qu'une demande de réparation soit de la compétence du Conseil d'État, elle doit trouver son fondement dans l'équité, et non dans une règle de droit dont il s'agirait de requérir l'application ou de sanctionner la violation.

Dès lors, on se gardera d'invoquer la violation d'une règle de droit à l'appui de la demande. Telle violation apparaît en effet comme une faute et oriente inévitablement la demande vers un contentieux classique de responsabilité relevant du juge judiciaire[256].

On plaidera de préférence le traitement inéquitable et anormal.

B. Contenu de la requête en réparation pour dommage exceptionnel

Dans la formulation de la requête et de ses développements, le requérant en réparation du préjudice exceptionnel doit faire valoir l'évidence d'un traitement inéquitable et anormal.

On a vu dans l'évolution de la jurisprudence congolaise que la Cour suprême, section administrative, est restée constante à ce sujet.

Sous l'arrêt RA.1 du 16 janvier 1974, la Cour suprême de justice s'est déclarée incompétente pour connaître d'une demande d'indemnité pour réparation d'un dommage exceptionnel parce qu'elle a été introduite en même temps avec une demande en annulation d'un acte régional générateur de dommage pour laquelle la Cour suprême, section administrative, n'est pas compétente.

En Belgique, le Conseil d'État a dû rejeter, à maintes reprises, des requêtes en indemnité qui tendaient, soit à faire condamner l'État au paiement d'arriérés de traitement[257], soit qui arguaient d'une irrégularité ou de la fausse application d'une disposition réglementaire;

---

256 Il ressort en effet d'un arrêt prononcé le 13 mai 1982 par la Cour de cassation française que l'art. 6, ancien, de la Constitution française impose à l'Administration une obligation d'agir ou de s'abstenir de façon déterminée, de manière telle que sa violation constitue en principe une faute, sauf erreur invincible ou autre cause d'exonération de responsabilité.

257 *JT*, 1972, p. 772 et s.

surtout, celles qui étaient fondées sur la notion de la faute des pouvoirs publics pour obtenir une indemnité[258].

Les demandes en réparation pour faute postulent donc pour l'application des articles 258 et suivants du Code civil congolais livre III et relèvent du juge judiciaire.

Sans doute, lorsqu'un requérant commet la maladresse de réclamer l'indemnité à titre de réparation de la lésion fautive de son droit, il risque de méconnaître le caractère résiduel de la compétence du Conseil d'État, les tribunaux étant compétents pour connaître de sa demande ; mais il n'empêche qu'au premier chef, sa requête soit vouée à l'échec, pour n'être pas fondée sur l'équité[259].

§3. Absence de toute autre juridiction compétente

Il convient d'examiner le fondement et la portée juridique de cette notion « d'absence d'autres juridictions compétentes ».

A. Base juridique

L'article 155, alinéa 3, de la Constitution du 18 février 2006 subordonne l'intervention du Conseil d'État à la réalisation d'une condition : le juge administratif suprême ne peut être saisi que dans le cas où il n'existe pas d'autre juridiction compétente.

Il y a lieu d'évoquer le caractère résiduaire, ou subsidiaire du juge administratif.

258 Pour s'en tenir à quelques exemples, Cf. M. UYTTENDAELE, *Précis de droit constitutionnel belge : Regard sur un système institutionnel paradoxal, 3e éd., Collection « Précis de la Faculté de droit de l'ULB », Bruxelles, Bruylant, 2005,* p. 418, n° 296.

259 En ce sens CH. HUBERTANT, « Essai de délimitation de la compétence du Conseil d'État d'avec celle des cours et tribunaux au contentieux de l'indemnité », *in Mscellanea W. Ganshof van der Meersch,* Tome III, 1972, p. 514-515 ; Novelles, *op. cit.*, nos 643 et s.

B. Portée de compétence résiduaire ou subsidiaire du Conseil d'État en réparation pour dommage exceptionnel

Le juge administratif de dommage exceptionnel a une compétence à la fois résiduaire et subsidiaire en matière de réparation du préjudice.

I. Principe de solution

La compétence du juge administratif du Conseil d'État est résiduelle. Elle s'efface dès que la demande en réparation peut être portée devant un autre juge compétent[260].

Le Conseil d'État doit ainsi rechercher, à titre préalable, si la demande de réparation ne rentre pas dans les attributions d'un autre juge. Son appréciation peut être déférée, le cas échéant, à la Cour constitutionnelle en tant que juge des conflits d'attributions[261].

En fait, la recherche préalable imposée au Conseil d'État s'avère fort délicate. Le constituant ne fixe pas nettement la limite des droits subjectifs garantis contre les actes ou décisions des autorités de la République. Ceci oblige le Conseil d'État à déterminer sa compétence en s'alignant scrupuleusement sur les dispositions législatives concernant l'organisation et la compétence judiciaires.

Dès lors, l'élargissement du domaine d'intervention des cours et tribunaux de droit commun en matière de réparation, limite en proportion identique la part de compétence du Conseil d'État.

260 En Belgique, le caractère résiduel de l'attribution du Conseil d'État a été ainsi voulu par les parlementaires pour couper court à toute concurrence entre le Conseil d'État et le juge judiciaire.

261 Cf. art.161, al. 4, Constitution du 18 février 2006.

II. Critères de détermination du domaine de compétence résiduaire du Conseil d'État

a. En cas d'absence de juridiction compétente en matière de réparation

Les auteurs ont recommandé de vérifier l'absence, dans le chef du demandeur, d'un droit susceptible d'être sanctionné par une action juridictionnelle lorsqu'on veut s'assurer du pouvoir d'intervention du Conseil d'État au contentieux de l'indemnité.

Ainsi, on conclurait à la compétence du Conseil d'État, au sens de l'article 155, alinéa 3, de la Constitution du 18 février 2006, si le requérant se prévaut d'un simple intérêt dont la lésion n'était susceptible de réparation que pour des motifs d'équité[262].

On s'en doute, pareille démarche ne peut être considérée comme absolument adéquate. Elle laisse planer une certaine ambiguïté. Sinon, quel est ce droit dont il s'agit de constater l'absence de garantie juridictionnelle dans le chef du requérant :

— S'agit-il du droit à réparation qui naît uniquement de la réunion dans son chef des éléments visés à l'article 258 du Code civil congolais livre III, ou de l'application d'un régime de responsabilité pour rupture d'égalité devant les charges publiques ?

— S'agit-il du droit dont la lésion est alléguée pour établir l'une des conditions nécessaires à l'indemnisation, à savoir l'existence du dommage ?

Ces questions ne semblent pas être suffisamment rencontrées par le seul constat d'absence de juridiction, il en faut un supplément.

Toutefois, le juge judiciaire reste compétent dès qu'une personne, titulaire d'un droit subjectif, allègue qu'une atteinte a été portée à ce droit et qu'elle en demande réparation.

L'incompétence du Conseil d'État devra ainsi être établie dès lors que la lésion d'un droit est alléguée.

---

262 En ce sens, M. UYTTENDAELE, *op. cit.*, p. 420, n° 295.

b. Compétence du Conseil d'État en cas de déni de réparation

La Constitution du 18 février 2006 sacralise la propriété privée et consacre l'égalité des Congolais devant la loi[263].

Il n'est pas possible de refuser à la victime toute action en réparation devant le Conseil d'État, garant par excellence des atteintes des droits subjectifs, uniquement parce qu'un autre juge a été ou, plus simplement, a pu être saisi, lors même qu'il est évident que ce juge n'a pu ou ne pourra donner satisfaction au requérant quant au fond.

Il y a là un sérieux risque d'énerver les dispositions constitutionnelles en matière de protection des libertés publiques et, de ce fait, tomber dans l'hypothèse récurrente de rupture d'égalité devant les services publics du fait de l'activité juridictionnelle.

En droit comparé, la doctrine a proposé une autre lecture du domaine de compétence du Conseil d'État en matière de réparation. Elle affirme que le Conseil d'État reste compétent lorsque le requérant ne peut obtenir satisfaction au fond en vertu d'un des régimes de responsabilité sur l'application desquels il appartient aux autres juridictions, et notamment aux cours et tribunaux, de statuer en cas de contestation[264].

---

263 Cf. art. 12 et 34, Constitution du 18 février 2006.

264 En ce sens, J. SOHIER, R. ANDERSEN, B. LOMBAERT et S. DEPRE, « Les contentieux méconnus », *op. cit.*, p. 226 et s.
Par un arrêt du 21 juin 1996, Silay et Yarali c/ État belge, le Conseil d'État avait accepté de connaître d'une demande de réparation d'un dommage exceptionnel consécutif, une nouvelle fois, à une vaccination obligatoire, après que, à propos du même dommage, le tribunal de première instance et la cour d'appel de Mons eussent rejeté une action en réparation fondée sur les art. 1382 et 1384 du Code civil, en considérant que les parties ne rapportaient pas la preuve d'une quelconque faute médicale et que la preuve du vice du vaccin litigieux n'était pas davantage rapportée.
Devant la Cour de cassation, l'État belge réaffirmait l'interprétation étroite de l'article 11 des lois coordonnées sur le Conseil d'État. Il reprochait au Conseil d'État de n'avoir pas constaté, comme il eût dû légalement le faire, que les cours et tribunaux de l'ordre judiciaire n'étaient pas compétents pour statuer sur l'action en réparation formée par les défendeurs, mais seulement que ceux-ci avaient échoué dans cette action à défaut de prouver une faute

La jurisprudence belge a même consacré cette solution dans un arrêt de la Cour de cassation du 28 novembre 1997, à la suite d'un conflit d'attributions[265].

Ce qui nous permet aujourd'hui de ne pas envisager la compétence du Conseil d'État, parce que dans ces hypothèses les juridictions de droit commun de réparation (judiciaires et administratives) seraient compétentes :

— Lorsque le dommage exceptionnel invoqué consiste dans l'atteinte d'un droit civil ou politique, ou dans la lésion d'un intérêt légitime, causée par la faute d'une autorité *de la République*;

— Lorsque le dommage exceptionnel invoqué consiste dans la lésion d'un droit de voisinage ou de riveraineté;

— Lorsque le dommage exceptionnel invoqué résulte de la mise en application de servitudes légales d'utilité publique alors que le demandeur se trouve dans les conditions prévues par la loi pour obtenir une indemnité (fût-elle forfaitaire) devant les cours et tribunaux;

— Lorsque le dommage exceptionnel allégué tient dans l'éviction d'un soumissionnaire d'une adjudication, la législation ayant, par l'article 12, §. 1er, de la loi du 14 juillet 1976, créé un droit

dans le chef des personnes contre lesquelles ils avaient dirigé leur action; il reprochait encore au Conseil d'État d'avoir étendu la portée des termes dans le cas où il n'existe pas d'autre juridiction compétente non seulement à toute action en indemnisation déclarée de sa compétence par la juridiction de l'ordre judiciaire saisie, mais également à toute action déclarée non fondée par cette juridiction.

La Cour de cassation rejeta le pourvoi en constatant que le Conseil d'État déclarant se prononcer en équité, avait considéré, en tenant compte de toutes les circonstances d'intérêt public et privé, que le dommage dont il était demandé réparation était dû à la vaccination obligatoire, et qu'il était grave et exceptionnel; qu'en conséquence, la demande telle que le Conseil d'État l'avait appréciée et sur laquelle il avait statué, relevait bien de la compétence prévue par l'article 11 des lois coordonnées et non de celle d'une autre juridiction.

265 En ce sens, M. LEROY, *op. cit.*, pp. 951-952.

subjectif à des dommages et intérêts dans les conditions fixées par cette disposition.

— Lorsqu'en vertu d'une loi, la demande de réparation peut être portée devant une juridiction administrative instituée pour en connaître.

Il en résulte que le problème de réparation du préjudice exceptionnel n'est donc pas de distinguer selon qu'un droit ou un intérêt a été lésé, mais bien plus de déterminer si, au préjudice répond ou non un droit à réparation susceptible d'être mis en œuvre devant une autre juridiction[266].

Le Conseil d'État est, au contentieux de l'indemnité, compétent dans l'hypothèse où le requérant ne pourrait saisir utilement les cours et tribunaux faute d'un droit à réparation[267].

Ici l'expression « dans le cas où il n'existe pas d'autres juridictions compétentes », n'est pas entendue dans son sens technique qu'elle pourrait avoir en droit privé.

Ce qui exclut la compétence du Conseil d'État, c'est la possibilité qu'une autre juridiction puisse effectivement accorder la réparation sollicitée. De sorte que si une juridiction saisie de la même demande devait se déclarer compétente, mais débouter le demandeur pour un motif de fond ou de forme, la compétence du Conseil d'État n'est pas exclue[268].

---

266 En ce sens, M.J. SALMON, *Le Conseil d'État*, t. I, *op. cit.*, p. 162.

267 Cette compétence du Conseil d'État fait l'unanimité entre la doctrine et la jurisprudence en droit comparé. Elle a notamment été explicitée par la jurisprudence belge dans l'Arrêt du conseil du 12 juin 1975. En l'espèce, l'institution requérante avait d'abord saisi le tribunal de première instance d'une demande de réparation ; celui-ci s'était reconnu compétent mais avait rejeté la requête au fond ; ultérieurement, le requérant s'adressa au Conseil d'État belge pour obtenir réparation du même préjudice et le haut juge administratif se reconnut expressément compétent. Dans le même sens, M. UYTTENDAELE, *Op. cit*, pp. 421-422.

268 Cf. en ce sens, J. DABIN, « Lésion d'intérêt ou lésion de droit comme condition de la réparation des dommages en droit privé et en droit public », *A.D.S.P.*, 1948-1958, pp.8 et s. ; P. LEWALLE, « La réparation du dommage exceptionnel par le conseil d'État belge : mythe ou réalité ? », *AFDLG*, 1980, pp. 183 et s. ; D. CHABOT-

On admettra dès lors que le Conseil d'État est compétent, à défaut d'autre juridiction :

— Lorsque le dommage exceptionnel invoqué résulte de limitations régulièrement apportées par une autorité de la République à l'exercice d'un droit, notamment lorsque celle-ci limite l'exercice du droit de propriété, en imposant une servitude d'utilité publique qui n'est compensée par aucune ouverture d'un droit à l'indemnité [269] ;

— Lorsque le dommage exceptionnel invoqué consiste dans la lésion non fautive d'un droit civil par la République ;

— Lorsque le dommage exceptionnel consiste dans la lésion non fautive d'un droit subjectif, de nature civile ou politique. Il en est ainsi, par exemple, d'une lésion non fautive à l'intégrité physique, imputable à une autorité administrative[270].

Cependant, pour éviter des supputations, l'examen utile de la compétence prioritaire des autres juridictions demeure indispensable.

LÉONARD, « Le contentieux de l'indemnité devant le Conseil d'État », *AFDLG*, 1971, pp.189 et s. ; M. LEROY, *Contentieux administratif, op. cit.*, p. 951-952.

269 Le cas d'une loi d'amnistie qui ne règle pas le problème de réparation des victimes des actes et faits amnistiés. En ce sens, Cour d'arbitrage belge, 24 juin 1993, n° 50/93 de rôle 422, B.6, *M.B.*, 15 juillet 1993.

270 Par son arrêt du 16 décembre 1992, le Conseil d'État belge s'est déclaré compétent pour connaître d'une demande visant l'indemnisation d'un dommage résultant d'une vaccination antipoliomyélitique, l'enfant concerné étant reconnu invalide à 100 % ; en ce sens, les observations faites par J.SOHIER, in *JT*, 1993, pp.333 et s. Voir la même position, dans un cas analogue, sur requête des époux Silay et Yarali par un arrêt du 21 juin 1996.

TITRE III

CONDITIONS DE RECEVABILITÉ ET INCIDENTS DE PROCÉDURE DEVANT LES JURIDICTIONS DE L'ORDRE ADMINISTRATIF

Il existe, devant le juge administratif congolais, des conditions de recevabilité qu'il faille distinguer des incidents de procédure.

En effet, les conditions de recevabilité devant le juge administratif congolais se rapportent aux préalables à accomplir pour la possible saisine des juridictions administratives de droit commun.

Par contre, les incidents de procédure sont des procédés à la portée des parties, tantôt pour régler les litiges qui les opposent, en dépit de la saisine de ces juridictions, à l'amiable, tantôt pour s'éviter d'accumuler des dommages à la longue difficilement réparables.

SOUS-TITRE I

CONDITIONS DE RECEVABILITÉ DEVANT LES JURIDICTIONS DE L'ORDRE ADMINISTRATIF

L'on distingue aujourd'hui, les conditions de recevabilité communes à tous les contentieux, de celles qui correspondent spécifiquement à chaque type de contentieux.

CHAPITRE I

CONDITIONS DE RECEVABILITÉ COMMUNES AUX JURIDICTIONS ADMINISTRATIVES DE DROIT COMMUN

La forme de saisine du juge, la qualité du requérant, les délais d'action et la représentation des parties devant le juge administratif congolais imposent des règles communes et nécessaires pour la saisine du juge.

SECTION I. Forme de saisine du juge administratif de droit commun

Le juge administratif congolais est saisi, soit par voie de requête, soit par voie de réquisitoire.

§1. Requête des parties

La juridiction administrative peut être saisie par requête des parties au procès.

La requête est introduite dans l'intérêt personnel des parties.

A. Présentation de la requête des parties

La requête contient l'identité et l'adresse des parties, l'exposé des faits et des moyens ainsi que les conclusions.

Elle est signée par le requérant[271], son avocat ou le représentant unique dûment mandaté[272].

La requête est adressée au chef de juridiction. Elle est signée et déposée au greffe de la section du contentieux, contre un certificat du dépôt.

B. Nombre et pièces accompagnées

La requête est présentée en autant de copies qu'il y a des parties en cause[273], augmentée de deux originaux[274].

Il y est joint un inventaire détaillé des pièces présentées à l'appui[275], à savoir : la copie de l'acte attaqué[276] ainsi que la preuve du dépôt de

271 Sauf dispositions légales particulières contraires, les requêtes, au nom de l'État sont signées, selon le cas, pour le Pouvoir central, par le ministre ayant la justice dans ses attributions ou son délégué, pour les provinces, par le Gouverneur de province ou son délégué, et pour les entités territoriales décentralisées, par le maire, le bourgmestre, le chef de secteur ou de chefferie ou leur délégué (cf. article 139, OCFJ).

272 La requête présentée par plusieurs personnes physiques ou morales compte parmi les signataires la désignation d'un représentant unique.
À défaut, le premier des signataires est averti par le greffier qu'il est considéré comme le représentant mentionné à l'alinéa précédent, sauf à provoquer de la part des signataires la désignation d'un représentant unique choisi parmi eux et d'en avertir la juridiction (cf. art. 159, al. 1er et 2, Loi organique du 15 octobre 2016 portant organisation, compétences et fonctionnement des juridictions de l'ordre administratif).

273 Lorsque le nombre de copies n'est pas égal à celui des parties ayant un intérêt distinct, auxquelles le Président de la chambre aura ordonné la communication desdites copies conformément à loi, le demandeur n'est averti par le greffier que si la production n'en est pas faite dans le délai de quinze jours à dater de cet avertissement. Passé ce délai, la requête pourra être déclarée irrecevable.

274 Cf. art. 138, al. 1er et 3, Loi organique du 15 octobre 2016 portant organisation, compétences et fonctionnement des juridictions de l'ordre administratif.

275 Lorsque le nombre, le volume ou les caractéristiques rendent malaisée la production des copies, les parties peuvent en prendre connaissance au greffe et, le cas échéant, lever copie moyennant paiement des frais.

276 En cas de défaut de l'acte attaqué, le récépissé du dépôt à la poste du recours administratif préalable ou du dépôt par porteur dudit recours est joint à la requête.

la réclamation administrative préalable, introduite devant l'auteur de l'acte, sa hiérarchie ou, le cas échéant, sa tutelle.

Le chef de juridiction, si nécessaire, peut toujours exiger des parties intéressées, la production des copies supplémentaires.

§2. Réquisitoire du ministère public

La juridiction administrative peut aussi être saisie par réquisitoire du Ministère public, près la juridiction concernée[277].

Le réquisitoire du Ministère public est introduit dans l'intérêt général et, en particulier, pour la protection des droits et libertés fondamentaux des personnes.

A. Présentation du réquisitoire

Le réquisitoire contient l'identité et l'adresse de l'officier instrumentant, l'exposé des faits et des moyens ainsi que les conclusions. Il est signé.

Le réquisitoire est présenté en deux originaux[278] et adressé au chef de juridiction[279].

Il est déposé au greffe de la section du contentieux, contre un certificat de dépôt.

---

277 Il s'agit du Procureur général près le Conseil d'État ou son représentant pour le Conseil d'État, le Procureur général près la Cour administrative d'appel ou son représentant pour la Cour administrative d'appel et le Procureur de la République ou son représentant pour les tribunaux administratifs.

278 Cf. art. 138, al. 1er et 3, Loi organique du 15 octobre 2016 portant organisation, compétences et fonctionnement des juridictions de l'ordre administratif.

279 En fait, les réquisitoires, et en général toutes les productions des parties, sont adressés au chef de la juridiction.

B. Nombre et pièces accompagnées

Le réquisitoire du ministère public est accompagné de la copie de l'acte attaqué[280] et d'autant de copies signées qu'il y a des parties en cause. Il y est joint un inventaire détaillé des pièces à l'appui[281].

SECTION II. Requérant en procès administratif

Seuls, le ministère public, comme dit ci-haut, les particuliers et les personnes morales de droit public (le pouvoir central, les provinces et les entités territoriales décentralisées)[282] sont requérants en contentieux administratif.

§1. Particuliers

Les particuliers, personnes physiques ou morales, ayant la capacité d'ester en justice et justifiant d'un intérêt dans la cause, peuvent saisir le juge administratif.

A. Particuliers, personnes physiques

En règle générale, seules les personnes physiques disposent de la pleine capacité juridique pour ester en justice devant le juge administratif. Cette capacité d'agir dans la vie juridique est acquise à 18 ans accomplis[283].

---

280 À défaut de l'acte attaqué, le récépissé du dépôt à la poste du recours administratif préalable ou du dépôt par porteur dudit recours est joint au réquisitoire.

281 Lorsque le nombre, le volume ou les caractéristiques des pièces rendent malaisée la production des copies, les parties peuvent en prendre connaissance au greffe et, le cas échéant, lever copie moyennant paiement des frais.

282 Sous la Constitution du 18 février 2006 (art. 3, al.2), ces entités territoriales décentralisées sont la ville, la commune, le secteur et la chefferie.

283 Cf. art. 219, Loi n° 87-010 du 1er août 1987 portant Code de la famille, *JOZ*, n° spécial, août 1987, p. 85.

Lorsqu'elles sont frappées d'incapacité, c'est-à-dire, mineurs d'âge, majeurs aliénés, majeurs faibles d'esprit, prodigues, affaiblis par l'âge ou infirmes placés sous curatelle, elles agissent selon le cas par leurs représentants ou par leurs tuteurs. Dans le cas contraire, les actes ainsi posés sont nuls et d'une nullité relative.

Les mineurs n'agissent normalement que par leurs tuteurs, et les autres incapables par leurs curateurs.

Les époux doivent s'accorder pour tous les actes juridiques par lesquels ils s'obligent à une prestation qu'ils doivent effectuer, chacun en personne. En cas de désaccord, le conjoint lésé s'en remet au tribunal de paix compétent[284].

L'action ainsi introduite tient celle mue en contentieux administratif en état, jusqu'à la décision du tribunal de paix.

Quoi qu'il en soit, la nullité fondée sur le désaccord des époux est protectrice. Elle ne peut être évoquée que par la femme, le mari ou leurs héritiers[285].

B. Particuliers, personnes morales de droit privé

Lorsqu'un requérant est une personne morale de droit privé, il ne peut agir que par la personne ou l'organe statutairement habilité.

La représentation en justice des personnes morales de droit privé est assortie de particularités qui nécessitent quelques précisions.

I. Cas des sociétés commerciales

Les sociétés commerciales agissent en justice par les personnes habilitées par leurs statuts[286]. Cependant, lorsqu'il s'agit de sociétés par actions à responsabilité limitée (SARL) ou Sociétés Anonymes

284 Cf. art, 448 et 449, Loi n° 16-008 du 15 juillet 2016 modifiant et complétant la Loi n° 87-010 du 1er août 1987 portant code de la famille.

285 Cf. art. 452, Code de la famille.

286 Cf. LUKOMBE NGHENDA, *Droit congolais des sociétés*, t. 1, Kinshasa, PUC, 1999, pp. 161-170.

(SA)[287], les seuls statuts ne suffisent pas. Il fallait[288] encore une autorisation du Chef de l'État par ordonnance, conformément à l'article 6 du décret du 27 février 1887 relatif aux sociétés commerciales et à l'article 1er de l'Arrêté royal du 26 février 1926 relatif aux sociétés par actions à responsabilité limitée[289].

287 La RDC est désormais membre de l'espace OHADA. Son ancienne SARL sera remplacée par la SA de cette zone conséquemment aux prescrits de la législation en vigueur dans cette zone, notamment celle des articles 385 à 920, de l'Acte uniforme du 17 avril 1997 relatif au droit des sociétés commerciales et du groupement d'intérêt économique.

288 Aujourd'hui, avec l'entrée en vigueur des actes uniformes du traité de l'OHADA, le dépôt des actes constitutifs au greffe du tribunal de commerce ne suffit pas. Il faudra une immatriculation au registre du commerce et de crédit mobilier pour l'obtention de la personnalité juridique. Notons en outre que ce traité de l'OHADA aura une incidence sur la commercialité par la forme, en ce qu'il s'agira désormais de société en nom collectif, société en commandite simple, société à responsabilité limitée et de société anonyme. Néanmoins, tout ceci sera parfaitement d'application lorsque toutes les mesures d'application prévues en la matière seront prises.

289 Conformément aux prescrits de l'art. 79, al. 4, de la Constitution du 18 février 2006, les ordonnances du Président de la République en la matière sont contresignées par le Premier ministre qui, de ce fait, s'en rend, seul, responsable devant le Parlement. Ainsi que cette situation soulève quelques questions pour la mise en œuvre de cette responsabilité lorsqu'il faut considérer que la responsabilité politique du Premier ministre n'est de mise que sur la politique générale du Gouvernement et non sur une question sectorielle (art. 146 et 147, Constitution du 18 février 2006). Aujourd'hui, telle compétence au Président de la République n'est tout simplement plus concevable, car contraire aux règles de répartition des compétences opérées sous la Constitution du 18 février 2006. En effet, il revient au Premier ministre d'agir en vertu de son pouvoir général d'exécution des lois prévu à l'art. 92, al. 1er, Constitution du 18 février 2006. Ses actes sont contresignés par le ministre chargé de son exécution, conformément au même art. 92, al. 4, Constitution du 18 février 2006.

II. Cas des associations sans but lucratif

Les associations sans but lucratif (ASBL) ou, selon l'objet, les organisations non gouvernementales « ONG »[290] ou association confessionnelle, dès l'obtention de la personnalité juridique par arrêté du ministre de la Justice, peuvent entrer dans la vie juridique sans autre formalité[291], encore que l'opposabilité de leurs statuts aux tiers ne soit acquise qu'à dater de leur publication[292]. Elles agissent en justice par la personne ou l'organe désigné par les Statuts, ou par le représentant légal, lorsqu'il s'agit d'une confession religieuse[293].

III. Cas des associations de droit étranger

Les Associations de droit étranger doivent obtenir l'autorisation présidentielle, donnée par ordonnance sur proposition du ministre de la Justice, pour exercer leurs activités sur le territoire congolais[294].

---

290 Est réputée organisation non gouvernementale « ONG » en sigle, toute association sans but lucratif, « ASBL » en sigle, dotée de la personnalité juridique dont l'objet concourt au développement social, culturel et économique des communautés locales (Cf. art. 35, Loi du 20 juillet 2001 sur les ASBL). Lorsque ces ONG sont de droit étranger, elles sont tenues notamment d'avoir une représentation en RDC et conclure un accord cadre avec le ministre de la République ayant le plan dans ses attributions.

291 Cf. art. 3 de la Loi n° 004/2001 du 20 juillet 2001 portant dispositions générales applicables aux ASBL et aux établissements d'utilité publique, *JORDC*, n° spécial, 15 août 2001, p. 7.

292 Cf. art 9 de la Loi n° 004/2001 du 20 juillet 2001 précitée. La publicité des statuts des ASBL est acquise à partir de leur publication au Journal officiel de la RDC.

293 Cf. art. 50 et 51 de la Loi du 20 juillet 2001 précitée.

294 Cf. art. 30 de la Loi n° 004/2001 du 20 juillet 2001 précitée. Ici aussi, cette autorisation devra être transférée soit au Premier ministre avec le contreseing du ministre de la Justice, soit carrément au ministre de la Justice, si l'on doit avoir égard aux dispositions des art. 79, al. 4 (en ce qui concerne les contreseings du Premier ministre), 146 et 147 de la Constitution du 18 février 2006 (pour la mise en œuvre de la responsabilité politique des autorités compétentes en la matière). En effet, le Premier ministre peut toujours déléguer certains de ses pouvoirs aux ministres (art. 92, al. 5, Constitution du 18 février 2006).

IV. Cas des établissements d'utilité publique

En ce qui concerne les établissements d'utilité publique, ceux-ci ne peuvent ester en justice ou avoir une vie juridique qu'après l'obtention de la personnalité juridique par arrêté du ministre de la Justice.

Toutefois, ils peuvent fonctionner, dans un premier temps, sur base d'une autorisation provisoire, dont la durée de validité est de 12 mois, octroyée par le ministre ayant dans ses attributions le secteur d'activités visé par la déclaration du fondateur et les statuts de l'établissement d'utilité publique. Et, dans le délai de validité de cette autorisation provisoire, la personnalité juridique doit être accordée par le ministre de la Justice. Passé ce délai, l'établissement d'utilité publique peut agir en justice au même titre que celui doté de la personnalité juridique. Il agit par ses administrateurs aux conditions déterminées par les Statuts[295].

V. Cas des partis politiques

Lorsque le particulier est un parti politique, il ne peut ester en justice qu'après l'arrêté d'enregistrement du ministre de l'Intérieur qui emporte octroi de la personnalité juridique. Si à l'expiration du délai de 30 jours ouvrables après le dépôt, le ministre est en défaut de décider, le parti est considéré comme enregistré. Dans ce cas, l'arrêté d'enregistrement doit lui être délivré dans les 15 jours.

À défaut, le récépissé du dépôt tient lieu d'enregistrement et emporte l'octroi de la personnalité juridique. En cas de rejet du recours administratif préalable introduit par le parti politique contre l'arrêté de rejet, le Conseil d'État peut aussi, après examen favorable si celui-ci a rempli toutes les conditions exigées par la loi, octroyer à un parti politique la personnalité juridique. Pour ce cas, la Haute juridiction administrative doit statuer, toutes affaires cessantes, dans les 15 jours à compter du dépôt de la requête au Greffe. À défaut, la preuve

295 Art. 50, 51, 61, 63 et 69, al. 2, Loi du 20 juillet 2001 précitée.

du dépôt au Greffe emporte de plein droit reconnaissance officielle et octroi de la personnalité juridique[296].

Les partis reconnus agissent en justice par les personnes habilitées par les statuts ou leurs mandataires.

§2. Personnes morales de droit public[297]

Pour bien percevoir la particularité de personnes morales de droit public comme requérant en justice administrative, il nous faut faire un état de la question avant de poser le principe de la recevabilité des requêtes à l'initiative des personnes publiques.

A. État de la question

Jusqu'à la promulgation de la Constitution du 18 février 2006, le système judiciaire congolais reste conçu sur la base de la tradition centralisatrice permanente qui a caractérisé notre pays depuis 1885, confirmée par le constituant du 24 juin 1967[298].

Le Congo-Zaïre était un État unitaire, constitué de la Ville de Kinshasa (la capitale), des provinces ainsi que des collectivités ré-

---

296 Cf. les articles 14 et 15 de la Loi n° 04/002 du 15 mars 2004 portant organisation et fonctionnement des partis politiques, in *JORDC*, n° spécial, 18 mars 2004, 11.

297 Il s'agira de l'État, des provinces, des entités territoriales décentralisées ainsi que des organismes décentralisés placés sous leurs tutelles.

298 L'on se rappellera que l'administration territoriale de la République Démocratique du Congo a été longtemps caractérisée par une permanence de la tradition centralisatrice. En effet, depuis 1885, le pays a vécu une organisation administrative centralisée. Des tentatives de décentralisation au niveau des circonscriptions indigènes (aujourd'hui secteurs et chefferies), au niveau des villes et des communes furent amorcées même avant l'indépendance du pays, notamment à travers le décret du 10 mai 1957 sur les circonscriptions indigènes et le décret du 13 octobre 1959 portant organisation des communes et des villes. Mais, malheureusement, ces réformes n'ont pu être appliquées à cause des agitations ayant caractérisé la préparation précipitée de la décolonisation du Congo et des désordres survenus juste après l'indépendance du pays, le 30 juin 1960.

gionales et locales organisées par la loi qui, du reste, déterminait les principes fondamentaux de leurs attributions, de leurs compétences, et de leurs ressources[299].

L'État était unique et la délégation des compétences entre le pouvoir central et la périphérie était administrative. Elle relevait du législateur.

De ce fait, les entités territoriales étaient soumises à un double contrôle :

— Le contrôle hiérarchique, sur l'opportunité et la légalité des décisions des autorités des administrations déconcentrées en tant que représentant du Conseil Exécutif (Gouvernement). De principe, le pouvoir hiérarchique comporte le pouvoir de suspension, de réformation et d'annulation des décisions entreprises ;

— Le contrôle de tutelle, en tant qu'entités décentralisées :

- sur les organes, par voie de suspension ou de report des réunions de l'organe délibérant, de dissolution de celui-ci, de suspension ou de révocation de l'autorité de l'entité décentralisée ;

- sur les actes par voie d'autorisation préalable, d'approbation, de suspension, d'annulation ou de réformation, et de substitution.

Ainsi sur le plan judiciaire, seuls les particuliers pouvaient introduire des requêtes devant le juge administratif contre les actes administratifs pour illégalité. Les personnes administratives, territoriales ou spécialisées, n'étaient pas autorisées à attaquer en annulation les actes administratifs de leurs « délégants », relevant de l'exécutif national.

---

299 Cf. art. 1er et 65, Constitution de la RDC, 24 juin 1967, in IYELEZA MOJU MBEY et cie, *op. cit.*, pp. 85-91.

B. Sous la Constitution du 18 février 2006

Aux termes des articles 2 et 3 de la Constitution du 18 février 2006, la République démocratique du Congo est composée de la Ville de Kinshasa et de 25 provinces dotées de la personnalité juridique et gérées par les organes locaux. Elles jouissent ainsi de la libre administration et de l'autonomie de gestion de leurs ressources économiques, humaines, financières et techniques.

Les articles 202 et 204 de cette même Constitution consacrent les zones d'exercice du pouvoir d'État, à savoir : le pouvoir central, les provinces et les entités locales. Il convient de circonscrire les différents organes de ces trois niveaux d'exercice du pouvoir d'État, avant d'établir les différents rapports qu'ils entretiennent entre eux du point de vue du contentieux administratif.

I. Pouvoir central

Le pouvoir central représente l'État sous la Constitution du 18 février 2006. Il est distinct des provinces et des entités locales. Il comprend les institutions de la République, à savoir : le Président de la République, le Parlement, le Gouvernement, les Cours et Tribunaux[300].

Le Président de la République et le Gouvernement composent le pouvoir exécutif. Ils disposent de l'administration publique nationale et exécutent les lois et règlements de la République.

Le Parlement est composé de deux chambres, l'Assemblée nationale et le Sénat. Il représente le pouvoir législatif national.

L'Assemblée nationale et le Sénat légifèrent par voie de lois[301].

---

300 Cf. art. 68, Constitution du 18 février 2006.

301 Autant une Assemblée provinciale ne peut pas légiférer sur les matières de la compétence exclusive du pouvoir central, autant l'Assemblée nationale et le Sénat ne peuvent pas non plus légiférer sur les matières de la compétence exclusive d'une province. Toutefois, l'Assemblée nationale et le Sénat peuvent, par une loi, habiliter une Assemblée provinciale à prendre des édits sur des matières de la compétence exclusive du pouvoir central. Lorsque l'Assemblée nationale et le Sénat mettent fin à la délégation de pouvoir ainsi donnée à l'Assemblée provinciale, les dispositions des édits provinciaux

Ils contrôlent le Gouvernement, les entreprises publiques ainsi que les services publics nationaux[302].

Les Cours et Tribunaux forment le pouvoir judiciaire. Ce dernier est indépendant du pouvoir exécutif et législatif. Il est représenté par la Cour constitutionnelle, la Cour de cassation qui coiffe les juridictions de l'ordre judiciaire (cours et tribunaux civils et militaires) et le Conseil d'État qui, à son tour, coiffe les juridictions de l'ordre administratif (cours et tribunaux administratifs)[303].

Le pouvoir central est établi à Kinshasa, capitale de la République et siège des institutions nationales. Il peut, selon le cas, déférer les actes administratifs des autorités provinciales devant la Cour admi-

promulgués en des matières de la compétence exclusive du pouvoir central, en vertu de cette délégation de pouvoir, demeurent cependant en vigueur dans la province intéressée jusqu'à ce qu'une loi nationale ait réglé ces matières.

Pareillement, une Assemblée provinciale peut, par un édit, habiliter l'Assemblée nationale et le Sénat à légiférer sur des matières de la compétence exclusive de la province. Lorsque l'Assemblée provinciale met fin à la délégation de pouvoir ainsi donnée à l'Assemblée nationale et au Sénat, les dispositions des lois nationales promulguées en des matières de la compétence exclusive des provinces, en vertu de cette délégation de pouvoir, demeurent cependant en vigueur dans la province intéressée jusqu'à ce qu'un édit provincial les ait réglées (art. 205, alinéas 1 à 3, Constitution du 18 février 2006). En ce sens aussi, J.L. ESAMBO KANGASHE, *La Constitution congolaise du 18 février 2006 à l'épreuve du constitutionnalisme : contraintes pratiques et perspectives,* Bruxelles, Academia-Bruylant, Coll. « Bibliothèque africaine », 7, 2010, p. 141.

Il convient de souligner que ces habilitations réciproques n'opèrent que dans les différents domaines assignés aux deux législateurs (essentiellement, aux art. 122 et 123, Constitution du 18 février 2006 pour le législateur national et, art. 35 et 36 de la Loi n° 08/012 du 31 juillet 2008 portant principes fondamentaux relatifs à la libre administration des provinces, pour le législateur provincial).

302 Cf. art. 100, Constitution du 18 février 2006.

303 Cf. art. 149, 153, 154 et 157, Constitution du 18 février 2006.

nistrative d'appel[304], et en attendant la section administrative de Cour d'appel[305].

Il agit par le ministre ayant la justice dans ses attributions ou son délégué[306].

Au Pouvoir central, il faut ajouter les Institutions d'appui à la démocratie[307] ainsi que les entreprises et établissements publics nationaux sous tutelle, dont les requêtes, et le cas échéant les mémoires, devant les juridictions de l'ordre administratif de droit commun sont introduits par leurs représentants[308].

II. Provinces

La République démocratique du Congo est composée de la Ville de Kinshasa et de 25 provinces dotées de la personnalité juridique[309]. La Ville de Kinshasa a statut de province[310].

Les provinces sont distinctes du pouvoir central. Elles sont gérées par les organes locaux et jouissent de la libre administration et de l'autonomie de gestion de leurs ressources économiques, humaines, financières et techniques[311].

304 Cf. notamment, art. 67, point 3, et art. 74, Loi n° 08/012 du 31 juillet 2008 sur la libre administration des provinces.

305 Cf. art. 224, Constitution du 18 février 2006.

306 Cf. art. 139, OCFJA.

307 Il s'agit de la Commission électorale nationale indépendante, du Conseil supérieur de l'audiovisuel et de la communication (Cf. art. 211 et 212, Constitution) et d'autres qui pourront être instituées par loi organique (cf. art. 222, al. 3, Constitution du 18 février 2006).

308 Cf. Pour les établissements publics (art. 14, Loi n° 08/009 du 7 juillet 2008 portant dispositions applicables aux établissements publics, *in JORDC*, Kinshasa, n° spécial, 12 juillet 2008, p. 19)

309 Ces 26 provinces ont été mises en place en vertu de la Loi de programmation n° 15-004 du 28 février 2015 déterminant les modalités d'installation des nouvelles provinces, in *JORDC*, n° spécial, 12 mai 2017, pp. 95-99.

310 Cf. art. 2, Constitution du 18 février 2006.

311 Il convient de souligner cette grande innovation dans la garantie de l'autonomie accordée aux provinces, et plus loin aux entités territoriales

Les provinces sont dotées des institutions politiques que sont : l'Assemblée provinciale et le Gouvernement provincial[312].

L'Assemblée provinciale est l'organe législatif de la province. Elle légifère par voie d'édit dans les matières relevant de la compétence exclusive des provinces et dans celles relevant de sa compétence concurrente avec le pouvoir central[313]. Elle exerce le contrôle politique sur le Gouvernement provincial ainsi que sur les services provinciaux et locaux[314].

Le Gouvernement provincial est composé du Gouverneur de province, du Vice-gouverneur et d'au plus 10 ministres provinciaux[315].

Le gouvernement provincial compose le pouvoir exécutif provincial. Il dispose de l'administration publique en province.

Les provinces représentent ainsi ce qu'il convient d'appeler la décentralisation politique ou, mieux, le régionalisme constitutionnel. De la sorte, elles ne sont plus soumises au pouvoir de tutelle, c'est-à-dire au contrôle exercé directement sur les institutions provinciales par le pouvoir central[316].

---

décentralisées. La constitutionnalisation d'une telle autonomie s'impose désormais à toutes les institutions de la République et peut donner lieu, le cas échéant, aux recours contentieux.

312 Cf. art. 195, Constitution du 18 février 2006.

313 Les matières relevant de la compétence exclusive des provinces sont reprises à l'art. 204 de la Constitution du 18 février 2006. Cependant, celles assignées au législateur provincial sont déterminées par les art. 35 et 36 de la Loi n° 08/012 du 31 juillet 2008 portant principes fondamentaux relatifs à la libre administration des provinces, en application de l'art. 123, point 1, de la même Constitution. En ce sens aussi, E. BOSHAB et MATADI NENGA GAMANDA, *Le statut de représentants du peuple dans les assemblées politiques délibérantes : Parlementaires, députés provinciaux, conseillers urbains, conseillers communaux, conseillers de secteur ou de chefferie,* Bruxelles, Bruylant Academia s.a., Bibliothèque de Droit africain, 8, 2010, p. 184.

314 Cf. art. 197, al. 1er, Constitution du 18 février 2006.

315 Art. 23, al. 5, Loi n° 08/012 du 31 juillet 2008 portant principaux fondamentaux relatifs à la libre administration des provinces.

316 La libre administration des provinces et leur gestion par les organes locaux impliquent que le contrôle, tout au moins politique et administratif, de ces entités ne soit plus que l'œuvre de leurs propres organes, ou par le juge.

Elles peuvent valablement ester en justice, en demande et en défense, pour valoir leurs compétences, leur libre administration et leur autonomie dans la gestion des ressources économiques, humaines, financières et techniques transférées par la Constitution.

Les provinces agissent devant le juge administratif par le Gouverneur de province ou son délégué[317]. Les entreprises et établissements publics provinciaux agissent par leurs représentants[318].

Relevons en passant que la Constitution du 18 février a évoqué quelques principes de solution dans les rapports entre l'État et les provinces. En effet, dans les matières par exemple relevant de la compétence concurrente du pouvoir central et des provinces, tout édit provincial incompatible avec les lois et règlements d'exécution nationaux est nul et abrogé de plein droit. La législation nationale prime ainsi sur l'édit provincial. Sauf dispositions contraires de la législation nationale, les Gouvernements provinciaux exécutent, par l'intermédiaire de leurs services, les lois et les règlements nationaux[319].

Ainsi donc, et vice versa, l'État et les provinces ont intérêt à protéger chacun en ce qui le concerne, sa zone de compétence exclusive, le cas échéant, par voie des recours devant le juge administratif.

III. Entités territoriales décentralisées

Les entités territoriales décentralisées sont : la ville, la commune, le secteur et la chefferie[320].

À l'instar des provinces, les entités territoriales décentralisées sont créées par le constituant et dotées de la personnalité juridique. Elles jouissent de la libre administration et d'une autonomie garantie pour

---

317 Cf. art. 139, OCFJA, et 28, al. 2, Loi n° 08/012 du 31 juillet 2008 portant principes fondamentaux relatifs à la libre administration des provinces.

318 Conformément à l'art. 204, point 10, de la Constitution du 18 février 2006, l'organisation et fonctionnement des services publics, établissements publics et entreprises publiques provinciaux, relèvent de la compétence exclusive des provinces.

319 Cf. art. 205 et 206, Constitution du 18 février 2006.

320 Cf. art. 3, al. 2, Constitution du 18 février 2006.

la gestion de leurs ressources économiques, humaines, financières et techniques[321].

L'institution de ces entités consacre la technique de la décentralisation administrative au niveau local. De ce fait, les entités territoriales décentralisées sont placées sous la tutelle des Gouverneurs des provinces en tant que représentant du pouvoir central[322].

Les entités territoriales décentralisées sont cependant distinctes de l'État et des provinces. Elles exercent leurs compétences sur les matières d'intérêt local et peuvent ester en justice pour obtenir la protection de l'autonomie de leurs différentes ressources.

Elles agissent devant le juge administratif, par le Maire ou son délégué pour la Ville, le Bourgmestre ou son délégué pour la Commune, le Chef de Secteur ou son délégué pour le Secteur, et le Chef de Chefferie pour la Chefferie[323].

SECTION III. Représentation des parties devant le juge administratif de droit commun

La représentation des parties obéit à des règles communes aux juridictions administratives de droit commun et à celles applicables spécialement au Conseil d'État.

321 Cf. art. 3, al. 3, Constitution du 18 février 2006.

322 Cf. art. 95, Loi organique n° 08/016 du 7 octobre 2008 portant composition, organisation et fonctionnement des entités territoriales décentralisées et leurs rapports avec l'État et les provinces.

323 Art. 139, OCFJA, et art. 41, point 5 ; 60, point 5 ; 85, point 5 ; et 86, al. 5, Loi organique n° 08/016 du 7 octobre 2006 portant composition, organisation et fonctionnement des entités territoriales décentralisées et leurs rapports avec l'État et les provinces.

§1. Règles de représentation des parties communes aux juridictions administratives de droit commun

En certaines matières, sauf en ce qui concerne l'État et le ministère public, la représentation des parties peut être obligatoire en procès administratif.

Elle se réalise par le ministère d'avocat. Cependant, en cas de plusieurs demandeurs, un représentant unique peut être désigné pour représenter les autres vis-à-vis de la juridiction et/ou de l'avocat.

A. Ministère d'avocat

En principe, dans un procès administratif, le ministère d'avocat n'est pas obligatoire. Les parties peuvent, elles-mêmes, signées leurs requêtes, réquisitoires ou mémoires.

Le législateur impose cependant le recours au ministère d'avocat en cas de plein contentieux, subjectif ou objectif[324].

Dans ce cas, les requêtes et mémoires sont présentés par un avocat sous peine d'irrecevabilité[325].

Quoiqu'en plein contentieux, le ministère d'avocat n'est cependant pas obligatoire dans les cas ci-après :

1. litiges en matière de travaux publics, de contrats relatifs au domaine public, de contravention de grande voirie;
2. litiges en matière d'impôts directs et indirects, de la taxe sur la valeur ajoutée et des taxes assimilées;
3. litiges d'ordre individuel concernant les fonctionnaires ou agents de l'État et des autres personnes ou collectivités publiques;

---

324 Même en matière de référé, de tierce opposition ou de rectification d'erreur matérielle, l'obligation ou la dispense du ministère d'avocat dépend du régime du recours principal.

De même, la désignation d'une représentation unique ou le représentant de la communauté ne dispense pas non plus du ministère d'avocat lorsque ce dernier est obligatoire.

325 L'État, et même le ministère public, sont dispensés de l'obligation du ministère d'avocat (Cf., art. 157, al. 1er, et 160, al. 2, OCFJA).

4. litiges en matière de pensions ;
5. litiges dans lesquels le défendeur est une collectivité territoriale ou un établissement public en relevant ;
6. demandes d'exécution d'un jugement définitif.

La signature des requêtes et des mémoires du client par son avocat vaut élection de domicile.

Les actes de procédure sont accomplis à l'égard de l'avocat, sauf en cas de notification du jugement ou de notification à l'audience.

B. Représentant unique

Les parties peuvent aussi être atteintes par leur représentant unique.

En effet, lorsqu'une requête est présentée par plusieurs personnes, physiques ou morales, les signataires désignent, parmi eux, un représentant unique.

Dans le cas contraire, le premier des signataires est réputé représentant unique et prévenu par le greffier. Cependant, les parties peuvent toujours en désigner un autre. Dans ce cas, elles en avisent la juridiction saisie[326].

§2. Règles de représentation des parties spécifiques au Conseil d'État

Devant le Conseil d'État, il y a des matières qui obligent le recours au ministère d'avocat, à peine d'irrecevabilité, et d'autres non.

A. Principe de caractère facultatif du ministère d'avocat même devant le Conseil d'État

Même devant le Conseil d'État, le ministère d'avocat n'est pas obligatoire.

---

326 Cf. art. 159, al. 1er et 2, OCFJA.

Il n'est pas non plus obligatoire, même en appel, en cas de recours pour des matières ci-après :

— excès de pouvoir ;

— litiges en matière électorale ;

— litiges concernant la concession ou le refus de pension ;

— litiges d'ordre individuel concernant les fonctionnaires et agents de l'État ou des autres personnes morales, ou autres collectivités publiques.

B. Matières nécessitant le recours au ministère d'avocat devant le Conseil d'État

Devant le Conseil d'État, le recours au ministère d'avocat, à peine d'irrecevabilité, est obligatoire d'abord en matière de recours pour durée excessive de procédure, en tant que matière de plein contentieux[327].

Le recours au ministère d'avocat est ensuite obligatoire en cas de tout recours en révision, en appel et en cassation[328].

Cependant, lorsqu'il s'agit du pourvoi en cassation, le recours est formé par un avocat du Barreau près le Conseil d'État[329].

SECTION IV. Délais et recours administratifs préalables à la saisine du juge administratif de droit commun

À dater de la publicité de l'acte, décision ou règlement contestable, le requérant dispose d'un délai maximum de 9 mois pour s'en re-

327 Cf. art. 88 et 156, al. 1er, OCFJA.

328 Cf. art. 161, al. 1er, OCFJA.

329 En attendant l'installation du Barreau près le Conseil d'État, les avocats près la Cour suprême de justice sont admis à exercer, en matière de cassation, leur ministère devant le Conseil d'État (cf. art. 406, al. 2, OCFJA).

mettre au juge administratif de droit commun, dans le cadre de son litige[330].

§1. Réclamations administratives préalables et réponse de l'Administration

Pour saisir le juge administratif congolais, le requérant introduit préalablement, dans un délai précis, son recours devant l'Administration, auteur de l'acte contesté.

A. Trois mois pour des recours administratifs préalables

Le requérant dispose, dans un premier temps, du délai de trois mois à dater de la publicité, notification ou publication, de l'acte attaqué pour exercer ses recours administratifs.

Ces recours comprennent, à la fois, le recours gracieux[331] devant l'auteur de l'acte et, si nécessaire, le recours hiérarchique[332] ou, le cas échéant, le recours de tutelle[333], respectivement introduit devant l'autorité supérieure ou de tutelle à l'auteur de l'acte.

330 Les délais visés dans la présente loi organique courent contre les mineurs, les interdits et les autres incapables. Ils sont préfix. Toutefois, la juridiction peut relever ceux-ci de la déchéance, lorsqu'il est établi que leur représentation n'était pas assurée en temps voulu, avant l'expiration des délais (art. 153, Loi organique du 15 octobre 2016 portant organisation, compétences et fonctionnement des juridictions de l'ordre administratif).

331 Le recours gracieux vise le retrait ou l'abrogation de l'acte, décision ou règlement contesté ou tout autre arrangement à l'amiable en cas de préjudice subi.

332 Le recours hiérarchique défère l'acte attaqué devant le supérieur hiérarchique de l'auteur de l'acte, lorsqu'il est investi de la même nature de compétence que l'auteur de l'acte. Dans ce cas, le recours hiérarchique tend à l'annulation ou la réformation de l'acte attaqué, par le supérieur hiérarchique.

333 Il n'y a pas de pouvoir de tutelle, sans texte. Lorsqu'une tutelle d'une administration personnifiée (entreprise publique ou établissement public) est investie des pouvoirs de contrôle, le recours à la tutelle tend à obtenir de celle-ci, l'exercice de ces prérogatives conférées par le texte organisant la tutelle en vue du règlement à l'amiable du litige ainsi né.

Le requérant doit saisir l'Administration endéans trois mois, au-delà, il y a tardiveté de délai.

B. Trois mois pour la réponse de l'Administration

À dater du dépôt de la réclamation administrative préalable, l'Administration dispose des trois mois maximum, pour sa décision, de retrait, annulation ou de rejet, partiel ou total, sur recours. À défaut, au dernier jour du troisième mois à dater de sa saisine, son silence vaut rejet.

Toutefois, lorsqu'une décision expresse de l'Administration, de rejet partiel ou total, intervient dans les trois mois impartis pour introduire le recours juridictionnel, elle est sans incidence sur la procédure judiciaire engagée. Cependant, elle peut toujours faire courir à nouveau le délai de trois mois pour la saisine de la juridiction, si celle-ci n'est pas, entretemps, intervenue après l'expiration du premier délai de trois mois laissé à l'autorité administrative.

En tout état de cause, l'intéressé n'est forclos de son recours juridictionnel qu'après un délai de trois mois à compter de la notification d'une décision expresse, totale ou partielle de rejet.

La date du dépôt de la réclamation auprès de l'autorité compétente, constatée par tous moyens, doit être établie à l'appui de la requête ou du réquisitoire.

§2. Trois mois pour la saisine du juge administratif

La saisine du juge administratif congolais n'est possible, dans un délai précis, qu'à partir de la réaction de l'Administration, auteur de l'acte.

A. Saisine du juge en cas de réponse de l'Administration

La juridiction administrative est saisie, par voie de requête des parties ou de réquisitoire du ministère public, introduit dans les trois mois, à dater de la notification de la décision de l'Administration rendue sur recours administratif préalable.

B. Saisine du juge en cas de silence de l'Administration

Le défaut de décision de l'autorité administrative après trois mois, à compter du dépôt du recours administratif préalable, en vaut rejet.

Dans ce cas, le requérant dispose, pour saisir la juridiction administrative, d'un délai de trois mois.

§3. Computation et délais de distance

Les délais, pour la saisine du juge administratif congolais, sont non francs et susceptibles d'augmentation à raison de distance.

A. Computation des délais

Devant le juge administratif congolais, le jour de l'acte qui est le point de départ du délai n'y est pas compris. Cependant, le jour de l'échéance l'est.

Toutefois, lorsque le jour de l'échéance est un dimanche ou un jour férié légal, il est porté au plus prochain jour ouvrable.

B. Des délais supplémentaires de distance

Les délais supplémentaires de distance, à raison de deux jours par cent kilomètres, s'ajoutent au délai de trois mois prévu pour la saisine de la juridiction.

La distance à prendre en compte est celle qui sépare la résidence du requérant du siège de la juridiction.

Cependant, les requérants qui ont usé de la faculté prévue par les lois spéciales de déposer leurs requêtes en dehors du greffe ne bénéficient pas de ces délais supplémentaires[334].

En cas d'urgence, la chambre saisie peut ordonner l'abréviation des délais prescrits pour les actes de procédure.

334 Dans le cas où, en vertu d'une disposition légale particulière, le dépôt a été effectué à un bureau autre que le greffe de la juridiction, les requêtes ainsi que les pièces sont transmises à celui-ci après avoir été marquées, par l'autorité administrative responsable de ce bureau, d'un cachet indiquant la date de leur arrivée.

CHAPITRE II

DES CONDITIONS DE RECEVABILITÉ SPÉCIFIQUES À CHAQUE CONTENTIEUX

Les conditions de recevabilité varient selon qu'il s'agit spécifiquement du contentieux d'excès de pouvoir et de pleine juridiction, du plein contentieux ou du contentieux de réparation pour préjudice exceptionnel.

SECTION I. Conditions de recevabilité en contentieux d'excès de pouvoir et de pleine juridiction

Les conditions de recevabilité en contentieux d'annulation pour excès de pouvoir comme à celui d'annulation et réparation pour faute ou contentieux de pleine juridiction, sont identiques.

Elles se rapportent aux actes attaquables, à la représentation des parties, à la forme et au délai de recours.

§1. Acte attaquable

Le juge administratif connaît des recours en annulation pour violation de la loi, formés contre les actes, règlements ou décisions des autorités administratives[335].

---

335 Cf. art. 155, al. 1er, de la Const. et 85, al. 2, OCFJA, pour le Conseil d'État ; 96, al. 2, et 104, al. 1er, OCFJA, respectivement pour les cours administratives d'appel et les tribunaux administratifs.

À peine d'irrecevabilité, l'acte attaqué doit être un acte administratif unilatéral faisant grief[336], c'est-à-dire un acte, une décision ou un règlement pris par une autorité administrative et revêtue d'un titre exécutoire, en vertu du privilège du préalable de l'Administration[337].

A. Notions des actes attaquables

L'acte attaqué est un acte administratif unilatéral.

Il s'agit d'une décision de l'Administration qui crée unilatéralement des obligations, et éventuellement des droits, selon le cas, au profit ou à charge de tiers, sans leur consentement.

Pour sa recevabilité, l'acte attaqué ne doit pas se borner à affecter l'ordonnancement juridique. Il doit le modifier, pour faire grief[338]. Dans le cas contraire, aucune action en annulation, voire en réparation pour faute, ne pourra être intentée contre un tel acte[339].

---

336 L'expression « actes faisant grief » désigne, dans la terminologie du recours pour excès de pouvoir, les actes administratifs de nature à produire par eux-mêmes des effets juridiques. D'où l'adage « pas de nullité sans grief », c'est-à-dire l'acte attaqué doit causer préjudice aux droits subjectifs du requérant.

337 Les actes administratifs unilatéraux bénéficient d'une présomption de conformité au droit. De ce fait, ils s'imposent aux particuliers et aux personnes morales de droit public destinataires, qui ne peuvent pas renverser une telle présomption de leur propre fait.

338 Cette expression est utilisée pour débarrasser du contentieux d'annulation et de pleine juridiction, de tous les actes de l'Administration qui ne font pas grief, c'est-à-dire des actes administratifs qui n'ont pas la force exécutoire et, de ce fait, non susceptibles d'être contrôlés par le juge administratif. C'est le cas, par exemple des actes préparatoires (qui contribuent à la mise au point de l'acte futur, comme les avis, les propositions, l'ouverture d'une enquête, les prises de position sur les décisions qui seront adoptées, les délibérations du Conseil des ministres adoptant une décision de principe, les simples opinions émises par l'Administration, les communiqués annonçant de futures mesures), des mesures postérieures ou des actes déclaratifs (qui n'ajoutent rien à l'acte initial ou qui ne font qu'enregistrer l'état du droit ou une situation de fait ou encore qui se bornent à mettre l'acte initial à la connaissance du public, à le constater, à le commenter ou le rappeler).

339 La CSJ a déclaré irrecevable une demande en annulation contre un acte non décisoire, en l'occurrence une simple lettre d'accusé de réception ; CSJ, Arrêt

Étant donné les innombrables autorités administratives de la République, il est important de classifier ces actes faisant grief pour faciliter leur compréhension.

B. Classification des actes attaquables

La doctrine et la jurisprudence retiennent essentiellement deux critères pour la classification des actes administratifs faisant grief.

Il s'agit du critère matériel ou fonctionnel et du critère organique ou formel.

I. Actes réglementaires et non réglementaires

Suivant le critère matériel, fonctionnel ou celui du contenu de l'acte, un acte administratif faisant grief est réglementaire ou non réglementaire.

Lorsqu'il n'est pas réglementaire, c'est-à-dire un acte d'espèce, l'acte administratif faisant grief se caractérise par sa portée limitée. Soit il est destiné à des personnes déterminées, soit il concerne des situations concrètes (par exemple, ordre de démolir un immeuble insalubre).

Un acte demeure non réglementaire dès lors que le nombre de destinataires, si élevé soit-il, n'empêche pas de les identifier tous (par exemple, une décision conférant une décoration à plusieurs centaines de personnes n'a pas de caractère réglementaire).

On distingue alors plus spécifiquement, dans cette catégorie d'actes non réglementaires, les actes ci-après :

— Individuels (actes destinés à produire leurs effets au profit, ou à l'encontre, d'un destinataire déterminé, d'une personne nommément désignée). Il s'agit ici des actes individuels proprement dits qui concernent un seul sujet;

---

sous RA. 581/688, 20 janvier 2003, MANANGA c/la RDC et VUNDUAWE te PEMAKO, in *BACSJ*, 2004, pp. 217-220.

— Collectifs (actes s'appliquant à plusieurs sujets mais ceux-ci demeurent individualisés ; par exemple, la nomination par une même décision, de toute une série d'agents publics). Ici, comme pour le premier cas, la définition est fondée sur un critère quantitatif ;

— Particuliers (actes dont le contenu concret vise très précisément une opération déterminée ; par exemple, un arrêté d'interdiction de projection d'un film). L'acte particulier s'oppose à l'acte réglementaire par son objet et non pas par ses sujets : il vise une action donnée ; il s'agit d'une décision concrète qui pourrait être appelée aussi « décision d'espèce »[340]. En d'autres termes, les actes particuliers peuvent être caractérisés comme étant des décisions qui s'appliquent à un cas d'espèce, en exécution d'une réglementation générale existante, mais sans la modifier. Par exemple, les actes de tutelle (autorisation, approbation ou opposition,... ; car l'exercice de la tutelle suppose, pour chacun des actes soumis à tutelle, une appréciation particulière), la mesure d'expropriation pour cause d'utilité publique, etc.

Cependant, les règlements sont toujours des actes de portée générale et impersonnelle. Ainsi le règlement administratif est défini comme l'acte unilatéral de l'Administration qui crée des règles juridiques générales et impersonnelles.

Notons que le règlement est général, cependant il ne s'applique que sur la juridiction de l'autorité administrative qui l'a pris (limitation territoriale et organique)[341].

Cette classification présente un intérêt certain. Les actes individuels, régulièrement pris sont créateurs des droits intangibles, ou des droits acquis dits *beati possidentes*, en vertu du principe d'intangibilité ou d'inattaquabilité des effets individuels des actes administratifs.

Par contre, les actes réglementaires n'accordent pas de droits inattaquables. Ceux-ci sont modifiés en raison de l'intérêt général, en vertu du principe de la loi du changement.

---

340 En ce sens, G. DUPUIS et cie, *op. cit.*, p. 147.

341 En ce sens, M. LEROY, *op. cit.*, pp. 15-16.

Un autre intérêt se trouve au niveau du contentieux. En effet, l'article 153, alinéa 4, de la Constitution du 18 février 2006, est très explicite à ce sujet. Il établit clairement une distinction entre les actes réglementaires et les actes individuels. Les cours et tribunaux ne peuvent pas refuser d'appliquer les actes administratifs individuels, alors qu'ils n'appliquent les actes réglementaires que pour autant qu'ils soient conformes aux lois[342].

Cette distinction présente aussi un troisième intérêt au niveau de modes de publicité des actes administratifs unilatéraux qui sont différents selon qu'il s'agit des règlements ou des actes non réglementaires. Ainsi la publication est le mode de publicité des actes réglementaires, tandis que la notification l'est pour les actes individuels.

Un dernier intérêt réside dans la faculté de retrait ou d'abrogation des actes administratifs. Ce pouvoir de suppression des actes de l'ordonnancement juridique, reconnu à l'Administration, obéit à des règles différentes selon qu'il s'agit d'actes réglementaires ou d'actes individuels.

---

342 Relevons en passant que la Constitution de la transition du 4 avril 2003 avait curieusement une autre formulation. L'art. 149 de cette Constitution disposait en effet : « Les Cours et tribunaux civils et militaires appliquent la loi et les actes réglementaires ainsi que la coutume pour autant que celle-ci soit conforme à l'ordre public et aux bonnes mœurs ». Avec cette disposition constitutionnelle, le droit public congolais avait dû renoncer momentanément à une vieille tradition héritée du droit belge depuis sa Constitution de 1831 via la Charte coloniale du 18 octobre 1908 (art. 8, al. 2). Sous ce régime constitutionnel, seul le juge administratif de l'annulation pour excès de pouvoir, et de pleine juridiction, était compétent pour censurer les actes administratifs illégaux. Les autres juges ordinaires (civil, commercial, répressif et du travail) ne pouvaient pas sanctionner des actes réglementaires qu'ils pouvaient estimer illégaux ; ils étaient tenus de les appliquer. En cas d'exception d'illégalité soulevée par des parties en cause, les autres juges ordinaires devaient alors saisir, par voie d'exception, le juge d'annulation pour excès de pouvoir, et le cas échéant de pleine juridiction, et surseoir d'examiner le fond de cette affaire jusqu'à ce que cette exception soit vidée, selon le principe qui veut que c'est le juge de fond qui est le juge d'exception.

II. Actes des organismes publics ou privés investis de mission de service public

Suivant le critère organique et formel, le plus important du reste, seule la nature de l'organe créateur d'un acte compte.

De la sorte, l'acte émanant d'un organisme public est un acte administratif[343] et ceux émanant d'un organisme privé est un acte privé.

Cependant, certains actes émanant des organismes privés seront considérés comme des actes administratifs dès lors qu'ils sont liés à l'exécution d'un service public ou lorsqu'ils résultent d'un recours aux prérogatives de puissances publiques[344].

Ce critère permet de faire la différence, en amont, entre les actes législatifs et le règlement, et en aval d'opérer la distinction entre les règlements pris indépendamment ou en application des actes législatifs. De ce rapport, entre les actes législatifs et les règlements, l'on distingue deux catégories de règlements :

— Les règlements autonomes ;

— Les règlements subordonnés.

Les règlements autonomes sont ceux que l'Exécutif peut prendre en toute matière où la Constitution ou certaines lois organiques ne donnent pas compétence au législateur.

Il s'agit de règlements pris dans le domaine réservé aux pouvoirs exécutifs[345]. Ici, les autorités administratives titulaires du pouvoir réglementaire général, à savoir le Premier ministre et les Gouverneurs

---

343 Il faut exclure cependant les actes de gestion privée de l'Administration (par exemple, les actes de gestion du domaine privé).

344 En ce sens, G. PEISER, *op. cit.*, p. 14 et G. DUPUIS et cie, *Op. cit.*, p. 419.

345 En ce qui concerne le domaine réglementaire national, l'art. 128 de la Constitution dispose : « les matières autres que celles qui sont du domaine de la loi ont un caractère réglementaire » et, pour le domaine réglementaire provincial, l'art. 37 de la Loi n° 08/012 du 31 juillet 2008 portant principes fondamentaux relatifs à la libre administration des provinces, dispose : « les matières reprises aux dispositions des art. 203 et 204 de la Constitution autres que celles énumérées aux art. 35 et 36 de la présente loi, ont un caractère réglementaire ».

des provinces, peuvent édicter des règlements autonomes au sens technique.

En conséquence, le législateur, national ou provincial selon le cas, ne peut pas ou ne peut plus intervenir, même s'il était compétent auparavant.

En revanche, on doit signaler également que les mêmes Administrations, bénéficiant du privilège de réglementation primaire, peuvent prendre des règlements autonomes au sens doctrinal dans les matières exclusivement réservées à la loi ou à l'édit avant l'intervention du législateur, si la réalisation du bien commun ou de l'intérêt général l'exige.

Dans ce cas de figure, l'autonomie dont il est question n'est que relative et temporaire, car dès que le législateur, national ou provincial, intervient dans son domaine de compétence propre, les règlements autonomes provisoires ou relatifs deviennent subordonnés aux lois, en cas de compatibilité.

Les règlements subordonnés, rappelons-le, sont ceux qui interviennent à la suite de la loi soit pour l'appliquer (mesures d'application), soit pour la compléter (mesures d'exécution).

Ainsi les règlements subordonnés sont soit des règlements d'exécution, c'est-à-dire ceux qui ont pour objet de compléter les lois-cadres qui se limitent à fixer les principes de base, en laissant à l'Exécutif la tâche de pourvoir au reste, soit des règlements d'application, c'est-à-dire ceux qui ont pour objet d'assurer l'application des lois particulières, celles qui sont allées en détail.

On le voit, l'intérêt de distinction est, à ce niveau, double :

— C'est que la loi s'impose au règlement subordonné qui est pris dans son sillage. Ici, l'Administration est « fortement limitée et canalisée par la règle légale »[346].

— Le règlement, autonome ou subordonné, s'impose à l'Administration elle-même, en vertu de la loi ou de l'édit, ou en l'absence de celui-ci, du principe de la légalité interne. Il s'impose à l'au-

346 En ce sens, E. SARAGUES LASO, *op. cit.*, n° 71, pp.127-128.

torité administrative qui l'a édicté, et ce, en vertu du principe *patere legem quam ispe fecisti.*

§2. Représentation des parties en contentieux d'annulation ou de pleine juridiction

Le ministère d'avocat n'est pas obligatoire en contentieux d'excès de pouvoir et de pleine juridiction.

A. Représentation des personnes publiques

En matière d'excès de pouvoir et de pleine juridiction, la présence de l'avocat n'est pas obligatoire pour des actions intentées au nom de l'État.

Les personnes publiques sont dispensées du ministère d'avocat, même en cas de révision et de cassation[347].

En pratique, l'autorité publique intéressée désigne un mandataire habilité à la représenter, son délégué, à l'instruction préparatoire et à l'audience avec ou sans l'assistance d'un avocat.

B. Représentation des particuliers

Les particuliers assurent eux-mêmes la défense de leurs intérêts, comme ils peuvent se faire représenter par un avocat[348], sauf en cas de pourvois en cassation[349].

§3. Présentation de requête

La requête est signée et comporte des mentions obligatoires.

347 Art. 160, al. 2, OCFJA.

348 Cf. art. 155, OCFJA.

349 Art. 161, al. 3, OCFJA.

A. Signature de la requête ou mémoire

La requête ou le mémoire est signé par la partie elle-même ou par son avocat[350].

Aussi a-t-il été jugé que l'exception d'irrecevabilité d'une requête en annulation non signée par un avocat mais par la requérante elle-même ne peut être retenue du fait que le ministère de l'avocat est facultatif en matière administrative[351].

Pour la même raison, il a été également jugé qu'une fin de non-recevoir alléguée du fait que la requête en annulation adressée à la Cour suprême de justice serait signée par un avocat du Barreau d'une Cour d'appel ne peut être fondée[352].

B. Mentions reprises dans la requête

Dans la pratique, la requête est datée et comporte obligatoirement les mentions suivantes : le nom, s'il y a lieu, les prénoms, la qualité et demeure ou siège de la partie requérante ; l'objet de la demande ; s'il y échet, les noms, prénoms, qualité et demeure ou siège de la partie adverse ; l'inventaire des pièces formant le dossier[353].

Outre ces mentions, la requête doit contenir un exposé des faits et des moyens justifiant la demande. Il s'agit bien sûr ici des moyens de fait et de droit, car en effet, en excès de pouvoir, le juge administratif statue au fond.

En ce qui concerne la date de la requête, on peut observer qu'elle n'a de portée juridique précise, car la computation des délais de re-

---

350 Cf. art. 138, 139 et 157, al. 1er, OCFJA.

351 Cf. CSJ, RA. 39 du 21 juin 1978, KAPINGA BALEJA c/République du Zaïre, in *BACSJ*, 1979, p. 81 ; DIBUNDA KABUINJI, *Droit Judiciaire Zaïrois — Série spéciale*, t. IV Procédure devant la Cour suprême de justice, vol. 3 Procédure devant la section administrative, Kinshasa, CPDZ, 1987, pp. 10-11.

352 Cf. CSJ, RA. 393, 8 mai 2002, Gardacos Dimitros c/ RDC, in *BACSJ*, 2004, p. 140.

353 Conformité à l'art. 135, al. 2, OCFJA.

cours est plutôt fonction de la date du dépôt de la requête au greffe de la juridiction[354].

§4. Formes et délais de saisine du juge administratif en contentieux d'excès de pouvoir et de pleine juridiction

Fidèle à la tradition au départ de la conception de la justice administrative, la saisine du juge administratif en excès de pouvoir ou en pleine juridiction est précédée d'un arrangement à l'amiable entre parties, et obéit à des délais stricts pour la stabilité de l'action administrative.

A. Caractères rigoureux

L'instauration du contentieux d'annulation constitue à la fois une importante protection pour les droits des citoyens et une menace pour l'efficacité de l'action administrative.

Deux principes fondamentaux de l'état de droit entrent ici en conflit. D'une part, le *principe de légalité* exige que toute situation contraire à la loi, ou, plus généralement, au droit, puisse être éliminée sans considération de délai ; d'autre part, la *sécurité juridique* s'oppose à ce que la régularité de l'action administrative puisse être en tout temps contestée.

Dans cette antinomie entre légalité et sécurité, l'accent a été mis sur la sécurité, ainsi que le législateur a assigné un délai maximum de neuf mois[355]. La loi a entendu ainsi mettre un terme au droit, qu'elle confère aux administrés, d'engager contre les administrations, devant le juge administratif, des procédures susceptibles d'entraver le fonctionnement des services publics.

---

354 En ce sens, DIBUNDA KABUINJI, *op. cit.*, p. 12.

355 Soit, trois mois à dater de la publicité de l'acte pour la réclamation préalable, trois d'attente de la réponse de l'Administration, et trois mois à partir de la réaction de l'Administration pour la saisine de la juridiction.

Par sa gravité et l'importance des effets, valables *erga omnes*, qu'elle entraîne, l'action en annulation, voire en annulation et réparation, intéresse au premier chef l'ordre public. Aussi, ne convient-il pas que la validité des actes, décisions ou règlements demeure indéfiniment incertaine, au gré de la diligence mise par les parties à intenter les recours en annulation ?

D'autres dispositions, par contre, ont privilégié la légalité[356].

Cependant, elles traitent, il est vrai, les unes de formes de censure de l'illégalité administrative dont les effets sont plus limités, et les autres d'une illégalité flagrante.

L'exception d'illégalité organisée par l'article 153 de la Constitution, peut être soulevée sans limitation de délai. Elle ne produit que des effets *erga partes*, c'est-à-dire dans le litige au cours duquel elle est invoquée.

De même, l'article 180 de la Constitution n'assigne pas de terme au contrôle du comptable de la Cour des comptes, qui ne cesse que par le vote de la loi des comptes, plusieurs années après la dépense ; et encore, la Cour des comptes s'oppose fréquemment à des dépenses qui ont pour source une irrégularité vieille de vingt ans.

En droit belge, par exemple, quand un acte viole l'autorité de la chose jugée d'un arrêt du Conseil d'État, l'article 36 des lois coordonnées sur le Conseil d'État permet de susciter son retrait bien après l'expiration du délai de recours en annulation.

Ce souci de ne pas mettre en péril la sécurité juridique impose de limiter strictement la période pendant laquelle un acte administratif peut faire l'objet d'un recours en annulation. Les règles qui suivent, détaillent de quelle manière ce délai se calcule. Elles ne doivent pas faire perdre de vue qu'elles ont pour seul objet de fixer la limite ultime jusqu'à laquelle une requête en annulation peut être introduite.

---

356 Cf. art. 153, al. 4, Constitution du 18 février 2006 : « les cours et tribunaux, civils et militaires, appliquent les traités internationaux dûment ratifiés, les lois, les actes réglementaires pour autant qu'ils soient conformes aux lois ainsi que la coutume pour autant que celle-ci ne soit pas contraire à l'ordre public ».

La requête peut être introduite non seulement avant l'expiration du délai, mais même avant que ce délai n'ait commencé à courir. Une personne qui a connaissance d'un acte dont la publication est obligatoire est recevable à poursuivre l'annulation de cet acte avant que la publication n'ait lieu. La seule contrainte est que l'acte doit avoir été pris, à défaut de quoi la requête serait dépourvue d'objet.

Et encore cette dernière condition n'est-elle pas absolue. Certains services administratifs ont la fâcheuse habitude de notifier des décisions avant qu'elles ne soient prises.

En réalité, la procédure administrative se déroule alors de la manière suivante : un dossier est soumis pour décision à l'autorité compétente ; celle-ci indique dans quel sens elle tranche, souvent par une brève annotation sur la note qui lui est soumise (du genre « OK. », ou « D'accord », ou encore le nom du candidat retenu..., le tout accompagné d'un paraphe et, dans les meilleurs cas, d'une date), et invite son Administration à préparer une décision en bonne et due forme (arrêté, délibération du conseil communal ou du collège...) ; la décision de principe prise par l'autorité est immédiatement portée à la connaissance des intéressés, par lettre ou par télégramme, pendant que l'Administration rédige l'arrêté qui, juridiquement, sera le seul acte attaquable, et qui, d'ordinaire, suivra de quelques jours ou de quelques semaines la décision de principe.

Dans ces cas, il n'est pas rare que les intéressés saisissent le juge d'annulation d'un recours contre ce qui, pour eux, a toute l'allure d'une décision exécutoire. Leur recours, à strictement parler, est prématuré ; mais, s'ils n'introduisent pas de recours contre la décision mise en forme, le Conseil d'État belge, par exemple, a tendance à en étendre l'objet, et à l'interpréter comme dirigé contre la décision qu'annonçait la communication dans laquelle ils croient souvent très légitimement voir un acte susceptible de recours[357].

357 En ce sens, M. LEROY, *op. cit.*, pp. 508-510.

B. Point de départ du délai en contentieux d'annulation et de pleine juridiction

I. Principe

Le délai dans lequel le recours en annulation doit être introduit, est le moment où la forme de publicité qui est obligatoire pour l'acte attaqué est accomplie, ou, à défaut, le moment où le requérant en a connaissance.

La publication ou la notification, pour rendre l'acte ou le règlement opposable et pour faire courir le délai de recours, doit être complète, ou à tout le moins suffisamment explicite pour que les intéressés puissent se rendre compte de la portée exacte de l'acte.

Le délai ne commence à courir que par celle des formes de publicité qui est requise. En conséquence, lorsqu'un acte doit être publié, ni la notification de cet acte, ni la connaissance que le requérant en aurait acquise ne font courir le délai de recours. Quand il doit être notifié, c'est la notification seule qui entre en ligne de compte, quand bien même l'acte serait publié auparavant.

Quelle que soit la forme de publicité requise, l'accomplissement de celle-ci fait courir le délai d'annulation même alors que le requérant n'est pas en mesure d'en soupçonner l'illégalité à ce moment-là.

En fait, c'est la connaissance de l'acte qui fait courir le délai de recours, non la connaissance de son illégalité.

II. En ce qui concerne les actes à publier

S'agissant des règlements, l'article 1er de la Loi n° 10/007 du 27 février 2010 modifiant et complétant l'Ordonnance-loi n° 68-400 du 23 octobre 1968 relative à la publication et à la notification des actes officiels dispose : « les lois, les actes ayant force de loi, les Ordonnances du Président de la République, les Décrets du Premier ministre et les arrêtés des ministres de la République sont publiés par le journal officiel par insertion et sur son site internet.

Les actes réglementaires émanant de toute autorité centrale sont publiés dans la même forme que les actes législatifs »[358].

C'est la publication dans les formes ainsi prescrites qui est le point de départ du délai. Pour les règlements aussi bien des autorités de l'État et des provinces, c'est-à-dire, les ordonnances réglementaires du Chef de l'État, les décrets réglementaires du Premier ministre, les arrêtés provinciaux réglementaires des Gouverneurs de province, les arrêtés réglementaires des ministres de la République ainsi que les arrêtés réglementaires des ministres provinciaux[359], il s'agit de la publication au Journal officiel de la République, la date à prendre en considération est celle que porte ce Journal officiel, quand bien même il n'aurait pas été distribué le jour même.

Pour les autorités des entités administratives décentralisées, l'affichage aux valves est la seule forme de publicité pour les actes et décisions réglementaires.

La preuve de cet affichage et celle de sa date peut être rapportée par tous modes légaux de preuve[360].

III. En ce qui concerne les actes à notifier

Les actes individuels, eux, sont normalement *notifiés* à leurs destinataires, et, s'ils intéressent la généralité des citoyens, ils doivent être publiés par mention au Journal officiel.

Le délai de recours commence à courir à partir de la notification à l'égard des personnes auxquelles l'acte ou décision doit être notifié, sauf dérogation particulière, c'est-à-dire à la condition que la noti-

358 In *JORDC*, n° spécial, Kinshasa, 3 mars 2010, p. 5, col. 1.

359 En attendant la création des supports de publicité des actes et décisions des autorités en Province, les dispositions de la Loi n° 68-400 du 23 octobre 1968, telle que modifiée et complétée par la Loi n° 10/007 du 27 février 2010, ne seront d'application qu'en vertu de principes généraux de droit.

360 Les autorités des entités territoriales veilleront à l'établissement systématique des procès-verbaux d'affichage constatant la date d'affichage et la durée pendant laquelle le règlement est resté affiché.

fication faite par l'Administration indique l'existence du recours en annulation ainsi que les formes et délais à respecter.

Dans tout le cas, la date à prendre en considération est celle à laquelle une copie ou une expédition de l'acte est remise au destinataire, ou, si la notification est faite par voie postale, le jour où le pli est présenté à son domicile.

IV. En ce qui concerne les actes ni publiés ni notifiés

Tous les autres actes de l'État, des Provinces et des entités territoriales décentralisées qui ne sont pas astreints à l'exigence de publicité doivent être attaqués à partir du moment où le requérant en a connaissance.

La preuve de ce moment peut être apportée par toute voie de droit.

Les actes implicites, enfin, n'étant pas des actes « réels », mais des fictions créées pour la sécurité des administrés en cas de carence de l'Administration, ne peuvent être publiés. Quand ils se déduisent d'actes explicites, le délai commence à courir en même temps que celui qui s'ouvre pour le recours dirigé contre l'acte explicite. Quand ils se déduisent de l'absence de réaction de l'Administration à la suite d'une mise en demeure qui lui est adressée, le point de départ est fixé le lendemain de l'expiration du délai dans lequel l'Administration aurait dû se prononcer sur la mise en demeure.

V. En ce qui concerne des actes soumis à approbation

Quand un acte est soumis à une tutelle d'approbation, il ne devient définitif que par l'approbation, et c'est au moment où celle-ci est notifiée ou publiée que le délai de recours est déclenché.

Selon le cas, il convient d'examiner si la requête doit être dirigée contre l'acte approuvé, contre l'approbation, ou contre les deux.

C. Évaluation du préjudice subi dans la réclamation administrative préalable en cas de pleine juridiction

Lorsque la victime de l'acte entend obtenir, en même temps, l'annulation et la réparation dans le cadre du contentieux de pleine juridiction, la réclamation obligatoire et préalable à la saisine du juge administratif contient, outre les moyens d'annulation, l'évaluation chiffrée du préjudice matériel ou moral subi.

L'évaluation de ce préjudice se fait sur base des éléments objectifs et précis, au besoin par voie d'expert, pour s'imposer à l'autorité saisie, et plus tard au juge.

Aujourd'hui, à tort, le défaut d'évaluation n'a toujours pas été retenu comme motif d'irrecevabilité en pleine juridiction. Le juge a souvent procédé, dans ce cas, par allouer une indemnité forfaitaire, *ex aequo et bono*, c'est-à-dire en équité[361].

Telle démarche n'est pourtant pas concevable. En effet, le caractère rigoureux et obligatoire de la réclamation préalable ne peut admettre devant le juge administratif, des réclamations ayant échappé à l'auteur de l'acte, dans la phase administrative, préalable et obligatoire.

L'on est, dans ce cas, devant des moyens nouveaux, ayant échappé à l'auteur de l'acte, dans le règlement à l'amiable, que le juge ne saurait connaître.

D. Demande en réparation introduite à titre principal, en même temps que la demande en annulation en cas de pleine juridiction

Sous peine d'irrecevabilité, la requête en annulation et réparation devant le juge administratif contient deux demandes : l'annulation et la réparation[362].

361 Cf. notamment RA. 235 du 19 février 1993, en cause Commission de liquidation de l'ancienne ASBL « les Témoins de Jéhovah » c/ République du Zaïre, in JURICONGO, *op. cit.*, pp. 58-59.

362 Cf. notamment, RA. 149 du 27 novembre 1987, en cause MATALI MUHIHRI c/ République du Zaïre, *in JURICONGO, op. cit.*, tome I, pp. 47-48 ; RA. 182/186/191 du 1er juin 1990, en cause le citoyen NGBENZI

Les deux demandes font l'objet d'une seule et même action au principal, devant le juge administratif compétent.

Le juge administratif s'est, à tort, cependant, montré souvent large sur cette exigence.

Il a admis des demandes en réparation, même jusqu'à la clôture des débats[363], voire, à travers des mémoires des victimes[364].

Pourtant, introduire sa demande en réparation à titre principal et au même moment que la demande en annulation est une obligation légale. Elle s'impose au juge.

Le requérant entame sa procédure en réparation depuis la réclamation administrative obligatoire, préalable à la saisine du juge administratif, devant l'auteur de l'acte. Ce qui lui facilite la tâche, et pour bien évaluer la hauteur de réparation, et pour concevoir la double demande dès la rédaction de sa requête.

La demande en réparation pour faute, l'illégalité de l'acte, ne peut pas être une question nouvelle, et pour l'Administration qui l'a traitée à la phase d'arrangement à l'amiable obligatoire, et pour le juge saisi de cette double demande.

SECTION II. Conditions de recevabilité en plein contentieux

Sous peine d'irrecevabilité, l'action en plein contentieux tient compte de la compétence du juge saisi et de la qualité du requérant.

§1. Compétence du juge

Les règles de compétence, matérielle et territoriale, de chacune des juridictions administratives en plein contentieux est d'ordre public.

NZOMBI M'OKOBA et csrts c/ République du Zaïre, *in idem*, pp. 50-52, col.1 et RA. 235 du 19 février 1993 (déjà cité plus haut).

363 Cf. RA. 190 du 22 juin 1988, en cause NSUBAYI MITEU c/ La République du Zaïre, in JURICONGO, *op. cit.*, Tome II, p.55.

364 Cf. notamment, RA. 39 du 21 juin 1978, en cause KAPINGA BELEJA c/ la République du Zaïre (déjà cité plus haut).

On se réfère ici, non seulement aux règles ordinaires de l'organisation, compétence et fonctionnement des juridictions de l'ordre administratif[365], mais aussi à celles établies éventuellement par des législations particulières[366].

§2. Personnes pouvant intenter l'action

Le plein contentieux appartient, en principe, à la victime elle-même[367].

Cependant, sous peine d'irrecevabilité, les requêtes et mémoires sont présentés par un avocat, sauf dans les cas ci-après :

1. litiges en matière de travaux publics, de contrats relatifs au domaine public, de contravention de grande voirie;
2. litiges en matière d'impôts directs et indirects, de la taxe sur la valeur ajoutée et des taxes assimilées;
3. litiges d'ordre individuel concernant les fonctionnaires ou agents de l'État et des autres personnes ou collectivités publiques;
4. litiges en matière de pensions;
5. demandes d'exécution d'un jugement définitif.

Les personnes publiques (l'État, les provinces, les entités territoriales décentralisées ainsi que les organismes sous tutelle) sont dispensées de l'obligation du ministère d'avocat[368].

---

365 Cf. art. 85, point 5 (CE), art. 96, al. 2 et 3 (CAA) et art. 104, al. 2 à 4, et suivants (TA), OCFJA.

366 Loi électorale; O-L sur l'expropriation pour cause d'utilité publique ; code des impôts; etc.

367 Mais en dehors de la victime, certaines autres personnes peuvent bien sûr intenter cette action à sa place car celle-ci est par principe dans son patrimoine. Il peut s'agir de : son représentant légal si la personne lésée ne peut ester en justice; les héritiers car l'action en réparation fait partie du patrimoine du de cujus; son créancier au moyen de l'action oblique (exception pour l'action attachée personnellement au débiteur de la victime); son assureur grâce à la subrogation.

368 Cf. Art. 156, al. 4, point 5 et 160, al. 2, OCFJA.

SECTION III. Conditions de recevabilité en cas de réparation pour préjudice exceptionnel

Avant d'être examinée au fond et sous peine d'irrecevabilité, la demande en réparation pour dommage exceptionnel doit satisfaire à deux exigences :

— Introduction d'une réclamation préalable en bonne et due forme devant l'Administration ;

— Respect de délai de recours.

§1. Requête préalable devant l'Administration

L'essence de la réclamation préalable devant l'Administration ainsi que son importance en réparation pour préjudice exceptionnel méritent d'être soulignées.

A. Essence de la réclamation préalable en contentieux du préjudice exceptionnel

L'exigence de la procédure de réclamation préalable tire ses origines de règles applicables devant le Conseil d'État belge, conçu sur le modèle du Conseil d'État français.

Le contentieux de l'indemnité apparaît, dans ce cas, comme une timide transposition de la compétence de « pleine juridiction » du Conseil d'État français, adaptée aux règles constitutionnelles belges.

La requête préalable correspond à une institution bien connue du contentieux administratif français en matière de pleine juridiction : la *liaison du contentieux* par la décision préalable. « La règle de la décision préalable consiste en ce que l'on ne peut former un recours devant le juge administratif que s'il existe une décision préalable de l'Administration contraire à la prétention du requérant »[369].

---

369 A. DE LAUBADERE, *Traité de droit administratif*, 6e éd., T. I, Paris, LGDJ, 1973, n° 861, p. 496.

B. Bien-fondé de la réclamation préalable en contentieux du préjudice exceptionnel

Au contentieux de l'annulation, l'acte attaqué constitue la décision préalable de l'Administration. Pour la réparation du préjudice exceptionnel, le requérant doit aussi, avant de saisir le juge administratif, provoquer de la part de l'Administration une décision rejetant sa prétention.

Historiquement, la règle se rattache à la théorie du ministre-juge, dans le dernier état de laquelle le recours au Conseil d'État était considéré comme l'appel de la décision juridictionnelle de premier degré que constituait la décision du ministre.

Cette théorie est abandonnée depuis 1883, mais la règle qu'elle a engendrée subsiste en France, en partie par inertie, en partie en raison des avantages qu'on y a trouvés, à savoir que :

— La demande adressée à l'Administration constitue une tentative de conciliation. Elle évite le recours juridictionnel quand l'Administration reconnaît à ce stade le bien-fondé de la prétention du requérant;

— Si cette prétention est rejetée, la décision préalable circonscrit l'objet du litige, déterminant irrévocablement les parties, l'objet et la cause des débats devant le juge.

Le droit belge, puis congolais, s'étant inspiré de ce mécanisme, le recours en indemnité devant le juge du dommage exceptionnel s'analyse, dans sa conception fondamentale, comme un recours de plein contentieux ouvert contre la décision par laquelle l'Administration rejette la demande d'indemnisation que le requérant lui a présentée.

Mais si l'histoire explique l'origine de l'institution, elle ne justifie pas sa persistance; celle-ci tient, comme en France, à l'utilité de la tentative de conciliation et à la clarté du débat.

§2. Forme et délais de recours en préjudice exceptionnel

La réclamation administrative obligatoire et préalable devant le juge de l'indemnité obéit à des règles de forme et de procédure tout à fait particulières qu'il importe de souligner.

A. Requête en réclamation préalable pour réparation du préjudice exceptionnel

Sous peine d'irrecevabilité, le requérant adresse à l'Administration une requête par laquelle il sollicite le versement d'une indemnité équitable[370].

Cette requête est écrite. Elle est précise que possible[371].

Elle indique clairement le montant estimé du dommage subi et formule l'exigence du paiement d'une somme déterminée de sorte que le juge de l'indemnité ne saura statuer *ultra petita*, c'est-à-dire en dehors du montant demandé[372].

---

370 Sur ce point, la jurisprudence belge est intransigeante : l'absence de requête préalable condamne le recours en indemnité à l'irrecevabilité. De même, il n'est pas permis de demander au Conseil d'État plus qu'il n'a été demandé dans la requête préalable. Le seul tempérament à cette règle est que le montant réclamé dans la requête préalable peut être majoré de la même manière qu'une demande devant les tribunaux judiciaires est majorée d'intérêts. Devant le Conseil d'État, il ne s'agit pas à proprement parler d'intérêts judiciaires; ceux-ci sont une forme de dommages et intérêts versés pour compenser le préjudice qui consiste à avoir été irrégulièrement privé de la jouissance d'une somme d'argent; d'une part, le Conseil d'État n'est pas compétent pour accorder des dommages et intérêts; d'autre part, l'arrêt du Conseil d'État qui accorde une indemnité est *constitutif* de droit, et non *déclaratif* comme le sont les décisions des juridictions de l'ordre judiciaire qui condamnent à réparer un préjudice; la créance d'indemnité ne naît que de l'arrêt, et le requérant ne peut soutenir qu'il en a été privé avant qu'elle ne naisse; aussi, ce que le Conseil d'État accorde s'analyse non en intérêts mais en un complément d'indemnité accordé en équité afin de couvrir un préjudice subi.

371 Cf. notamment l'arrêt du CEb, 28 avril 1967, SPARMONT c/ État belge, n° 12366, *Rec.*, p. 444.

372 Toutefois, après désistement d'une première demande, non précédée d'une requête préalable, une seconde demande de même objet peut toujours

La requête en indemnité introduit, pour ce faire, le débat susceptible de se poursuivre devant le juge du dommage exceptionnel : il ne sera pas possible d'en corriger postérieurement les faiblesses.

B. Délais de 30 ans pour introduction de la réclamation préalable en préjudice exceptionnel

La requête préalable, devant l'Administration auteur du préjudice exceptionnel, est introduite dans les 30 ans de la décision, acte ou fait à la base du préjudice exceptionnel[373].

Cette requête peut naturellement aboutir à un arrangement à l'amiable entre la victime et l'Administration (pouvoir central, province ou entité territoriale décentralisée) à laquelle appartient l'autorité de la République à la base du préjudice.

Cependant, lorsqu'elle est rejetée, totalement ou partiellement, le débat se poursuit devant le juge de l'indemnité pour dommage exceptionnel.

C. Délai de 3 mois pour la saisine du Conseil d'État

Sous peine d'irrecevabilité, la requête en indemnité, pour préjudice exceptionnel devant le Conseil d'État, est introduite dans les trois mois de la notification du rejet total ou partiel de la réclamation administrative préalable[374].

La copie de la réclamation et de la décision de rejet ou, en cas de défaut de décision, le récépissé du dépôt de la réclamation à la poste ou du dépôt par porteur de ladite réclamation avec accusé de réception, sont joints à la requête.

être introduite sans objection d'irrecevabilité. Il y va de même lorsqu'une requête insuffisamment précise dans son argumentation est remplacée d'une deuxième requête plus étoffée.

373 Cf. Art. 356, al. 2, OCFJA.

374 Cf. art. 357, OCFJA.

SOUS-TITRE II

INCIDENTS DE PROCÉDURE DEVANT LE JUGE ADMINISTRATIF

L'ouverture et la recevabilité d'un procès administratif peuvent être retardées, et au besoin définitivement closes, à la suite des incidents de procédure désormais organisés en droit congolais, à savoir : la médiation ou la conciliation et les référés.

CHAPITRE I

MÉDIATION OU CONCILIATION

Il importe de préciser la notion et les conditions de recevabilité de médiation, telles qu'instituées devant le juge administratif congolais.

SECTION I. Notions de médiation

La médiation est une procédure spéciale d'ultime arrangement à l'amiable devant la juridiction saisie.

§1. Procédure spéciale devant le juge de droit commun

La médiation, autrement appelée la conciliation, est une procédure spéciale devant les juridictions administratives de droit commun, le Conseil d'État, les cours administratives d'appel et les tribunaux administratifs.

§2. Ultime arrangement à l'amiable devant le juge administratif

La procédure de médiation permet aux parties au litige, d'obtenir de la juridiction ainsi saisie, un ultime arrangement à l'amiable de leur différend.

Lorsque la solution au litige est ainsi trouvée, la volonté des parties est coulée en forme de décision d'expédient par la juridiction.

SECTION II. Recevabilité de la médiation

La médiation est recevable tant que la juridiction n'a pas statué au fond et ce, avant la prise en délibéré de l'affaire.

Elle se déroule dans les trois mois de l'introduction de la requête en annulation, en pleine juridiction, en plein contentieux ou en réparation pour préjudice exceptionnel.

Dans le cas contraire, l'affaire poursuit son cours normal.

CHAPITRE II

RÉFÉRÉS

Ce chapitre examine les notions, modalités, conditions d'admission ainsi que les voies de recours en référé.

SECTION I. NOTIONS

Le référé est une procédure incidente mais dilatoire devant le juge administratif.

Elle permet au juge de recourir aux mesures provisoires et urgentes, dans l'intérêt des parties ou de la loi, avant de statuer au fond.

§1. Procédure incidente et dilatoire

Le référé est une procédure incidente par laquelle une juridiction administrative, siégeant à juge unique[375] et en chambre du conseil,

375 Seuls, le Président du tribunal administratif et le Premier président de la cour administrative d'appel ainsi que les magistrats de leurs juridictions qu'ils désignent à cet effet, sont juges des référés.
Au niveau du Conseil d'État, c'est le Président de la section du contentieux qui est juge des référés ainsi que les conseillers, ayant au moins trois ans d'ancienneté dans le grade, qu'il désigne à cet effet.

peut[376] ordonner des mesures provisoires[377] et urgentes, conservatoires ou à titre de provision, dans l'intérêt particulier des parties ou au nom de l'intérêt général.

La procédure en référé est acquise dès lors qu'il existe des doutes sérieux quant à la légalité d'un acte attaqué ou lorsqu'il y a lieu d'éviter la dégradation ou l'aggravation d'un préjudice réparable par l'Administration.

§2. Procédure assortie des mesures provisoires et urgentes avant la décision au fond

La mesure en référé court jusqu'à la décision au fond.

Le juge du référé statue par voie d'ordonnance[378], et selon le cas, dans les huit jours de la saisine, en cas de référé suspension, ou dans les quarante-huit heures de la saisine, en cas de référé liberté.

SECTION II. Modalités des référés

Le droit congolais organise des référés généraux, des référés particuliers et des référés spéciaux.

---

376 Lorsqu'il apparaît, au vu de la requête, que la demande est dépourvue de caractère d'urgence ou ne relève manifestement pas de la compétence de la juridiction administrative, qu'elle est irrecevable ou non fondée, le juge des référés peut rejeter la demande, sans même communiquer la requête au défendeur ni procéder à la convocation des parties.
Le juge des référés qui entend décliner sa compétence rejette la demande dont il est saisi par voie d'ordonnance.

377 Les mesures provisoires (de suspension des effets d'un acte ou de sauvegarde des libertés remises en cause) qui résultent des ordonnances en référé sont susceptibles de modification, à la demande de toute personne intéressée et au vu d'un élément nouveau.

378 L'ordonnance rendue en matière des référés mentionne outre les noms des parties, l'analyse sommaire des conclusions ainsi que les visas des dispositions législatives ou réglementaires dont il est fait application, la date et le dispositif divisés en articles.

§1. Référés généraux

Sont considérés comme référés généraux, le référé-suspension, le référé-liberté et le référé-provision.

A. Référé-suspension

Le référé-suspension est la procédure par laquelle le juge des référés est saisi pour ordonner la suspension d'une décision administrative manifestement illégale.

B. Référé-liberté

Le référé-liberté est la procédure par laquelle le juge de référé est saisi pour ordonner des mesures nécessaires à la sauvegarde de la liberté, soit par la suspension de l'exécution de la mesure contestée, soit en prenant des mesures nécessaires et conservatoires en vue de la sauvegarde des libertés inquiétées.

C. Référé-conservatoire

Le référé-conservatoire est une procédure qui tend à obtenir du juge des référés, sans faire obstacle à l'exécution d'aucune décision administrative, d'ordonner des mesures utiles à la préservation de la situation des parties à l'avenir.

§2. Des référés particuliers

Les référés particuliers sont : le référé-constat, le référé-instruction et le référé-provision.

A. Référé-constat

Il y a référé-constat lorsque le juge du référé, pour des faits susceptibles de donner lieu à un litige survenus dans son ressort, et sans qu'il n'y eu lieu à aucune autre appréciation, est saisi pour ordonner, sans délai, le constat des faits, par voie d'expert qu'il désigne.

B. Référé-instruction

Il y a référé-instruction lorsqu'il y a lieu de prescrire, par voie d'expert, toute mesure utile d'expertise ou d'instruction portant uniquement sur des questions de fait. Dans ce cas, la requête est notifiée au défendeur éventuel en lui accordant un délai de réponse.

C. Référé-provision

Il y a référé-provision lorsque l'existence de l'obligation n'étant du tout pas contestable, et même en l'absence d'une demande au fond, le juge en référé est saisi pour accorder une provision au créancier.

À cet effet, le juge des référés peut, même d'office, subordonner le versement de la provision à la constitution d'une garantie.

La requête est notifiée au défendeur éventuel en lui accordant un délai de réponse.

§3. Des référés spéciaux

Les référés spéciaux sont :

— Le référé précontractuel des marchés publics ;

— Le référé douanier ;

— Le référé fiscal ;

— et Le référé sur déféré.

A. Référé précontractuel des marchés publics

Il y a référé précontractuel des marchés publics lorsque la saisine du juge des référés tend à sanctionner des violations des règles de transparence, de publicité et de mise en concurrence à l'occasion de la passation des marchés publics, des contrats de partenariats et de délégation de service public.

B. Référé douanier

Il y a référé douanier lorsque à la suite d'une décision de rejet des garanties offertes par le requérant à l'administration douanière, la saisine tend à obtenir l'appréciation du juge de référé si ces garanties ne répondent-elles pas aux prescriptions légales ou si le requérant peut être dispensé des garanties déjà constituées[379].

C. Référé fiscal

Il y a référé fiscal lorsque le juge des référés est saisi pour décider si les garanties offertes par le requérant, rejetées par l'administration fiscale, dans le cadre d'une procédure de contestation des impôts directs et indirects, de la taxe sur le chiffre d'affaires et non admises au bénéfice du sursis légal de paiement, répondent aux prescriptions légales ou sont susceptibles de le dispenser des garanties déjà constituées[380].

D. Référé sur déféré

Il y a référé sur déféré lorsque la saisine émane d'une autorité de tutelle sur les actes et tend à obtenir du juge, la suspension d'une délibération soumise à son contrôle a priori mais qui n'a pas fait l'objet de transmission préalable, ou de l'exécution d'une décision présentant des doutes sérieux quant à sa légalité ou lorsque pareille décision compromet sérieusement l'exercice d'une liberté publique.

SECTION III. Conditions d'admission des procédures en référé

Il existe des règles d'admission, les unes applicables à tout référé et les autres spécifiques à certains référés.

---

379 Pendant la procédure de référé, la douane ne peut exercer aucune action sur les biens du requérant en dehors des mesures conservatoires.

380 Pendant la procédure en référé-fiscal, l'administration fiscale ne peut exercer aucune action sur les biens du requérant en dehors des mesures conservatoires.

§1. Conditions d'admission applicables à tout référé

De règle générale, la procédure en référé n'est engagée que par voie de requête, en cas d'illégalité manifeste de l'acte ou lorsqu'il existe un risque évident d'une détérioration difficilement réparable des faits.

A. Nécessité d'une requête en référé

Le juge du référé n'est saisi que par voie de requête[381] des parties.

La requête mentionne l'identité et l'adresse des parties.

B. Illégalité manifeste ou détérioration irréparable

La procédure de référé n'est admise que lorsqu'il existe un doute sérieux quant à la légalité de l'acte ou des craintes réelles sur la dégradation ou l'aggravation des faits susceptibles de donner lieu à un litige devant le juge administratif, ou encore des violations manifestes et délibérées des libertés et droits fondamentaux garantis.

C. Caractère obligatoire du ministère d'avocat

Le ministère d'avocat est obligatoire, sauf en cas de référé-liberté et des référés particuliers.

§2. Conditions d'admission particulières à certains référés

Outre les conditions d'admission générale liées à la nécessité d'une requête et à l'illégalité manifeste de l'acte ou à la dégradation difficilement réparable des faits, les référés particuliers et spéciaux obéissent à d'autres exigences tout à fait particulières.

---

381 Lorsqu'il s'agit de référé-suspension, la requête est accompagnée de la requête principale, à peine d'irrecevabilité.

A. Cas des référés particuliers

À peine d'irrecevabilité, les référés particuliers sont en outre soumis aux conditions ci-après :

- pour le référé-constat, la requête indique avec précision les faits qui font l'objet de la demande de constat et la raison d'être de ce constat ;
- pour le référé-instruction, la requête porte sur un objet réel et effectif, ayant un lien d'utilité avec le règlement du litige principal ;
- pour le référé-provision, la requête indique la source de la créance et les titres sur lesquels elle se fonde. Il doit s'agir d'une créance liquide, exigible et insusceptible de recouvrement en l'état par un titre exécutoire.

B. Cas des référés spéciaux

À peine d'irrecevabilité, les référés spéciaux sont soumis aux conditions suivantes :

- la requête est introduite, selon le cas, avant la signature ou l'approbation du contrat, par toute personne, justifiant d'un intérêt ou du pouvoir de tutelle, sur une administration contractante, en cas du référé précontractuel des marchés publics ;
- avoir préalablement consigné en garantie au profit de la douane auprès d'une banque, sur un compte séquestre produisant intérêt au taux légal, une somme représentant au moins cinquante pourcent des droits contestés et saisir le juge de référé douanier, le Conseil d'État, dans les dix jours ouvrables suivant la décision de rejet ; par une requête en référé douanier ;
- avoir consigné en garantie au profit de l'administration fiscale auprès d'une banque, sur un compte séquestre produisant intérêt au taux légal, une somme égale au montant des droits contestés, en cas de référé fiscal.

SECTION IV. Voies de recours en référés

Les ordonnances en référé sont susceptibles soit de tierce opposition, soit d'appel ou de cassation.

§1. Tierce opposition

L'ordonnance rendue en matière de référé-constat ne peut faire l'objet que de la procédure de tierce opposition devant le juge administratif, cependant dans un délai de quinze jours à compter de sa notification[382].

§2. Appel

Les ordonnances en matières de référé-liberté et référé-fiscal sont rendues en premier ressort. Elles sont susceptibles d'appel devant la Cour administrative d'appel ou le Conseil d'État, selon le cas.

De même, en cas de rejet partiel ou total de la demande en référé constat ou en référé-instruction, l'ordonnance peut faire l'objet d'appel devant le juge administratif[383], dans les quinze jours à compter de sa notification.

Il en est de même de l'ordonnance en référé-provision.

Le recours en cassation est ouvert contre la décision d'appel dans les quinze jours de leur notification.

§3. Cassation

Les ordonnances en matière de référés généraux et spéciaux sont rendues, en principe, en premier et dernier ressort.

382 Art. 303, OCFJA.

383 Lorsque l'appel émane du défendeur, partie au litige, il est interjeté, devant le juge des référés.

Elles sont susceptibles de pourvoi en cassation dans les quinze jours de leur notification.

TITRE IV

INSTRUCTION ET JUGEMENT DES AFFAIRES DEVANT LES JURIDICTIONS DE L'ORDRE ADMINISTRATIF

Aussitôt saisie, la juridiction instruit et juge l'affaire.

CHAPITRE I

INSTRUCTION DES DOSSIERS

Devant les juridictions de l'ordre administratif, l'instruction des dossiers est contradictoire. Elle est confiée à chaque chambre.

Pour un bon déroulement de l'instruction, le greffier communique les pièces du dossier aux parties.

SECTION I. Communication et consultation des pièces

Les pièces du dossier sont communiquées aux parties, sans préjudice à leur droit de les consulter directement au greffe de la juridiction et produire des mémoires.

§1. Communication des pièces, devoirs du greffier

Les dossiers de l'affaire sont déposés au greffe de la juridiction. Leurs copies sont ensuite envoyées aux parties pour production des mémoires et, enfin, au ministère public pour ses avis.

A. Dépôt des pièces au greffe

À l'instar de requêtes ou réquisitoires introductifs d'instance, les mémoires en réponse, en réplique et autres observations ainsi que les pièces qui y sont jointes éventuellement, les rapports du magistrat rapporteur, et le cas échéant, du magistrat désigné pour des nouveaux devoirs d'instruction, sont déposés au greffe.

B. Communications des pièces aux parties et au ministère public

Les copies des dossiers sont, toujours par la diligence du greffier[384], communiquées aux parties[385] par lettres recommandées, avec accusé de réception.

Lorsque les productions des parties sont faites ou que les délais accordés pour ces productions sont écoulés, le greffier transmet le dossier au ministère public pour son avis.

§2. Consultation des dossiers et mémoires des parties

Les parties consultent les dossiers et produisent des mémoires.

A. Consultation des dossiers au greffe

Les parties ou les avocats peuvent prendre connaissance au greffe des pièces de l'affaire et en lever copie moyennant paiement.

B. Production des mémoires

Les parties ont un délai[386] de trente jours pour produire leurs mémoires.

---

384 La notification peut également être effectuée dans la forme administrative. Dans ce cas, le magistrat rapporteur désigne l'agent chargé de son accomplissement.
Il est délivré récépissé de cette notification, à défaut, il est dressé procès-verbal de notification par l'agent qui l'a faite.
Le récépissé ou le procès-verbal est transmis directement au greffe.

385 Les communications à l'administration publique des demandes et différents actes de procédure sont faites à l'autorité habilitée à la représenter devant la juridiction.

386 Si les nécessités de l'instruction le justifient, les délais imposés aux parties pour la transmission de la requête, du réquisitoire ou du mémoire en réponse

I. 30 jours pour des mémoires en réponse

Le délai pour déposer le mémoire en réponse, par le défendeur, est de trente jours à dater de la signification de la requête ou du réquisitoire.

Le greffier transmet ce mémoire en réponse à la partie requérante et l'avise du dépôt du dossier au greffe[387], pour sa réplique.

II. 30 jours pour des mémoires en réplique ou en duplique

Le requérant dispose de trente jours pour déposer son mémoire en réplique et la partie défenderesse, trente jours encore pour déposer un autre mémoire en duplique.

III. 30 jours pour des mémoires en réplique sur le rapport du rapporteur

Après l'accomplissement des mesures préalables, le magistrat rapporteur rédige un rapport sur l'affaire, pour la chambre.

Ce rapport, ainsi que toutes les pièces jointes sont déposées au greffe de la juridiction.

Dans ce cas, le requérant a trente jours pour déposer le mémoire en réplique, et la partie défenderesse trente jours pour y répondre.

C. Prorogations de délais des mémoires

Si les nécessités de l'instruction le justifient, les délais imposés aux parties pour la transmission de la requête, du réquisitoire ou du mé-

---

peuvent, après avis du Ministère public, être prorogés par ordonnance motivée du Président de la section du contentieux.
Dans ce cas, le greffier notifie aux parties l'ordonnance de prorogation des délais.

387 Si la partie défenderesse s'abstient de prendre un mémoire en réponse dans le délai imparti par le magistrat rapporteur, la partie requérante en est avisée par le greffier et elle peut remplacer le mémoire en réplique par un mémoire ampliatif de la requête.

moire en réponse peuvent, après avis du ministère public, être prorogés par ordonnance motivée du Président de la section du contentieux.

Le greffier notifie aux parties l'ordonnance de prorogation des délais.

D. Défaut de mémoire en défense ou en réplique

Si dans le délai imparti par le rapporteur, et en dépit de la mise en demeure ou à l'expiration du nouveau et dernier délai accordé par le chef de juridiction, en cas de force majeure, une partie n'a pas produit, selon le cas, son mémoire en réponse ou en réplique, elle est réputée avoir renoncé à la communication des pièces.

Lorsqu'il s'agit du défendeur, les conclusions du requérant sont adjugées si elles se trouvent justes et bien vérifiées au regard des pièces du dossier.

SECTION II. Instruction des affaires

L'instruction des dossiers peut être menée par un magistrat rapporteur ou, en cas des affaires urgentes, directement par la chambre[388].

§1. Instruction menée par un magistrat rapporteur

Dès sa désignation, le rapporteur procède aux devoirs d'instruction et transmet son rapport à la chambre.

A. Désignation du magistrat rapporteur

Le Président de la section répartit les affaires lui confiées par le chef de juridiction entre les chambres, après avoir accompli, s'il y a lieu, les actes d'instruction nécessaires à la mise en état de la cause.

388 Les affaires urgentes sont directement confiées aux chambres par le chef de juridiction, lesquelles en assurent l'instruction et la mise en état, avant la transmission du dossier au ministère public.

Immédiatement après l'enregistrement au greffe de la requête introductive d'instance ou du réquisitoire, et sa transmission à la section du contentieux par le chef de juridiction, le chef de section désigne un magistrat rapporteur parmi les conseillers membres de la chambre à laquelle l'affaire est confiée[389].

Le magistrat rapporteur conduit son instruction sous l'autorité du Président de la chambre à laquelle il appartient.

B. Devoirs d'instruction

Le rapporteur fixe, eu égard à l'état du dossier, le délai à accorder, s'il y a lieu, aux parties pour produire les mémoires complémentaires, observations, défenses ou répliques.

Il peut correspondre directement avec toutes les autorités, leur demander ainsi qu'aux parties tout renseignement jugé utile, se faire communiquer tout document, entendre tout témoin, commettre des experts, déterminer leurs missions et leur communiquer les pièces utiles et procéder sur les lieux à toutes constatations.

Après l'accomplissement de ces mesures préalables, le magistrat rapporteur rédige un rapport sur l'affaire. Ce rapport est transmis à la chambre, avec les documents datés et signés obtenus à la suite de l'instruction.

§2. Instruction directement menée par la chambre

Lorsque l'instruction d'une affaire est directement menée par la chambre, celle-ci peut, en outre, ordonner des nouveaux devoirs sur l'instruction menée par le magistrat rapporteur, entendre les témoins et faire commettre des experts ou des contre-expertises, ou faire ordonner des enquêtes.

389 Cf. art. 47 à 50, et 162, OCFJ.

A. Audition des témoins

En cas d'audition des témoins, les parties et leurs avocats sont convoqués.

La chambre ordonne que les témoins prêtent le serment suivant : « *Je jure de dire la vérité, toute la vérité et rien que la vérité* ».

B. Nouveaux devoirs d'instruction

Si la juridiction estime qu'il y a lieu d'ordonner de nouveaux devoirs d'instruction, elle désigne un membre du siège pour y procéder.

Dans ce cas, après l'accomplissement des devoirs requis, le membre désigné remet son rapport à la juridiction, déposé au greffe pour communication aux parties.

C. Commission d'expert

Une expertise peut être ordonnée, sur des points précis, par le chef de juridiction, soit d'office, soit à la demande des parties.

Le choix de l'expert relève de la compétence du chef de la juridiction.

Le greffier notifie dans les dix jours à l'expert la décision qui le commet et qui fixe l'objet de sa mission[390]. Il annexe à celle-ci la formule du serment que l'expert prêtera par écrit et déposera au greffe dans les trois jours pour être joint au dossier.

Les experts peuvent être récusés pour les mêmes causes que les juges. S'il s'agit d'une personne morale, la récusation peut viser tant la personne morale elle-même que les personnes physiques qui assurent en son nom, l'exécution de la mesure d'expertise qui a été prescrite.

---

390 L'expert qui, après avoir accepté sa mission et ne la remplit pas ou celui qui ne dépose pas son rapport dans le délai fixé peut, après avoir été entendu par la juridiction, être condamné au paiement des frais frustratoires. L'expert est en outre remplacé, s'il y a lieu.

Le rapport est déposé au greffe. Il est accompagné d'un nombre de copie égal à celui des parties en litige ayant un intérêt distinct, augmenté de deux.

La signature de l'expert ou des experts est précédée du serment : « *Je jure que j'ai rempli ma mission en honneur et conscience, avec exactitude et probité* ».

Une copie du rapport est notifiée aux parties intéressées pour leurs observations dans le délai de trente jours. Une prorogation de délai peut être accordée.

D. Enquête et contre-expertise

La juridiction peut, soit à la demande des parties, soit d'office, ordonner une enquête sur les faits dont la constatation lui paraît utile à l'instruction de l'affaire.

Elle peut également, dans les mêmes conditions, ordonner une contre-expertise.

Sa décision est notifiée aux parties.

Les parties sont invitées à présenter leurs témoins éventuels, aux jours et lieux fixés par la décision ordonnant l'enquête.

Elles peuvent faire assigner les témoins, à leurs frais, par acte du greffier.

La chambre ou le juge qui procède à l'enquête peut d'office convoquer ou entendre toute personne dont l'audition lui paraît utile.

§3. Clôture de l'instruction

À la fin de l'instruction, l'affaire est transmise au ministère public pour ses avis et le chef de juridiction fixe la date d'audience.

A. Rédaction et dépôt du rapport sur l'affaire au greffe

Après l'accomplissement des mesures préalables, le magistrat rapporteur rédige, pour la chambre saisie, un rapport sur l'affaire.

Le greffier notifie ce rapport aux parties.

B. Transmission du dossier pour avis et date d'audience

Lorsque les productions des parties sont faites ou que les délais accordés pour ces productions sont écoulés, le greffier transmet le dossier au ministère public pour son avis et le chef de juridiction fixe la date d'audience.

La décision est prononcée dans les trente jours de la prise en délibéré.

§4. Dispense d'instruction

Le chef de juridiction peut dispenser de toutes mesures d'instruction lorsqu'une requête est manifestement irrecevable ou en cas d'incompétence avérée de la juridiction.

A. Cas de recours manifestement irrecevable dès le dépôt au greffe

Dès le dépôt de la requête, le greffier transmet le dossier au chef de la juridiction.

Si le recours est manifestement irrecevable, ou si la cause ne relève pas, de façon évidente, de la compétence de la juridiction, le chef de la juridiction communique le dossier à la chambre pour examen avant de fixer la date à laquelle l'affaire sera appelée.

La notification de cette date d'audience est faite au demandeur et au ministère public.

B. Cas de moyens d'office soulevés en cours de l'instruction

Lorsque dans les trois mois à dater du dépôt du mémoire en réplique ou de l'expiration du délai y relatif, il apparaît, au vu de la requête ou du réquisitoire, que la juridiction n'est pas, de façon évidente, compétente ou que le recours est manifestement irrecevable, le magistrat rapporteur fait immédiatement rapport au Président de la chambre saisie de l'affaire. Il en est de même lorsqu'en cours d'instance, la requête ou le réquisitoire devient sans objet.

Dans ce cas, le chef de juridiction convoque le requérant, les parties adverses et, le cas échéant, la partie intervenante à comparaitre devant lui à bref délai et au plus tard, le dixième jour après le dépôt du rapport, celui-ci est joint à l'acte de convocation.

CHAPITRE II

AUDIENCES ET JUGEMENT DES AFFAIRES

Après l'inscription au rôle, le chef de juridiction organise les audiences en vue du jugement de l'affaire.

SECTION I. Inscription au rôle

Les rôles des affaires sont arrêtés par le chef de juridiction et affichés à la porte de la salle d'audience.

Dès la clôture de l'instruction, les parties et le Ministère public sont avertis, par une notification faite, du jour et de l'heure où l'affaire est appelée à l'audience, au moins quinze jours avant[391].

SECTION I. Tenue des audiences

Les audiences sont publiques. Les parties sont reçues pour leurs observations.

§1. Publicité des audiences

Les audiences sont publiques, à moins que cette publicité ne soit jugée dangereuse pour l'ordre public et les bonnes mœurs. Dans ce cas, la composition ordonne le huis clos, par une décision motivée.

Les débats se déroulent de la manière suivante :

391 Toutefois, en cas d'urgence, ce délai peut être abrégé par une décision expresse du chef de juridiction qui sera mentionnée sur la convocation.

1. le requérant expose ses moyens ;
2. la partie adverse présente ses observations ;
3. le ministère public donne son avis ;
4. la juridiction clôt les débats et prend l'affaire en délibéré

Le greffier du siège dresse le procès-verbal d'audience.

§2. Observations des parties et autres moyens soulevés d'office

La juridiction se prononce sur les moyens présentés par les parties et par le ministère public.

Aucun moyen, autre que ceux repris dans les requêtes, les réquisitoires et les mémoires déposés dans les délais prescrits, ne peut être reçu.

Toutefois, la composition saisie peut toujours soulever d'office tout moyen d'ordre public. Dans ce cas, elle ordonne aux parties de conclure sur ces moyens ou sur tout autre incident soulevé à l'audience.

CHAPITRE III

INCIDENTS D'INSTRUCTION

L'instruction peut toujours être retardée, voire arrêtée, à la suite des incidents invoqués par toute personne intéressée.

Il existe des incidents d'instruction communs à toutes les juridictions et ceux qui sont spécifiques au Conseil d'État.

SECTION I. Incidents d'instruction communs à toutes les juridictions

En cours de l'instruction, les parties peuvent introduire des demandes incidentes, appeler en intervention, contester les pièces, renoncer à une action en cours ou invoquer des violations de la Constitution par voie d'exception.

Les parties peuvent aussi faire reprendre l'instance, joindre des affaires ou les faire renvoyer.

Elles peuvent récuser tout juge ou tout officier du ministère public.

§1. Demandes incidentes

La demande incidente est introduite et instruite dans les mêmes formes que la requête principale ou le réquisitoire.

Elle est jointe à la requête principale ou au réquisitoire pour y être statuée par une même décision.

§2. Intervention

Les parties peuvent faire appeler en intervention toute personne dont elles estiment la présence nécessaire à leur défense.

L'intervention volontaire de toute partie intéressée est formée par une requête motivée, au plus tard avant la clôture des débats.

Le Président de la composition ordonne, s'il y a lieu que cette requête en intervention soit communiquée aux parties adverses et fixe le délai imparti à celles-ci pour y répondre.

Le Président de la composition saisie du recours convoque le requérant, la partie adverse et la partie intervenante à comparaitre devant elle dans les trente jours de la demande du dépôt du dossier.

La composition statue sans délai, les parties et le ministère public entendus.

§3. Contestation des pièces des parties

Les pièces produites par une partie peuvent être contestées par la partie adverse, en faisant une déclaration au greffe de la juridiction.

Dès le dépôt de la déclaration, le greffier fait sommation à la partie qui a produit la pièce incriminée de déclarer si elle persiste à en faire état.

Si la partie qui a produit la pièce contestée renonce à en faire état par une déclaration au greffe ou si elle n'a pas fait de déclaration dans la huitaine, la pièce est écartée. Le délai de huitaine pourra être prorogé par la juridiction.

Si elle déclare persister à faire état de la pièce contestée, le greffier le notifie à la partie qui a soulevé l'incident. Celle-ci ou le Ministère public peut, dans les huit jours, saisir la juridiction compétente. Dans ce cas, la juridiction sursoit à statuer jusqu'après le jugement sur le faux à moins qu'elle estime que la pièce contestée est sans influence sur sa décision.

Si, ni le ministère public, ni la partie qui a soulevé l'incident n'ont introduit d'action dans le délai précité, la pièce est maintenue au dossier et soumise à l'appréciation de la juridiction.

§4. Désistement

Lorsqu'il y a renonciation expresse à une action introduite en justice, la composition saisie se prononce sans délai sur le désistement, lequel doit avoir été accepté par la partie adverse.

Le désistement et l'acceptation sont faits par acte signé et daté par les parties ou leurs mandataires, porteurs de procuration spéciale, et déposé au greffe.

§5. Reprise d'instance

Il faut faire le cas, selon que la reprise d'instance est à l'égard des ayants cause du de cujus, volontaire ou forcée.

A. Cas des héritiers du défunt

Si, avant la clôture des débats, une des parties vient à décéder, il y a lieu à reprise de l'instance.

Hormis les cas d'urgence, la procédure est suspendue pendant le délai accordé aux héritiers pour faire inventaire et délibérer.

Toutes communications et notifications sont faites valablement aux ayants droit, collectivement et sans autre désignation, au domicile élu ou au dernier domicile du défunt.

La juridiction peut demander en outre au Ministère public de recueillir des renseignements sur l'identité ou la qualité des parties à l'égard desquelles la reprise d'instance peut avoir lieu.

B. Cas de reprise d'instance volontaire

La reprise d'instance volontaire a lieu dans un délai préfix de six mois à dater du décès, de la perte de qualité ou de capacité d'une partie, par dépôt au greffe d'un mémoire justifiant la qualité de la personne qui reprend l'instance.

Le greffier transmet une copie de cette requête aux parties et au ministère public.

Le défaut de reprise d'instance du demandeur dans le délai requis vaut désistement, après une mise en demeure adressée à la succession du *de cujus*.

C. Reprise d'instance forcée

Les ayants droit qui ont volontairement repris l'instance peuvent forcer les autres ayants droit à intervenir.

La reprise d'instance forcée est faite en la forme d'une requête introductive d'instance et indique l'état de la procédure en cours.

§6. Jonction des causes pour connexité

S'il y a lieu de statuer par une seule et même décision sur plusieurs affaires pendantes devant les chambres différentes, le Premier président peut désigner par ordonnance, soit d'office, soit à la demande du ministère public, soit à la demande des parties, la chambre ou la composition qui en connaîtra.

Le greffier notifie cette ordonnance aux parties et au ministère public. Lorsqu'il s'agit d'affaires pendantes devant une même chambre, la jonction peut, selon le cas, en être ordonnée par la chambre saisie.

§7. Renvois de juridiction

Il y a lieu à renvois de juridiction, soit en cas de litispendance, soit en cas de suspicion légitime ou pour cause de sûreté publique.

A. Renvois de juridiction pour litispendance

En cas de litispendance, les causes pendantes devant les différentes juridictions de l'ordre administratif sont renvoyées par l'une d'elles à l'autre selon les règles et dans l'ordre ci-après :

— la juridiction saisie au degré d'appel est préférée à celle saisie au premier ressort ;

— la juridiction qui a rendu sur l'affaire une décision autre que celle d'ordre intérieur est préférée aux autres juridictions ;

— la juridiction saisie la première est préférée aux autres juridictions.

Une expédition de la décision est transmise avec les pièces de procédure au greffe de la juridiction à laquelle la cause a été renvoyée. Les demandes pendantes devant un tribunal administratif, peuvent à la demande de l'une des parties, être jointes à des demandes connexes pendantes devant la Cour administrative d'appel. La juridiction saisie statue en premier ressort.

Lorsque les demandes pendantes devant les juridictions administratives différentes de même rang sont connexes, elles peuvent, à la demande de l'une des parties, être renvoyées à celle de ces juridictions qui a déjà rendu une décision autre qu'une mesure d'ordre intérieur ; sinon, à la juridiction saisie la première.

Dans ce cas, lorsque les parties ne sont pas les mêmes dans toutes les actions connexes et que la juridiction de renvoi a déjà rendu un jugement qui ne la dessaisit pas, le renvoi à cette juridiction ne peut être prononcé si le plaideur qui n'a pas été partie à ce jugement s'y oppose.

Les décisions de renvoi sont rendues en dernier ressort.

La juridiction de renvoi ne peut décliner sa compétence sur les causes dont elle est saisie.

Une expédition de la décision du renvoi est transmise avec les pièces de la procédure au greffe de la juridiction à laquelle la cause a été renvoyée.

B. Renvois de juridiction pour cause de sûreté publique ou de suspicion légitime

La cour administrative d'appel peut, pour cause de sûreté publique ou de suspicion légitime, renvoyer la connaissance d'une affaire, d'un tribunal administratif de son ressort à un autre tribunal administratif du même ressort.

Le Conseil d'État peut, pour les mêmes causes, renvoyer la connaissance d'une affaire d'une cour administrative d'appel à une autre ou d'une juridiction du ressort d'une cour administrative d'appel à une juridiction de même rang du ressort d'une autre cour administrative d'appel.

La requête aux fins de renvoi pour cause de sûreté publique ou de suspicion légitime peut être présentée soit par le Procureur général près le Conseil d'État, soit par l'officier du ministère public près la juridiction saisie.

Pour cause de suspicion, toute requête peut également être présentée par les parties.

La requête est introduite par écrit. La juridiction saisie de la demande de renvoi donne acte du dépôt de la requête.

Sur production d'une expédition de cet acte par le ministère public ou par la partie la plus diligente, la juridiction saisie quant au fond sursoit à statuer.

La date d'audience est notifiée à toutes les parties en cause dans les formes et délais ordinaires.

Les débats se déroulent de la manière suivante :

— le requérant expose ses moyens ;

— la partie adverse présente ses observations ;

— le ministère public donne son avis s'il échet ;

— la juridiction clôt les débats et prend l'affaire en délibéré.

Une expédition du jugement ou de l'arrêt de renvoi sera transmise tant au greffe de la juridiction saisie qu'au greffe de la juridiction à laquelle la connaissance de l'affaire a été renvoyée.

La décision sur la requête est rendue dans la huitaine de la prise en délibéré de l'affaire. Elle n'est susceptible ni d'opposition ni d'appel.

§8. Exception d'inconstitutionnalité

Lorsqu'une exception d'inconstitutionnalité d'un acte législatif ou administratif, pour des règlements échappant à la compétence du juge administratif de droit commun, est soulevée par ou devant une juridiction de l'ordre administratif, celle-ci saisit obligatoirement la Cour constitutionnelle par un jugement ou arrêt, selon le cas, avant dire droit[392].

392 Cf., art. 162, al. 3 et 4, Const. ; art. 46, Règlement intérieur de la Cour constitutionnelle, *in JORDC*, n° spécial, 22 mai 2015.
Avec notes :
1. Nécessité de remarquer la signature collégiale du Règlement intérieur de la Cour constitutionnelle par ses neuf juges. Pour un acte administratif d'organisation judiciaire, cela n'était pas nécessaire. Seul, le Président de la Cour, en sa qualité du représentant du pouvoir exécutif et chef de juridiction, en vertu de la théorie de dédoublement fonctionnel, dispose du pouvoir de réglementation générale limitée. Les signatures apposées par d'autres membres de la Cour dans ce règlement sont par conséquent superfétatoires.
2. L'art. 46, al. 4, de ce Règlement intérieur dispose : « outre les conditions fixées à l'art. 27, al. 2, du présent règlement intérieur, *la requête* doit, sous peine d'irrecevabilité, répondre aux conditions suivantes… ». Telles que libellées, les dispositions de cet article ne sont pas conformes aux prescrits de l'art. 162, al. 4, de la Constitution, et partant contradictoires avec celles des al. 2 et 3, du même Règlement intérieur. En conséquence, elles peuvent faire l'objet, elles-mêmes, d'une exception d'inconstitutionnalité ou d'un contentieux d'annulation et, éventuellement, de réparation devant le Conseil d'État. En effet, s'agissant de l'exception d'inconstitutionnalité soulevée devant ou par une juridiction, seule la juridiction saisie, par un avant dire droit, peut saisir la Cour constitutionnelle. Il n'est donc pas envisageable qu'une des parties à l'initiative de cet incident de l'instruction devant une juridiction s'en remette d'elle-même, par voie d'action, à la Cour constitutionnelle. En ce sens aussi, D. KALUBA DIBWA, *op. cit.*, p. 510.

En effet, la solution du litige porté devant la juridiction saisie est subordonnée à l'appréciation de la constitutionnalité de l'acte législatif ou administratif contesté.

Aussi, la juridiction saisie sursoit à statuer et saisit la Cour constitutionnelle. Elle attendra jusqu'à ce que la Cour constitutionnelle se soit prononcée.

En conséquence, si la Cour constitutionnelle décide que la disposition dont elle a été saisie n'est pas conforme à la Constitution, il ne peut en être fait application[393].

§9. Déport et récusation du juge

A. Notions

Tout juge, pour des affaires qu'il connaît, peut être récusé par voie de déclaration motivée, actée au greffe, pour cause de suspicion légitime, au plus tard avant la clôture des débats.

Dans ce cas, il est tenu de se déporter à peine de poursuites disciplinaires.

B. Cas d'ouverture de récusation

Tout juge peut être récusé pour l'une des causes ci-après :

— si lui ou son conjoint a un intérêt personnel quelconque dans l'affaire ;

— si lui ou son conjoint est parent ou allié soit en ligne directe, soit en ligne collatérale jusqu'au troisième degré inclusivement de l'une des parties, de son avocat ou de son mandataire ;

— s'il existe une amitié ou une inimitié entre lui et l'une des parties ;

— s'il existe des liens de dépendance étroite à titre de domestique, de serviteur ou d'employé entre lui et l'une des parties ;

393 Cf. art. 228, OCFJA.

— s'il a déjà donné son avis dans l'affaire ;

— s'il est déjà intervenu dans l'affaire en qualité de juge, d'avocat, de témoin, d'interprète, d'expert ou d'agent de l'Administration ;

— s'il est déjà intervenu dans l'affaire en qualité d'officier de police judiciaire ou d'officier du Ministère public ;

— s'il existe dans son chef un ensemble des circonstances qui montrent qu'il ne présente pas les garanties d'impartialité.

La récusation collective des membres d'une juridiction est prohibée.

Le juge qui désire se déporter informe le chef de la juridiction à laquelle il appartient en vue de pourvoir à son remplacement.

C. Conditions de recevabilité

Celui qui veut récuser le fait, à peine d'irrecevabilité, dès qu'il a connaissance de la cause de récusation et au plus tard avant la clôture des débats, par une déclaration motivée et actée au greffe de la juridiction dont le juge mis en cause fait partie.

Le greffier de la juridiction saisie notifie la déclaration de récusation au Président de la juridiction ainsi qu'au juge mis en cause. Ce dernier fait une déclaration écrite ou verbale, actée par le greffier dans les deux jours de la notification de l'acte de récusation.

D. Effets de la récusation

La juridiction statue toutes affaires cessantes et dans la forme ordinaire, la partie récusant et le juge mis en cause entendus.

Le juge mis en cause ne peut faire partie du siège appelé à statuer sur la récusation.

La décision sur la récusation n'est pas susceptible d'opposition. Toutefois, l'appel ne peut être formé qu'après la décision sur l'affaire principale.

I. Cas de rejet de récusation

Si la juridiction statuant en premier ressort rejette la récusation, elle peut ordonner, pour cause d'urgence, que le siège comprenant le juge ayant fait l'objet de la récusation rejetée poursuive l'instruction de la cause, nonobstant appel.

Si l'arrêt ou le jugement rejetant la récusation est maintenu par la juridiction d'appel, celle-ci peut, après avoir appelé le récusant, le condamner à une amende de deux cent mille à cinq cent mille francs congolais, sans préjudice des dommages-intérêts envers le juge mis en cause.

Lorsque la récusation est dirigée contre un magistrat siégeant au Conseil d'État, cette juridiction peut, en cas de rejet de la récusation, prononcer les condamnations prévues à l'alinéa premier.

II. Cas de confirmation de la récusation

En cas d'infirmation de l'arrêt ou du jugement rejetant la récusation, le juge d'appel annule toute la procédure du premier degré qui en est la suite et renvoie les parties devant la même juridiction pour y être jugées par un autre juge ou devant une juridiction voisine du même degré, sans préjudice de l'action disciplinaire.

§10. Déport et récusation du Ministère public

L'officier du ministère public, lorsqu'il intervient par voie d'avis, peut aussi faire l'objet de récusation par requête motivée tendant à le faire décharger de l'instruction de la cause, adressée à son chef d'office.

Il est répondu à cette requête par une ordonnance motivée non susceptible de recours. Celle-ci est rendue endéans le mois à compter de la saisine de la juridiction, le magistrat mis en cause entendu.

SECTION II. Incidents de l'instruction spécifique au Conseil d'État

Le Conseil d'État connaît spécifiquement des prises à partie et du règlement des juges.

§1. Prise à partie

A. Notions de prise à partie

La prise à partie est à la fois un incident de l'instruction et une voie de recours, tout à fait particulière, assortie de réparation, organisée devant le Conseil d'État.

Elle vise à la fois d'empêcher le magistrat mis en cause de connaître de la cause et, en définitive, l'annulation des différents actes ainsi pris pour dol ou concussion ou en cas de déni de justice.

B. Cas d'ouverture de la prise à partie

Tout magistrat de l'ordre administratif peut être pris à partie devant le Conseil d'État dans les cas suivants :

— s'il y a eu dol ou concussion commis soit dans le cours de l'instruction, soit lors de la décision rendue ;

— s'il y a déni de justice.

Le dol est une violation volontaire du droit par le magistrat pour aboutir à une conclusion erronée dans le but d'accorder un avantage indu à une partie. Il se caractérise par la mauvaise foi, artifices et manœuvres qui donnent à la décision une valeur juridique apparente.

L'erreur grossière du droit est équipollente au dol.

La concussion est le fait, pour un magistrat, d'ordonner, de percevoir, d'exiger ou de recevoir ce qu'il savait n'être pas dû ou excéder ce qui était dû, pour droits, taxes, impôts, revenus ou intérêts, salaires ou traitements.

Il y a déni de justice lorsque le magistrat refuse de procéder aux devoirs de sa charge ou néglige de juger les affaires en état d'être jugées.

Le déni de justice est constaté par deux sommations faites par l'huissier et adressées au magistrat à huit jours d'intervalle au moins.

C. Conditions de recevabilité en prise à partie

Pour sa recevabilité, la saisine du Conseil d'État en prise à partie se fait par voie de requête, dans les six mois de la décision dolosive ou dans les six mois de la seconde sommation de l'huissier en cas de déni de justice, le magistrat incriminé entendu.

I. Six mois pour la saisine du Conseil d'État

Le Conseil d'État est saisi par une requête qui, à peine d'irrecevabilité, est introduite dans un délai de six mois à compter du jour du prononcé de la décision ou de la signification de celle-ci, selon qu'elle est contradictoire ou par défaut ou dans le même délai à dater du jour où le requérant aura pris connaissance de l'acte ou du comportement incriminé.

En cas de déni de justice, la requête est introduite dans les six mois à partir de la seconde sommation faite par l'huissier.

La requête contient en outre les prétentions du requérant aux dommages-intérêts éventuels, à l'annulation de l'arrêt ou du jugement, de l'ordonnance, des procès-verbaux ou des autres actes attaqués.

II. Signification de la requête au magistrat incriminé pour ses moyens de défense

La requête est signifiée au magistrat pris à partie qui fournit ses moyens de défense dans les quinze jours de la signification. À défaut, la cause est réputée en état.

D. Effets de la prise à partie

La prise à partie peut aboutir à l'annulation des actes concourus par le magistrat condamné et à la responsabilité civile de l'État.

I. Mise hors cause du magistrat incriminé

Comme incident de procédure, la prise à partie vise d'abord la mise hors cause du magistrat incriminé.

En effet, à partir de la signification de la requête jusqu'au prononcé de la cause, le magistrat mis en cause s'abstient de la connaissance de toute cause concernant le requérant, son conjoint ou ses parents en ligne directe, à peine de nullité de tout acte, arrêt ou jugement auxquels il avait concouru.

La juridiction saisie de l'affaire ayant donné lieu à la procédure de prise à partie poursuit l'instruction de la cause sans désemparer.

Le chef de juridiction concernée pourvoit au remplacement du magistrat mis en cause.

La section du contentieux du Conseil d'État statue sur la requête, le Procureur général entendu.

II. Annulation des actes concourus par le magistrat pris à partie

La prise à partie vise ensuite l'annulation des actes dont a pris part le magistrat incriminé.

En effet, si la requête est déclarée fondée, la section du contentieux annule les différents actes auxquels le magistrat avait concouru, sans préjudice des dommages-intérêts à allouer au requérant.

Si la requête est rejetée, le demandeur est condamné aux frais.

Le magistrat pris à partie par une action téméraire et vexatoire pourra postuler reconventionnellement la condamnation du demandeur à des dommages-intérêts.

III. Condamnation de l'État aux dommages-intérêts

L'État est civilement responsable des condamnations aux dommages-intérêts prononcés à charge du magistrat, sans préjudice de son action récursoire contre ce dernier.

§2. Règlement de juges

Il y a lieu à règlement de juges lorsque deux ou plusieurs juridictions de l'ordre administratif, statuant en dernier ressort, se déclarent en même temps, soit compétentes, soit incompétentes, pour connaître d'une même demande mue entre les mêmes parties.

Le règlement de juges peut être demandé, par requête de l'une des parties à la cause ou réquisitoire du ministère public près l'une des juridictions concernées, adressé au Conseil d'État.

Le Conseil d'État désigne, dans ce cas, la juridiction qui connaîtra de la cause.

CHAPITRE IV

DÉLIBÉRÉS, ARRÊTS ET JUGEMENTS

À la clôture de l'instruction, l'affaire est prise en délibéré pour jugement à intervenir dans les trente jours.

SECTION I. Délibérés

La chambre siège avec le magistrat rapporteur. En cas d'empêchement, le Président est remplacé par le conseiller le plus ancien.

Le délibéré des juges est secret. Les arrêts et jugements sont motivés et prononcés en audience publique. Dans ce cas, ils mentionnent les noms des juges qui les ont rendus. Ils sont exécutoires.

Les décisions de juridictions de l'ordre administratif, arrêts, jugements et ordonnances, sont rendues au nom du peuple congolais et exécutées au nom du Président de la République[394].

SECTION II. Arrêts et jugements

Les arrêts et jugements sont exécutoires, sauf en cas de sursis, sans préjudice aux astreintes. Ils sont immédiatement portés à la connaissance des concernés.

---

394 Cf. art. 6 à 9, OCFJA.

§1. Formule exécutoire

Les arrêts et jugements sont exécutoires de plein droit, au nom du Président de la République.

Le greffier appose sur les expéditions, à la suite du dispositif, la formule exécutoire ci-après : « *Les ministres et les autorités administratives, en ce qui les concerne, sont tenus de pourvoir à l'exécution du présent arrêt ou jugement. Les huissiers de justice à ce requis ont à y concourir en ce qui concerne les voies de droit commun* »[395].

Les expéditions sont délivrées par le greffier, qui les signe et les revêt du sceau de la juridiction.

§2. Publicité

Les décisions du juge administratif, ordonnances, arrêts ou jugements, sont portées à la connaissance de leurs destinataires, soit par voie de notification, soit par voie de publication.

A. Notification aux parties

Les arrêts et jugements sont notifiés aux parties par les soins du greffier.

Cependant, ceux qui décrètent le désistement ou déclarent l'irrecevabilité ou qu'il n'y a pas lieu à statuer, font l'objet d'un envoi aux parties en copie libre sous pli ordinaire.

B. Publication en cas d'annulation ou réformation

En cas d'annulation ou de réformation, les jugements et arrêts sont publiés dans les mêmes conditions que les actes, règlements ou décisions annulés ou réformés.

La juridiction détermine si l'arrêt doit être publié en entier ou en extrait.

395 Cf. art. 250, OCFJA.

Cette publication est faite sans délai à la requête du greffier en chef.

SECTION III. Frais et dépens

Sous peine de radiation, les parties consignent des frais, sans préjudice aux dispenses accordées par le chef de juridiction.

Elles peuvent cependant être condamnées aux dépens.

§1. Consignation des frais

La requérante consigne des frais sous peine de radiation ou classement définitif.

A. Obligation de consignation préalable d'une provision

Aucune affaire n'est portée au rôle d'une juridiction de l'ordre administratif, sur requête d'une partie, sans la consignation préalable d'une provision.

Le greffier peut toujours réclamer un complément de provision lorsqu'il estime que les sommes consignées sont insuffisantes pour couvrir les frais qui sont exposés. En cas de contestation sur le montant réclamé par le greffier, le chef de la juridiction décide.

B. Défaut de consignation préalable

Le défaut de consignation préalable, après un délai de quinze jours, entraîne la radiation de la cause par jugement ou arrêt, sauf décision contraire du chef de juridiction.

En matière de pourvoi en cassation, le défaut de consignation complémentaire à l'expiration du délai entraîne le classement définitif de la cause ordonné par le Premier président du Conseil d'État, sauf décision contraire de sa part.

§2. Dispense des frais

Compte tenu des ressources des parties, la dispense totale ou partielle de consignation ainsi que l'autorisation de délivrance en débet des expéditions et copies peuvent être accordées, sur requête, par le chef de la juridiction, dans ce cas, les frais d'expertise et les taxations à témoins sont avancés par le trésor public.

L'ordonnance de dispense ou d'autorisation n'entre pas en taxe.

La personne qui demande la dispense des frais joint à sa requête les documents prouvant son état d'indigence.

§3. Dépens

Les frais sont taxés et imputés à la partie succombante dans l'arrêt ou le jugement vidant la saisine de la juridiction.

SECTION IV. Astreinte

L'astreinte est une des procédures spéciales organisées devant le juge administratif. Elle obéit à plusieurs conditions pour sa recevabilité.

§1. Notions d'astreinte

La procédure d'astreinte vise la condamnation de l'Administration comme alternative à l'inexécution d'une décision de justice.

A. Procédure de condamnation d'une Administration réfractrice aux décisions de justice

L'astreinte est une procédure spéciale et contradictoire prévue devant le juge administratif. Elle est jugée en présence du requérant[396].

396 Aux termes de l'art. 338, OCFJA, le requérant ou son avocat et le représentant de l'administration publique, dûment habilité, doivent être présents à l'audience ou dûment appelés.

Elle consiste à obtenir la condamnation de l'Administration[397] au paiement des sommes d'argent susceptibles de compenser un préjudice généré par le retard pris dans l'exécution d'une décision de justice.

B. Alternative à l'exécution forcée contre l'Administration

La procédure d'astreinte apparaît, dans ce cas, comme l'alternative appropriée pour faire face à l'impossibilité de soumettre l'Administration aux voies d'exécution forcée des décisions judiciaires.

Elle s'envisage, en définitive, comme une des modalités des voies d'exécution en matière administrative.

§2. Conditions de recevabilité en procédure d'astreinte

La procédure d'astreinte est soumise aux conditions de fond et forme.

A. Conditions de fond

Une administration publique peut être condamnée au paiement d'une astreinte :

— en cas d'inexécution de la décision prescrivant ledit paiement ;

— lorsque l'autorité a refusé de déférer à la mise en demeure de prendre une nouvelle décision ;

— en cas de silence de l'autorité, après l'expiration d'un délai de trente jours suivant la mise en demeure.

Si le requérant n'est ni présent, ni représenté, la requête en vue d'imposition d'une astreinte est rejetée.
Si la partie adverse n'est pas représentée, la juridiction statue.

397 L'Administration condamnée au paiement d'une astreinte peut toujours postuler l'annulation, suspension de l'échéance ou diminution des astreintes.

B. Conditions de forme

Sous peine d'irrecevabilité, la requête en vue de l'imposition d'une astreinte est signée par un avocat.

Elle est portée soit dans la requête initiale, soit dans une requête séparée, et contient :

— l'objet de la requête ainsi qu'un exposé de nature à établir le manquement de la partie adverse ;

— la preuve que le requérant a enjoint à l'autorité, par une lettre recommandée à la poste ou par par notification par porteur, de prendre une nouvelle décision ;

— le cas échéant, une copie de la décision par laquelle il découle que l'Administration a violé l'obligation d'astreinte découlant de l'arrêt d'annulation à laquelle elle a été condamnée.

SECTION V. Sursis à exécution des décisions, arrêts ou jugements

Les décisions des juridictions de l'ordre administratif sont exécutoires nonobstant tout recours, sauf en cas de sursis à exécution.

§1. Notions de sursis à exécution

Les décisions des juridictions de l'ordre administratif sont exécutoires dès leur notification aux parties et *arga omnes*, lorsqu'elles se rapportent à l'annulation ou réformation des actes, décisions ou règlements administratifs, dès leur publication dans les mêmes conditions que ces actes.

Cependant, lorsqu'il est fait appel ou en cas de pourvoi en cassation d'une décision, d'un jugement ou d'un arrêt d'une juridiction de l'ordre administratif, de droit commun ou spécialisée, la juridiction d'appel ou de cassation peut, à la demande de l'une des parties et ce, par requête séparée, ordonner par voie d'arrêt le sursis à exécution de la décision ainsi entreprise.

§2. Admission de sursis à exécution

L'admission de la requête en sursis à exécution est soumise aux conditions de fond et de forme.

A. Conditions de fond[398]

Le juge d'appel ou de cassation, peut ordonner le sursis à exécution de la décision, du jugement ou de l'arrêt attaqué dans l'une des conditions ci-après :

— Si les moyens invoqués, paraissent, en l'état de l'instruction, sérieux et de nature à justifier l'annulation ou la réformation de la décision, du jugement ou de l'arrêt attaqué ;

— Si l'exécution d'une telle décision de justice risque d'exposer sa victime à la perte d'une somme qui ne devrait pas rester à sa charge dans le cas où ses conclusions étaient jugées fondées ;

— Si cette décision peut entraîner des conséquences difficilement réparables.

B. Conditions de forme

À peine d'irrecevabilité, la demande tendant à l'obtention d'un sursis à exécution est présentée par une requête ou réquisitoire séparé, accompagné d'une copie du recours ou du pourvoi.

§3. Effets de la décision de sursis à exécution

La décision prescrivant le sursis à exécution d'une décision, d'un jugement ou d'un arrêt est, dans les vingt-quatre heures à compter du prononcé, notifiée aux parties ainsi qu'au ministère public et à l'auteur de cette mesure.

Les effets de ladite décision sont suspendus à partir du jour où son auteur reçoit sa notification.

---

398 Cf. art. 341 et 342, OCFJA.

L'arrêt ordonnant le sursis, pour les juridictions de l'ordre administratif autres que le Conseil d'État, est susceptible d'appel dans les quinze jours de sa notification.

TITRE V

VOIES DE RECOURS DEVANT LE JUGE ADMINISTRATIF

Les voies de recours sont constituées de l'ensemble des moyens mis à la disposition du requérant pour lui permettre d'obtenir un nouvel examen du procès ou de faire valoir les irrégularités observées dans le déroulement de la procédure.

On distingue les voies de recours en rétractation et celles en réformation.

CHAPITRE I

VOIES DE RECOURS EN RÉTRACTATION

Les voies de recours en rétractation sont celles portées devant le même juge qui a pris la décision.

En contentieux administratif, l'on distingue cinq types de voies de recours en rétractation, à savoir : l'interprétation, la rectification d'erreur matérielle, l'opposition, la tierce opposition et la révision[399].

SECTION I. Interprétation

L'interprétation est d'abord une des voies de recours ouvertes devant le juge administratif[400]. Elle est ensuite une voie d'action dirigée contre les actes administratifs, obscurs ou ambigus, des autorités locales[401].

---

399 La prise à partie, tant qu'elle ne vise que l'annulation des décisions judiciaires intervenues notamment pour dol, est tout aussi une des voies des recours. Cependant, dans ce Précis, elle est étudiée comme incident de l'instruction, lorsqu'elle vise avant tout la mise hors cause d'un magistrat.

400 Cf. art. 275, al. 1er, OCFJA : « les juridictions de l'ordre administratif connaissent de l'interprétation de toute décision de justice rendue par elles ».

401 Cf. art. 108, al. 1er, OCFJA.
« Les recours en interprétation et en appréciation de la légalité des actes des autorités (du territoire, de la ville, de la commune, du secteur ou de la chefferie ainsi que celles des organismes publics placés sous leur tutelle) relèvent de la compétence du tribunal administratif territorialement compétent pour connaître de l'acte objet du litige ».

Pour mieux l'aborder, il importe d'en circonscrire les notions, pour en souligner la portée, selon que le juge est saisi en interprétation d'un acte administratif ou de ses propres décisions.

§1. Notions d'interprétation comme voie de recours et voie d'action

A. Interprétation comme voie de recours

L'interprétation est une voie de recours qui vise à faire préciser un point obscur ou ambigu de toute décision de justice rendue par les juridictions de l'ordre administratif.

Elle consiste à donner le sens exact, authentique, d'une décision judiciaire.

L'interprétation des décisions judiciaires, l'œuvre de chaque juge, est cependant susceptible d'autres voies de recours, appel ou cassation, contre les précisions données par le juge de fond.

B. Interprétation comme voie d'action

Il existe par ailleurs un recours contentieux direct, par voie d'action, en interprétation des actes administratifs[402] en vigueur, par voie d'arrêt ou de jugement.

Cette interprétation est ouverte aux parties et au ministère public, même sans texte, devant n'importe quelle juridiction, et en particulier devant les tribunaux administratifs.

402 Il s'agit ici du « contentieux de l'interprétation ». Il vise non seulement la détermination du sens exact de l'acte, mais aussi la demande qui tend à voir le juge se prononcer sur sa légalité. Dans les deux hypothèses, le juge ne peut faire qu'une déclaration : soit du sens, soit quant à la question de la légalité de l'acte. Il ne peut pas tirer les conséquences de ses appréciations en prononçant une annulation ou une condamnation. En ce sens, R. CHAPUS, *Droit du contentieux administratif*, 6e éd., Paris, Montchrestien, 1996, p. 163.

L'interprétation par voie d'action n'est soumise à aucun délai et ne peut se confondre avec le travail du juge, une fois saisi en conformité d'acte administratif à la coutume, au traité ou accord international ou à la Constitution.

§2. Portée de l'interprétation comme voie d'action

La compétence du juge administratif se conçoit à une nuance près, selon qu'il s'agit d'interpréter un acte administratif réglementaire ou non réglementaire (particulier, individuel ou collectif).

A. Interprétation moyen, compétence naturelle de tout juge

Le juge congolais, judiciaire, administratif ou constitutionnel, selon le cas, est compétent pour préciser le sens exact qu'il faut donner à un acte administratif en vigueur dont il est saisi[403].

Cependant, l'interprétation d'un acte administratif réglementaire, lorsqu'elle est l'œuvre du juge judiciaire, doit s'arrêter à lui permettre de donner le sens exact de ce texte, soit pour se prononcer au sujet du procès dont il est saisi (interprétation moyen), soit pour écarter de ce procès l'application de cet acte réglementaire parce que non conforme aux lois, au sens large, c'est-à-dire au droit applicable. C'est le travail du juge, la jurisprudence.

L'interprétation que donne le juge judiciaire fait partie de son œuvre et peut, dans l'ensemble, faire l'objet des voies de recours prévues contre cette décision judiciaire (appel, cassation ou saisine du juge administratif en interprétation ou en annulation de l'acte attaqué).

---

403 C'est le sens à donner à la portée des dispositions de l'art. 153, al. 4, Constitution du 18 février 2006, ainsi libellées : « les cours et tribunaux, civils et militaires, appliquent les traités internationaux dûment ratifiés, les lois, les actes réglementaires pour autant qu'ils soient conforment aux lois ainsi que la coutume pour autant que celle-ci ne soit pas contraire à l'ordre public ou aux bonnes mœurs ».

Il ne revient donc pas au juge judiciaire d'interpréter par voie d'autorité, voie d'action, (interprétation de principe), sous forme de jugement ou d'arrêt d'interprétation, tel ou tel autre acte administratif réglementaire.

Seul le juge administratif compétent, et le juge constitutionnel en ce qui concerne l'inconstitutionnalité des actes réglementaires échappant au premier, peuvent produire des jugements ou arrêts d'interprétation, pour préciser le sens exact qu'ils entendent donner à tel ou tel autre acte administratif réglementaire, sans jamais aller jusqu'à en tirer les conséquences sur le fond.

Les sections consultatives sont, en la matière elles aussi, compétentes en interprétation des actes administratifs, réglementaires ou non réglementaires. Cependant, leur interprétation par voie d'avis reste facultative et non obligatoire. L'on n'est pas tenu de la requérir, pas plus que l'avis qui en découle ne s'impose à celui qui l'a requis.

L'interprétation par voie d'autorité n'annule pas l'acte. Elle permet au requérant de s'assurer du sens exact que le juge donne à cet acte réglementaire.

Certainement, une telle décision d'interprétation qui s'impose à tous, peut indirectement épargner, à titre d'exemple, une Administration des conséquences dommageables d'un tel acte dont elle se pressera, à coup sûr, de retirer de l'ordonnancement juridique.

B. Interprétation de principe des actes administratifs, exclusivité du juge administratif

Les actes administratifs non réglementaires ne sont pas visés dans les libellés de l'article 153, alinéa 4, de la Constitution du 18 février 2006, sus rappelé.

La conséquence à tirer de cette exclusion est simple. En effet, le constituant a laissé au seul juge administratif la compétence d'interpréter les actes administratifs non réglementaires, y compris par voie d'autorité.

Tous les autres juges sont tenus d'appliquer les actes non réglementaires, c'est-à-dire d'aller dans le sens donné par l'Administration, sous réserve des incidents de procédure laissés à la portée des justiciables, notamment la question préjudicielle[404], l'exception d'illégalité, qui suspendrait dès son invocation, le cours du procès jusqu'au prononcé du juge de fond, le juge administratif compétent.

C. Incompétence du juge administratif en interprétation de la Constitution, des traités dûment ratifiés, des lois et de la coutume

Le juge administratif peut être saisi d'un contentieux de légalité opposant un acte administratif à une ou plusieurs dispositions de la Constitution, des traités dûment ratifiés, des lois ou à la coutume. Dans ce cas, il est tenu d'appliquer la Constitution, le traité dûment ratifié, la loi ou l'édit, et la coutume pour autant qu'elle soit conforme à l'ordre public et aux bonnes mœurs, dans le cadre du procès en cours[405].

Il ne peut donc pas donner une interprétation par voie d'autorité, ni d'une disposition de la Constitution, ni celle d'un traité international, d'un acte législatif ou de la coutume.

En cas de nécessité d'une interprétation par voie d'autorité, comme question préjudicielle, le juge administratif s'en remet :

— Pour l'interprétation d'une disposition constitutionnelle, au juge constitutionnel, en vertu de sa compétence tirée notamment de l'article 161, alinéa 1er, de la Constitution du 18 février 2006[406] ;

404 C'est la possibilité de saisine du juge d'annulation par voie d'exception d'illégalité soulevée par ou devant le juge judiciaire.

405 Cf. art. 153, al. 4, Constitution du 18 février 2006.

406 Cf. art. 161, al. 1er, Constitution du 18 février 2006 est ainsi libellé : « la Cour constitutionnelle connaît de l'interprétation de la Constitution sur saisine du Président de la République, du Gouvernement, du Président du Sénat, du Président de l'Assemblée nationale, d'un dixième des membres de chacune des Chambres parlementaires, des Gouverneurs de province et des présidents des Assemblées provinciales ».

— Pour les traités dûment ratifiés, notamment au ministère des Affaires étrangères[407] ;

— Pour les lois ou les édits, au législateur, soit contextuellement dans le texte de la même loi ou édit, soit postérieurement par voie d'une loi d'interprétation[408] ;

— Pour la coutume, par les notables qualifiés dont la liste est établie par la Cour de cassation et communiquée à toutes les juridictions[409].

SECTION II. Rectification d'erreur matérielle

La rectification d'erreur purement matérielle est une des voies de recours en rétractation prévue devant le juge administratif. Elle obéit à des conditions pour sa recevabilité.

§1. Fondements juridiques

Les actions en rectification d'erreur matérielle, contenue dans les décisions des juridictions de l'ordre administratif, relèvent de leurs propres compétences[410].

Toutefois, la correction d'erreur matérielle existe même sans texte. Elle ne peut remettre en cause le dispositif de la décision du juge.

407 En ce sens, F. VUNDUAWE te PEMAKO, *Cours du contentieux administratif*, Kinshasa, Université Protestante au Congo, Faculté de droit, Deuxième licence, 2013-2014, p. 54, inédit.

408 En ce sens, notamment NYABIRUNGU mwene SONGA, *Traité de droit pénal général congolais*, 2e éd., « Collection Droit et Société », Kinshasa, Éditions universitaires africaines, 2007, pp. 63-64.

409 En ce sens, F. VUNDUAWE te PEMAKO, *Cours du contentieux administratif*, *op. cit.*, p. 54.

410 Art. 275, al. 2, OCFJA.

§2. Conditions de recevabilité

La rectification d'erreur matérielle est soumise aux conditions de fond et de forme.

A. Conditions de fond

La correction d'erreur matérielle est justifiée lorsqu'une ordonnance, jugement ou arrêt comporte des erreurs grossières, de calcul ou de plume.

Les erreurs matérielles doivent être évidentes. En principe, la correction d'erreur matérielle ne devrait pas donner lieu à la moindre discussion.

La rectification de l'erreur matérielle concerne notamment :

— la fausse identification ou la mauvaise transcription des éléments d'identité des parties ;

— la transcription erronée de l'objet ou de l'un des objets du dispositif du jugement ou de l'arrêt, lorsque cet objet ne fait pas partie de la décision arrêtée ;

— la désignation erronée de l'acte attaqué, objet de la décision du juge ;

— l'indication erronée ou l'oubli d'indication de l'effet de l'arrêt ou du jugement.

B. Conditions de forme

L'action en rectification d'erreur matérielle est présentée dans les mêmes formes que celles de la requête initiale.

Elle est introduite, à la requête des parties ou du réquisitoire du ministère public, dans les deux mois de la notification de la décision du juge.

SECTION III. Opposition[411]

Avant d'en appréhender la portée, il importe d'en clarifier la notion.

§1. Notions de recours en opposition

L'opposition est une voie de recours de rétractation.

Elle est ouverte à la partie défaillante, victime d'une décision par défaut.

A. Voie de recours ouverte à la partie défaillante

Toute personne qui, mise en cause devant une juridiction administrative, n'a pas produit d'observation ou de défense en forme régulière, peut former opposition au jugement ou à l'arrêt rendu par défaut, sauf si la décision a été rendue contradictoirement à l'égard d'une partie qui a le même intérêt que la partie défaillante.

Il apparaît clairement que l'opposition est une voie de recours en rétractation. Elle est portée devant le même juge qui a pris l'ordonnance, jugement ou arrêt.

Elle est ouverte à la partie défaillante, c'est-à-dire à celle qui n'a pas produit des défenses régulières.

B. Voie de recours dirigée contre une décision par défaut

Étant donné le caractère inquisitoire et contradictoire de la procédure tenue devant le juge administratif, l'opposition est acquise à la partie qui fait l'objet d'une décision par défaut, résultant de l'absence de conclusions écrites régulières, parce que, soit non régulièrement

411 En droit français, l'opposition n'existe pas devant les tribunaux administratifs (Cf. Code de Justice administrative, art. R. 831-6). La partie défaillante peut seulement faire appel. Cette règle paraît pourtant anormale et largement décriée, dans le cas où l'appel n'est pas possible. Il pourrait être soutenu que l'article R. 831-6 du Code de justice administrative n'est pas applicable ou est illégal dans cette hypothèse.

représentée[412], soit non régulièrement atteinte lors d'une comparution obligatoire[413].

§2. Portée de recours en opposition

L'opposition peut exister même sans texte[414], surtout lorsqu'il n'y a pas lieu d'appel.

Faisant partie de droits de la défense, l'opposition est organisée et garantie[415].

A. Délais de recours en opposition

L'opposition est formée dans le délai de deux mois à compter du jour où la décision par défaut a été notifiée, outre deux jours par cent kilomètres de distance[416].

Lorsque la signification n'a pas été faite à personne, l'opposition peut être faite dans deux mois, outre les délais de distance, qui suivent celui où l'intéressé aura eu connaissance de la signification. S'il n'a pas été établi qu'il en a eu connaissance, il peut faire opposition dans les deux mois, outre les délais de distance, qui suivent le premier acte d'exécution dont il a eu personnellement connaissance, sans qu'en aucun cas, l'opposition puisse encore être reçue après l'exécution consommée de l'arrêt ou jugement.

---

412 Cf. CEfr., 29 mars 1957, Conseil national de l'Ordre des chirurgiens-dentistes, Lebon, p. 227, cité par R. ROUQUETTE, *Petit traité du procès administratif*, 5e éd., « Praxis Dalloz », Dalloz, Paris, 2012, p. 873, n° 731.02.

413 Cf. CEfr., 13 janvier 1993, Requête n° 118 771, Baraf, Lebon 989, cité par R. ROUQUETTE, *op. cit.*, p. 873, n° 731.02.

414 En ce sens, R. ROUQUETTE, *op. cit.*, p. 875, n° 731.05.

415 Cf. art. 19, al. 3, Constitution du 18 février 2006 et art. 253 à 257, OCFJA.

416 Aux termes de la loi organique en la matière, la distance à prendre en considération est celle qui sépare le domicile de l'opposant du lieu où la signification de l'opposition doit être faite.

La juridiction qui a des raisons sérieuses de croire que le défaillant n'a pas pu être instruit de la procédure peut, en adjugeant le défaut, toujours fixer pour l'opposition un délai autre que celui de deux mois.

B. Effets du recours en opposition

Lorsqu'elle est formée, l'opposition n'a pas d'effet suspensif[417], sauf décision de sursis à excusions, ordonnée par le chef de juridiction[418].

Les moyens admissibles en cas d'une opposition sont les mêmes que ceux invocables dans une procédure de défaut. Avec pour particularité ici que les défendeurs en opposition ne peuvent pas présenter des conclusions nouvelles contre l'opposant, ni même des moyens de défenses nouveaux, sauf si ceux-ci permettent de contrer une demande impliquant l'aggravation de leur situation[419].

Dans le cas où le juge admet les moyens, il déclare non avenue la décision juridictionnelle et juge l'affaire en considérant les moyens de l'opposition. Lorsque l'opposition est rejetée au fond, le juge peut adopter les motifs de la décision rendue par défaut[420].

L'opposition contre une décision qui a statué sur une première opposition n'est pas recevable.

SECTION IV. Tierce opposition

La tierce opposition est une autre des voies de recours portées devant le même juge administratif, auteur de la décision juridictionnelle contestée.

Pour mieux la circonscrire, nous en soulignons la notion et en précisons la portée.

---

417 Cf. art. 253, al. 2, OCFJA.

418 Art. 321 à 328, OCFJA ; en ce sens, CJAfr., art. R. 831-2, cité notamment par R. ROUQUETTE, *op. cit.*, p. 875, n° 731.07.

419 En ce sens, CAA de Versailles, 5 janvier 2012, Requête n° 10VE1089, Sté nouvelle Issy Decor, *in JCP Adm.*, 2012, actu. 54 ; cité par R. ROUQUETTE, *op.cit.*, p. 875, n° 731.09.

420 En ce sens, R. ROUQUETTE, *op. cit.*, p. 875, n° 731.10.

§1. Notions

La tierce opposition est une voie de recours en rétractation. Elle vise à faire annuler ou corriger une décision de justice qui préjudicie aux droits d'une personne qui n'a été ni présente, ni représentée, ni régulièrement appelée à l'instance[421].

L'intérêt justifiant une telle voie de recours reste le préjudice encouru par une personne, non régulièrement représentée[422] à l'instance, du fait d'une décision juridictionnelle.

En d'autres termes, la tierce opposition n'est envisageable que pour la personne qui n'a pas eu connaissance du procès.

Par contre, si la personne a eu connaissance de l'affaire et s'est abstenue volontairement d'intervenir à l'époque, elle ne peut être reçue dans ce cas.

§2. Portée

En tant que voie de recours et droit de défense, la tierce opposition est organisée et garantie devant le juge administratif congolais[423].

De la sorte, la tierce opposition est aussi ouverte devant toutes les juridictions administratives, même sans texte[424]. Elle peut être initiée même contre une décision juridictionnelle, confirmée en appel[425].

---

421 Cf. art. 258, al.1er, OCFJA.

422 Lorsque l'État a été représenté par une autorité administrative non qualifiée ou incompétente, la bonne autorité ne peut plus que former un recours en réformation, s'il échet. Cf. également, CEfr., 17 décembre 2008, Requête n° 294746, ministre de l'Intérieur de l'outre-mer et des Collectivités territoriales, *in Lebon*, pp. 847, 889 et 892. Également en ce sens, R. ROUQUETTE, *op. cit.*, p. 875, n° 732.03.

423 Cf. art. 19, al. 3, et 61, point 5, Constitution du 18 février 2006 et art. 258 à 262, OCFJA.

424 Cf. C.E.fr., 3 novembre 1972, requête nos 77.508 et 77.816, Dame de Talleyrand-Périgord, *in Lebon*, p. 707.

425 Cf. CEfr., 10 novembre 1975, Requête nos 99 357, 99 358, 99 359, 99 360, 99 361 et 99 362, Union des commerçants de Saint-Nazaire, *in Lebon*, p. 640.

La tierce opposition n'est pas suspensive de l'exécution de l'arrêt entrepris, sauf si le chef de juridiction ordonne le sursis à exécution.

Si la tierce opposition est recevable, l'affaire est rejugée au fond. Si les moyens présentés sont fondés, le jugement ou l'arrêt est déclaré « nul et non avenu ».

Le même juge peut de nouveau connaître de l'affaire sans qu'il n'y ait atteinte au principe d'impartialité[426].

Quoi qu'il en soit, seules les parties dont la situation est aggravée du fait de la tierce opposition peuvent présenter de nouveaux moyens ou conclusions[427].

La décision prise à l'issue de tierce opposition est susceptible de voies de recours en réformation, appel ou cassation, s'il y a lieu.

SECTION V. Révision

La révision reste également une des voies de recours en rétractation prévue en contentieux administratif congolais, devant le Conseil d'État.

Il faut en dégager les notions avant d'en souligner les conditions de mise en œuvre.

§1. Notions

La révision est une procédure particulière permettant de passer outre le caractère définitif d'une décision de condamnation afin de faire rejuger l'affaire.

En matière administrative, le comptable public condamné au paiement du montant du débet, par exemple, a la possibilité d'introduire un recours en révision contre l'arrêt définitif de la Cour des comptes,

426 Cf. CEfr., 10 décembre 2004, Requête n° 270267, Sté Resotim, *in Lebon*, p. 755.

427 Cf. CEfr., CAA de Versailles, 5 janvier 2012, Requête n° 10VE01089, Sté nouvelle Issy Decor, in JCP Adm., actu. 54, cité par R. ROUQUETTE, *op. cit.*, p. 875, n° 732.09.

en cas de découverte d'un fait nouveau dans le délai de dix ans de la notification de l'arrêt[428].

Aujourd'hui, la révision de toute décision contradictoire passée en force de chose jugée des juridictions administratives est de la compétence du Conseil d'État[429].

§2. Mise en œuvre de recours en révision

La mise en œuvre de la révision est fonction de certains cas et soumise à des conditions.

A. Cas d'ouverture de révision

La demande en révision peut être présentée dans les cas suivants :

— si la décision visée a été rendue sur pièces reconnues ou déclarées fausses depuis le jugement;

— si la partie a succombé faute de présenter une pièce décisive qui était retenue par le fait de son adversaire;

— si la décision est intervenue en violation flagrante des règles relatives à la formation de jugement, à la tenue des audiences, à la forme et au prononcé de la décision.

B. Conditions de recevabilité de recours en révision

La requête en révision ne peut être introduite que :

— par les parties à la décision attaquée ou leurs représentants;

— par le Procureur général près le Conseil d'État, agissant soit d'office, soit sur injonction du ministre ayant la justice dans ses attributions.

---

428 Cf. art. 22, al. 1er, Proc. Cour des comptes.

429 Cf. art. 395, al. 1er, OCFJA.

C. Effets du recours en révision

La révision n'est pas suspensive de l'exécution de la décision attaquée, à moins qu'il n'en soit décidé autrement par arrêt de la chambre saisie à cet effet par requête.

Lorsque le recours en révision est fondé, le Conseil d'État annule la décision entreprise et renvoie, s'il y a lieu la cause devant une autre juridiction de même ordre et de même rang que celle dont émane l'arrêt ou le jugement annulé ou devant la même juridiction autrement composée.

Si l'annulation de l'arrêt ou du jugement ne laisse rien à juger, aucun renvoi n'est prononcé.

En cas d'impossibilité de procéder à de nouveaux débats, notamment en raison du décès, de l'absence, de la démence ou du défaut d'une ou de plusieurs personnes ayant succombé, il statue au fond.

Lorsqu'il statue au fond, il n'annule que les condamnations qui ont été injustement prononcées.

L'arrêt en révision qui annule la décision attaquée peut, à la demande du requérant, lui allouer des dommages-intérêts en raison du préjudice subi.

Lorsqu'il a été statué sur un premier recours en révision contre une décision contradictoire, un second recours contre la même décision n'est pas recevable.

CHAPITRE II

VOIES DE RECOURS DE REFORMATION

Par voies de réformation, on vise ici l'appel et la cassation.

SECTION I. Appel

Nous en préciserons les notions avant d'en déterminer les modalités.

§1. Notions

L'appel est une voie de recours ordinaire de réexamen ouverte au requérant, régulièrement appelé en première instance.

Il vise à porter le procès devant une juridiction de degré supérieur, dans le respect du principe *tantum devolutum quantum appellatum*, c'est-à-dire sans qu'aucune demande nouvelle ne se glisse dans l'acte en appel.

Comme toutes les autres voies de recours devant le juge administratif, l'appel n'est pas non plus suspensif du jugement attaqué[430], sauf en cas de sursis à exécution.

§2. Modalités

Aussi bien les cours administratives d'appel que le Conseil d'État, sont juges d'appel.

430 En ce sens, R. ROUQUETTE, *op. cit.*, p. 839, n° 711.31.

A. Cour administrative d'appel, juge d'appel

L'appel est d'abord organisé devant la Cour administrative d'appel, contre les décisions des juridictions administratives spécialisées provinciales et locales, selon le cas, lorsque ce niveau d'appel n'est pas organisé au sein de ces juridictions, et contre les ordonnances et jugements des tribunaux administratifs[431].

B. Conseil d'État, juge d'appel

L'appel est ensuite organisé devant le Conseil d'État, contre les ordonnances et arrêts rendus en premier ressort par les Cours administratives d'appel et les juridictions administratives spécialisées nationales, lorsque le degré d'appel n'y est pas organisé[432].

§3. Conditions de recevabilité

La recevabilité des recours en appel est fonction des délais et de présentation de la requête en appel.

A. Deux mois pour interjeter appel

Sans préjudice des dispositions légales particulières, le délai d'appel est de deux mois, augmenté des délais de distance de deux jours par cent kilomètres.

Le délai d'appel court à compter du jour de la notification de la décision attaquée, jusqu'à la date d'appel, le jour de la déclaration au greffe ou celui de la réception de la lettre recommandée par le greffier.

Cependant, lorsque la décision a été signifiée par huissier de justice, le délai d'appel court à dater de cette signification contre la partie qui l'a initié et contre celle qui l'a reçu.

---

431 Cf. Exposé des motifs, §4, point 2, et art. 96, al. 1er, OCFJA.

432 Cf. Exposé des motifs, §4, point 2, et art. 86, OCFJA.

B. Présentation de la requête en appel

L'appel est formé par la partie ou par un fondé de pouvoir spécial, soit par une déclaration reçue et actée par le greffier de la juridiction d'appel, soit par lettre recommandée à la poste adressée au greffier de cette juridiction.

Aucun appel ne peut être déclaré recevable si l'appelant ne produit l'expédition régulière de la décision attaquée contenant l'état de la procédure, les dispositifs de la conclusion des parties et, le cas échéant, les autres actes de la procédure.

Aucune nouvelle demande ne peut être formée, au degré d'appel, à moins qu'il ne s'agisse de compensation, ou que la demande ne soit la défense à l'action principale.

Les règles prescrites pour les juridictions du premier degré sont observées devant la juridiction d'appel.

Toutefois, les parties peuvent demander des intérêts, arrérages, loyers et autres accessoires échus depuis la décision ainsi que les dommages et intérêts pour le préjudice subi du fait de ladite décision.

SECTION II. Cassation

La cassation est une voie de recours ouverte devant le Conseil d'État. Il convient d'en circonscrire les notions, avant d'en souligner les conditions de recevabilité.

§1. Notions

La cassation est un recours dirigé contre les décisions définitives des cours et tribunaux de l'ordre administratif.

Elle permet au juge de cassation, le Conseil d'État, à rejuger des points de vue de droit émis par les juridictions de l'ordre administratif.

A. Recours dirigé contre les décisions définitives des juridictions inferieures

Le pourvoi en cassation est une voie de recours en réformation, ouverte à toute personne et au ministère public, partie à la décision entreprise, ainsi qu'au Procureur général près le Conseil d'État[433].

Il tend à obtenir du Conseil d'État la rétractation, modification ou annulation, la cassation, de la décision définitive ou toute celle rendue en dernier ressort, soit par les Cours administratives d'appel, soit par les juridictions administratives spécialisées nationales, pour violation de la loi[434].

B. Recours visant le réexamen des points de droit

En cassation, le Conseil d'État ne connaît pas du fond des affaires, sauf en cas de renvoi au Conseil d'État, d'une affaire ayant déjà fait l'objet d'un premier renvoi, ou d'un pourvoi formé par le Procureur général près le Conseil d'État dans l'intérêt de la loi.

Aussi, si, après cassation, il reste quelque litige à juger, le Conseil d'État renvoie la cause pour examen au fond à la même juridiction, mais autrement composée, ou à une autre juridiction de même rang et de même ordre qu'il désigne.

À l'exception des actes de désistement et de reprise d'instance, aucune production ultérieure de pièces ou de mémoires n'est admise[435].

§2. Conditions de recevabilité

Sous peine d'irrecevabilité, le recours en cassation est l'œuvre des parties.

---

433 Le Procureur général près le Conseil d'État ne peut se pourvoir en toute cause et nonobstant l'expiration des délais que dans le seul intérêt de la loi. Dans ce cas, la décision du Conseil d'État ne peut ni profiter ni nuire aux parties.

434 Cf. Exposé des motifs, §4, point 2, et 87, al. 1er, OCFJA.

435 Cf. art. 367, OCFJA.

Il est introduit dans le strict respect des délais.

A. Formes de pourvoi

Le pourvoi en cassation est l'œuvre des parties. Cependant, le Procureur général près le Conseil d'État est toujours reçu pour ses réquisitoires.

I. Réquisitoire ou requête des parties

Le Conseil d'État peut être saisi du pourvoi en cassation, introduit par requête des parties ou par réquisitoire du ministère public, déposé au greffe et accompagné, à peine d'irrecevabilité, de deux copies signées par l'avocat au Conseil d'État[436] ainsi que d'autant d'exemplaires qu'il y a des parties désignées dans la décision entreprise[437].

La requête est datée et mentionne :

— le nom, s'il y a lieu les prénoms, qualité et demeure ou siège de la partie requérante ;

— l'objet de la demande ;

— l'indication des dispositions de la loi, de la coutume, des principes généraux du droit ou du règlement dont la violation est invoquée ;

— s'il échet, les nom, prénom, qualité et demeure ou siège de la partie adverse ;

— l'inventaire des pièces du dossier[438].

Sont, à peine d'irrecevabilité, jointes au réquisitoire ou à la requête introductive du pourvoi :

— L'expédition de la décision entreprise ;

---

436 En attendant l'installation du barreau près le Conseil d'État, les avocats près la Cour suprême de justice sont admis à exercer, en matière de cassation, leur ministère devant le Conseil d'État (art. 405, OCFJA).

437 Cf. art. 372 et 375, OCFJA.

438 Cf. art. 373, OCFJA.

— Tous les arrêts ou jugements avant dire droit;
— La copie conforme de la requête du premier degré;
— L'expédition du jugement ou de l'arrêt du premier degré;
— La copie conforme des feuilles d'audience du premier degré et d'appel.

II. Réquisitoire en pourvoi en cassation du Procureur général près le Conseil d'État

Lorsque le Procureur général près le Conseil d'État estime devoir opposer au pourvoi un moyen déduit de la méconnaissance d'une règle intéressant l'ordre public et qui n'aurait pas été soulevée par les productions des parties, il en fait un réquisitoire qu'il dépose au greffe.

Le greffier en avise le ministère public ainsi que les avocats des parties par lettre recommandée à la poste ou par porteur avec accusé de réception cinq jours francs au moins avant la date de l'audience.

Si les avocats n'ont pas reçu la notification cinq jours francs avant l'audience, le Conseil d'État peut ordonner la remise de la cause à une date ultérieure.

B. Délais de pourvoi en cassation

En cassation, l'on fait attention aux délais, aussi bien pour la saisine du Conseil d'État que pour produire des mémoires.

I. Trois mois pour la saisine du Conseil d'État

Hormis les cas où la loi a établi un délai[439] plus court, le délai pour déposer la requête en cassation est de trois mois, à dater de la signification de la décision attaquée.

439 Les délais de pourvoi en cassation sont des délais préfix. Ils courent contre les incapables.

Cependant, lorsque la décision, l'arrêt ou le jugement a été rendu par défaut, le pourvoi n'est ouvert et le délai ne commence à courir à l'égard de la partie défaillante que du jour où l'opposition n'est plus recevable[440].

En cas de décès d'une partie en cours de délai, celui-ci est prorogé de deux mois.

En tout état de cause, en cas de force majeure, le Conseil d'État peut toujours relever les parties de la déchéance encoure.

II. Un mois pour production des mémoires

Toute requête, réquisitoire ou mémoire déposé au greffe est, en toute matière contentieuse préalablement signifié à la partie contre laquelle la demande est dirigée.

Cette signification est faite, dans la Ville de Kinshasa, par un huissier près le Conseil d'État et, dans les provinces, par un huissier du ressort du domicile de la partie visée.

Le délai pour déposer le mémoire en réponse au pourvoi est d'un mois à dater de la signification de la requête.

Ce délai est de trois mois pour des personnes résidant à l'étranger.

§3. Effets des arrêts en cassation

Le pourvoi en cassation n'est pas suspensif de l'exécution de la décision entreprise, sauf en cas de sursis à exécution.

Les arrêts du Conseil d'État ne sont susceptibles d'aucun recours, sauf en cas de déclinatoire de juridiction[441], de rectification d'erreur matérielle ou d'interprétation.

---

440 L'opposition formée contre la décision entreprise suspend la procédure en cassation. Si l'opposition est déclarée fondée, le pourvoi est rejeté faute d'objet.

441 Conformément aux dispositions de l'art. 161, al.4, de la Constitution, et 53, du RI de la Cour constitutionnelle, la Cour constitutionnelle connaît des recours contre des arrêts rendus par la Cour de cassation et le Conseil

d'État, uniquement en tant qu'ils se prononcent sur l'attribution du litige aux juridictions de l'ordre judiciaire ou administratif. Ce recours n'est recevable que si un déclinatoire de juridiction a été soulevé par ou devant la Cour de cassation ou le Conseil d'État.

CONCLUSION

Le contentieux administratif congolais est extrêmement jeune. Il date de réformes judiciaires de 1968 et ne prît réellement date qu'à l'édiction de la procédure devant la Cour suprême de justice, le 8 janvier 1969.

Cependant, jusqu'au 18 février 2006, et même en attendant l'installation des juridictions de l'ordre administratif de droit commun portées par la même Constitution, les juridictions administratives fonctionnent à travers les chambres spécialisées des juridictions de l'ordre judiciaire, à savoir : les sections administratives des cours d'appel et de la Cour suprême de justice.

En effet, déjà sous les réformes inspirées par la Constitution du 24 juin 1967, les juridictions administratives sont restées compétentes pour connaître du contentieux d'annulation pour excès de pouvoir, d'annulation et réparation pour préjudice ordinaire, et du contentieux de réparation pour préjudice exceptionnel.

Aujourd'hui, la Constitution du 18 février 2006 a consacré le principe de spécialisation de la fonction du juge et étendu les compétences des juridictions de l'ordre administratif.

Les juridictions de l'ordre administratif, comme juridictions de droit commun, sont dotées des compétentes de principe en matière administrative. Par conséquent, les compétences des autres juridictions en la matière, sont soit abrogées, en cas de contradiction, soit envisagées comme complémentaires.

Les juridictions de l'ordre administratif connaissent ainsi des actes administratifs, qu'ils émanent de l'Administration, des personnes ou entités investies des missions de service public.

C'est pourquoi, les décisions des administrations contentieuses, en tant que juridictions administratives spécialisées, sont désormais rattachées aux juridictions administratives de droit commun soit par voies d'appel, soit par voies de cassation.

Les juridictions de l'ordre administratif connaissent de l'annulation des actes, décisions ou règlements des autorités administratives de toute nature. Elles se prononcent, en pleine juridiction, sur l'annulation et réparation des préjudices résultants des actes administratifs, lorsque le requérant n'est pas satisfait du seul effet de l'annulation. Elles connaissent, en plein contentieux, de l'annulation et/ou réparation des actes bilatéraux de l'Administration impliquant, pour le moins, le recours aux prérogatives de puissance publique, du contentieux fiscal et du contentieux électoral autre que présidentiel, législatif national et référendaire, qui relèvent de la Cour constitutionnelle.

Les juridictions de l'ordre administratif de droit commun connaissent, en chambre de conseil, des mesures conservatoires, provisoires et urgentes en référés généraux, particuliers et spéciaux, en attendant la décision du juge sur le fond.

De manière spécifique, le Conseil d'État est en outre juge du contentieux de réparation du préjudice exceptionnel, résultant des faits, actes, décisions ou règlements des autorités de la République, prises indistinctement, lorsqu'il n'existe aucune autre juridiction compétente en la matière.

Le Conseil d'État est aussi juge de prise à partie, de cassation et de révision des décisions définitives des juridictions de l'ordre administratif. Il connaît du règlement de juges.

Quoi qu'il en soit, l'arrangement à l'amiable reste une règle d'or devant le juge administratif. En effet, aucune demande n'est recevable devant le juge administratif de droit commun à défaut de la preuve de réclamation préalable et obligatoire, exercée dans les délais, devant l'Administration auteur de l'acte. Cependant, les parties peuvent toujours obtenir du juge, la médiation ou la conciliation de leurs différends, y compris en pleine instance ce, avant la prise en délibéré de l'affaire.

Avec la Loi organique du 15 octobre 2016 portant organisation, compétence et fonctionnement des juridictions de l'ordre administratif, la République démocratique du Congo dispose plus que jamais de son dispositif complet pour son contentieux administratif. Il appartient désormais aux pouvoirs publics de le déployer pour une meilleure protection des libertés garanties par la législation nationale, provinciale et locale en vigueur.

INDICATIONS BIBLIOGRAPHIQUES

I. OUVRAGES

BOSHAB, E. et MATADI NENGA GAMANDA, *Le statut de représentants du peuple dans les assemblées politiques délibérantes : Parlementaires, députés provinciaux, conseillers urbains, conseillers communaux, conseillers de secteur ou de chefferie,* 8, Bruxelles, Bruylant Academia, Coll. « Bibliothèque de Droit africain » , 2010.

BOTAKILE BATANGA, *Précis du contentieux administratif congolais,* tome I, Bruxelles, Academia, 2014.

CHAPUS, R., *Droit du contentieux administratif,* 6e éd., Paris, Montchrestien, 1996.

DAILLIER, P. et PELLET, A., *Droit international public,* 7e éd., Paris, LGDJ, 2002.

DE LAUBADERE, A., *Traité de droit administratif,* 6e éd., T. I, Paris, LGDJ, 1973.

DEBBASCH, Ch., COLIN, F., DESFONDS, L., FAVRO, K. et MARCANGELO, Ph., *Constitution de la Ve République : Textes-Jurisprudence — Pratique,* Paris, Economica, 2012.

DIBUNDA KABUINJI, E., *Droit judiciaire Zaïrois : Procédure devant la Cour Suprême de Justice, Série spéciale,* Tome IV, vol. 3 Procédure devant la section administrative, Kinshasa, CPDZ, 1987.

ESAMBO KANGASHE, J.-L., *La Constitution congolaise du 18 février 2006 à l'épreuve du constitutionnalisme : contraintes pratiques et perspectives,* 7, Bruxelles, Academia-Bruylant, Coll. « Bibliothèque de Droit africain » , 2010.

JURICONGO, *Jurisprudence de la Cour suprême de justice : Contentieux administratif*, tome II, Kinshasa, JuriCongo, Coll. « Juridoc », 2011.

JURICONGO, *Jurisprudence de la Cour Suprême de Justice : Contentieux constitutionnel et législatif*, Tome V, Kinshasa, JuriCongo, Coll. « Juridoc », 2011.

KABANGE NTABALA, Cl., *Droit administratif congolais*, tome I, Publications des Facultés de Droit des Universités du Congo (RDC), Kinshasa, UNIKIN, 2005.

KALUBA DIBWA, D., La justice constitutionnelle en République démocratique du Congo, Bruxelles-Kinshasa, Academia & Eucalyptus, 2013.

LAFERRIÈRE, E., *Traité de la juridiction administrative et des recours contentieux*, 2e éd., Tome II, Paris-Nancy, Berger-Levrault et cie, 1896.

LEROY, M., *Contentieux administratif*, 3e éd., Bruxelles, Bruylant, 2004.

LEWALLE, P., *Contentieux administratif*, 2e éd., Collection de la Faculté de droit de l'université de Liège, Bruxelles, Larcier, 2002.

LONG, M., et cie, *Les grands arrêts de la jurisprudence administrative*, 17e éd., Paris, Dalloz, 2009.

LUKOMBE NGHENDA, *Droit congolais des sociétés*, tome I, Kinshasa, PUC, 1999.

MALWANGA, V. L. Elvis, *L'immunité diplomatique en question : affaire Ramazani Baya ou l'accident de la circulation de Menton, 23 novembre 1996*, Kinshasa, Médiaspaul, 1997.

MBOKO DJ'ANDIMA, J-M F., *Code général des impôts, Kinshasa,* PUC, 2007.

MAMPUYA KANUNK'a TSHIABO, A., *Traité de droit international public*, Kinshasa, Médiaspaul, 2016.

MUKENDI WAFWANA, E., *Contentieux électoral dans la pratique de la Cour suprême de justice (faisant office de la Cour constitutionnelle)*, Kinshasa, JuriCongo, Coll. « Juridoc », 2011.

RIVERO, R., et WALINE, J., *Droit administratif*, 19e éd., Paris, Dalloz, 2002.

ROUQUETTE, R., *Petit Traité du procès administratif*, 5e éd., Paris, Dalloz, 2012.

SALMON, J., *Le Conseil d'État, contentieux de l'indemnité, contentieux de l'annulation*, avec la collaboration de Fernand KOEKELBERG, Bruxelles, Bruylant, 1987.

SALMON J., *Le conseil d'État*, tome I, Bruxelles, Bruylant, 1994.

UYTTENDAELE, M., Précis de droit constitutionnel belge : Regard sur un système institutionnel paradoxal, 3e éd., Coll. « Précis de la Faculté de droit de l'ULB », Bruxelles, Bruylant, 2005.

VUNDUAWE te PEMAKO, F. et MBOKO DJ'ANDIMA, J-M., *Droit constitutionnel du Congo : Textes et documents fondamentaux*, Vol. 1, Paris, L'Harmattan, 2012.

VUNDUAWE te PEMAKO, F., *Traité de droit administratif, Bruxelles*, Larcier & Afrique Éditions, 2007.

II. ARTICLES DES REVUES

BOTAKILE BATANGA, « Des actes des membres du Bureau des chambres parlementaires sous la Constitution du 18 février 2006 : nature juridique et régime du contentieux », *in Revue Sankuroise d'Études Politiques et Sociales*, Kinshasa, nos 12 et 13, août 2013, pp. 104-111.

BOTAKILE BATANGA, « Valeur juridique des ordonnances-lois avant ratification », *in Revue Sankuroise d'Études Politiques et Sociales*, Kinshasa, nos 12 et 13, août 2013, pp. 176 à 185.

CHABOT-LÉONARD D., « Le contentieux de l'indemnité devant le Conseil d'État », *AFDLG*, 1971, pp. 189 et s.

CORNELIS L., « La responsabilité des magistrats des services d'enquêtes commerciales et de l'État pour fautes de ces magistrats », *RDC, 1985*, pp. 415 et s.

DABIN J., « Lésion d'intérêt ou lésion de droit comme condition de la réparation des dommages en droit privé et en droit public », *ADSP*, 1948-1958, pp. 8 et s.

DALCQ R.O., « La responsabilité de l'État du fait des magistrats. À propos de l'arrêt de la Cour de cassation française du 19 décembre 1991 », *JT*, 1992, pp. 449 et s.

DE JEMPPE B. et PAXIER C., « La responsabilité professionnelle des magistrats, indices d'une mutation », *JT*, 1989, pp. 429 et s.

DE JEMPPE B., « Pouvoir judiciaire et responsabilités », *JT*, 1987, pp. 278 et s.

DONY M., « La responsabilité de l'État pour faute du pouvoir judiciaire », *in La responsabilité des pouvoirs publics*, Actes du colloque organisé les 14 et 15 mars 1991 par la Faculté de Droit de l'UCL et la Faculté de droit de l'ULB, Bruxelles, Bruylant. 1991, pp. 363 et s.

DUFAU J., *L'amendement Tour Eiffel et le régime des servitudes administratives*, *JCP*, 1986.1.3237.

HUBERLANT, CH., « Essai de délimitation de la compétence du Conseil d'État d'avec celle des cours et tribunaux au contentieux de l'indemnité », *in Mscellanea W. Ganshof van der Meersch*, Tome III, 1972, pp. 514-515.

LEWALLE P., « La réparation du dommage exceptionnel par le conseil d'État belge : mythe ou réalité ? », *AFDLG*, 1980, pp. 183 et s.

PANIER Ch., « Principes et limites de la responsabilité de l'État du chef d'un acte fautif dommageable du pouvoir judiciaire », *Journal des Procès*, 1992, n° 209. pp. 22 et s.

PIEDBŒUF F., « L'immunité du juge et la responsabilité de l'État », *JLMB*, 1992. pp. 45 et s.

RIGAUX M.F., « La rationalité et la souveraineté du législateur face au jugement de constitutionnalité », *JT*, 1998, p. 79.

SOHIER J., « La responsabilité sans faute du pouvoir judiciaire », *in La responsabilité des pouvoirs publics*, Actes du colloque organisé les 14 et 15 mars 1991 par la Faculté de droit de l'UCL et la Faculté de droit de l'ULB, Bruxelles, Bruylant, 1991, pp. 383 et s.

VAN J. COMPERNOLLE et CLOSSET-MARSHALL, « La responsabilité du fait des actes du service public de la Justice : éléments de droit comparé et perspectives *de lege ferenda* », *in La responsabilité des pouvoirs publics,* Actes du colloque organisé les 14 et 15 mars 1991 par la Faculté de droit de l'UCL et la Faculté de droit de l'ULB, Bruxelles, Bruylant, 1991, pp. 413 et s.

III. THÈSES ET COURS DE DROIT

BOTAKILE BATANGA, *Cours de domaine de l'État,* 1ère année de licence en Droit, Kinshasa, UNIKIN, 2014, inédit.

BOTAKILE BATANGA, *Du contentieux de la responsabilité devant le juge administratif congolais : contribution pour une théorie de réforme*, UNIKIN, Thèse de doctorat, 2012, inédit.

MBOKO DJ'ANDIMA, *État de droit constitutionnel : Ancrage et implications de réalisation en République démocratique du Congo,* Vol. I &II, Thèse de doctorat, UNIKIN, Faculté de droit, Kinshasa, 2009-2010, Inédit.

VUNDUAWE te PEMAKO, F., *Cours de contentieux administratif,* 2e année de licence, Kinshasa, Université protestante au Congo, 2014, Inédit.

INDEX

A

C

D

E

F

I

J

L

M

N

O

P

R

Table des matières

TITRE II

COMPÉTENCES ET CAS D'OUVERTURE EN CONTENTIEUX ADMINISTRATIF CONGOLAIS

TITRE III

CONDITIONS DE RECEVABILITÉ ET INCIDENTS DE PROCÉDURE DEVANT LES JURIDICTIONS DE L'ORDRE ADMINISTRATIF

SOUS-TITRE I

CONDITIONS DE RECEVABILITÉ DEVANT LES JURIDICTIONS DE L'ORDRE ADMINISTRATIF

TITRE IV

INSTRUCTION ET JUGEMENT DES AFFAIRES DEVANT LES JURIDICTIONS DE L'ORDRE ADMINISTRATIF

TITRE V

VOIES DE RECOURS DEVANT LE JUGE ADMINISTRATIF

www.ingramcontent.com/pod-product-compliance
Lightning Source LLC
LaVergne TN
LVHW050631051026
849532LV00002B/349